古典文獻研究輯刊

十二編

潘美月・杜潔祥 主編

第13冊

方苞的《周禮》學研究（上）

劉康威 著

國家圖書館出版品預行編目資料

方苞的《周禮》學研究（上）／劉康威 著 — 初版 — 新北市：
花木蘭文化出版社，2011〔民 100〕
目 2+164 面；19×26 公分
（古典文獻研究輯刊 十二編；第 13 冊）
ISBN：978-986-254-406-8（精裝）
1.（清）方苞 2. 周禮 3. 研究考訂
011.08 100000215

古典文獻研究輯刊
十二編 第十三冊 ISBN：978-986-254-406-8

方苞的《周禮》學研究（上）

作 者 劉康威
主 編 潘美月 杜潔祥
總 編 輯 杜潔祥
企劃出版 北京大學文化資源研究中心
出 版 花木蘭文化出版社
發 行 所 花木蘭文化出版社
發 行 人 高小娟
聯絡地址 新北市永和區中正路五九五號七樓之三
電話：02-2923-1455／傳真：02-2923-1452
網 址 http://www.huamulan.tw 信箱 sut81518@ms59.hinet.net
印 刷 普羅文化出版廣告事業
初 版 2011 年 3 月
定 價 十二編 20 冊（精裝）新台幣 31,000 元

方苞的《周禮》學研究（上）

劉康威　著

作者簡介

劉康威，1976 年生，臺灣新竹人。東吳大學中國文學系碩士，發表學術論文數篇，碩士論文為《方苞的周禮學研究》。

提　要

歷來關於方苞的研究，長期被文學方面所籠罩，而忽略其經學方面的研究。事實上，方苞以經學為一切學術之本，其也深於經學的研究，尤致力於《周禮》與《春秋》。而欲了解方苞之學，首先應探究其經學。而本文則探討方苞的《周禮》學。方苞以《周禮》應稱為《周官》，而其相關著作有《周官辨》、《周官集注》、《周官析疑》、《周官餘論》（已亡佚）。

本文於論述上主要五大部分進行。第一部分——方苞的生平與著作。首先介紹方苞的生平、學思、交遊與弟子、著作。第二部分——方苞與《三禮義疏》的纂修。接著介紹方苞研治禮學的經過與參與纂修《三禮義疏》。第三部分——方苞的《周禮》觀。介紹方苞對《周禮》名義、反駁〈冬官〉未亡說與《周禮》中聖人之治的觀點。第四部分——方苞的《周禮》解經方法。介紹方苞的集眾家之說、對前人說法的態度、對《周禮》本文的校勘、回歸經典等《周禮》解經方法。第五部分——方苞的《周禮》辨偽方法。介紹方苞的《周禮》辨偽方法。

目次

上冊

第一章　緒　論

第一節　研究動機

關於方苞的研究，長期以來被其文學成就及「義法」說所籠罩，文學方面的研究甚多，茲不贅舉。其經學以至於禮學，則較少受到注意。全祖望（1705～1755）說：

> 古今宿儒，有經術者或未必兼文章，有文章者或未必本經術，所以申、毛、服、鄭之於遷、固，各有溝澮。唯是經術文章之兼固難，而其用之足爲斯世斯民之重，則難之尤難者。前侍郎桐城方公，庶幾不媿於此。然世稱公之文章，萬口無異辭，而于經術已不過皮相之。〔註 1〕

與方苞同時的全祖望以方苞學兼經術、文章，而當時的人已有重方苞的文章而輕方苞經學的傾向。蘇惇元（1801～1857）說：

> 或知先生之文章，而不知其學行經濟；或徒愛其文之醇潔，而不知其文之載道；或知先生經學之宗宋儒，而不知其有心得之實。〔註 2〕

而現今對方苞的研究，也大都集中在其文學上，較少注意其經學，有提到大多也只是簡略介紹。如劉季高點校的《方苞集．前言》所說：

> 他平生著作繁夥，如《周官集注》、《春秋通論》、《禮記析疑》等，

〔註 1〕全祖望〈前侍郎桐城方公神道碑銘〉，〔清〕全祖望撰，朱鑄禹彙校集注：《全祖望集彙校集注》（上海：上海古籍出版社，2000 年 12 月），《鮚埼亭集》卷十七，頁 305。

〔註 2〕蘇惇元〈方望溪先生年譜序〉，〔清〕方苞撰，劉季高點校：《方苞集》（上海：上海古籍出版社，1983 年 5 月），附錄三，〈各家序跋〉，頁 917。

都屬解經之作，可置勿論，論其古文。〔註3〕

其實，方苞深於經學，〔註4〕其學術以至於文學，也是以經學爲本，如其曾說：

余嘗謂：經者，天地之心，說之而當，必合於人心之不言而同然者。〔註5〕

又說：

不出於聖人之經，皆非學也。〔註6〕

方苞認爲經是天地之心，如果「說之而當」，必定合於人心之不言而同然者。又認爲學如果不出於聖人之經，也皆非學。方苞如此尊崇經學，其爲天地間以至所有學術的最高準則。當然文學也是以經學爲其根柢，爲其源頭。方苞說：

若古文則本經術而依於事物之理，非中有所得，而不可以爲僞。〔註7〕

又說：

〈太史公自序〉，「年十歲，誦古文」，周以前書皆是也。自魏、晉以後，藻繪之文興。至唐韓氏起八代之衰，然後學者以先秦盛漢辨理論事，質而不蕪者爲古文。蓋六經及孔子、孟子之書之支流餘肄也。〔……〕蓋古文所從來遠矣，六經、《語》、《孟》，其根源也。〔註8〕

方苞學術以經學爲本，而其研治經學也是由少至老，矢志不移。如康熙三十年（1691），方苞二十四歲時至京師，結交萬斯同（1638～1702），斯同勸其勿溺於古文。方苞於〈萬季野墓表〉說：

季野少異敏，自束髮未嘗爲時文，故其學博通，而尤熟于有明一代之事。年近六十，諸公以修《明史》，延至京師。士之遊學京師者，爭相從問古儀法，月再三會，錄所聞供講肄。惟余不與，而季野獨降齒德與余交，每曰：「子於古文，信有得矣。然願子勿溺也！唐、

〔註3〕劉季高撰：〈前言〉，〔清〕方苞撰，劉季高點校：《方苞集》，頁1。本〈前言〉（頁1～10），後也題爲〈方苞論〉，收入劉季高《斗室文史雜著》（上海：上海古籍出版社，2000年9月），頁84～92。

〔註4〕如〔清〕紀昀、陸錫熊、孫士毅等纂修，《四庫全書》研究所整理：《欽定四庫全書總目》〔整理本〕（北京：中華書局，1997年1月），卷一百七十三，集部二十三，別集類二十六，〈《望溪集》八卷〉，頁2352說：「苞於經學研究較深，集中說經之文最多，大抵指事類情，有所闡發。」

〔註5〕〔清〕方苞撰，劉季高點校：《方苞集》卷四，〈王巽功詩說序〉，頁104。

〔註6〕同前註，卷六，〈再與劉拙修書〉，頁175。

〔註7〕同前註，卷六，〈答申謙居書〉，頁164。

〔註8〕同前註，集外文，卷四，〈古文約選序例〉，頁612～613。

宋號爲文者八人：其於道初有明者，韓愈氏而止耳；其餘則資學者以愛玩而已，于世非果有益也。」余輟古文之學而求經義自此始。〔註 9〕

而方苞於〈辛酉送鍾勵暇南歸序〉則說李光地（1642～1718）曾勸其：

憶予與安溪李文貞始交，勸以治古文。公曰：「〔……〕。夫治經，特適道之徑途耳。以吾子之性資，不思接程、朱之武，而務與歐、柳爭，不已末乎？」〔註 10〕

可知方苞應爲受萬斯同、李光地之勸，始致力於經學。而方苞二十六歲時的〈與王崑繩書〉說：

苞從事朋游間近十年，心事臭味相同，知其深處，有如吾兄者乎？〔……〕苞迺者欲窮治諸經，破舊說之藩籬，而求其所以云之意。〔註 11〕

方苞從早年即「欲窮治諸經，破舊說之藩籬，而求其所以云之意」。而方苞弟子沈廷芳（1702～1772） 說：

先生其今之古人歟！廷芳昔受經邸第，見先生著緇布小冠，衣縕袍凭白木几，箋經不稍休，與門弟子講論，肫肫以六經之言質諸行弟子，若侍伏生、申公側，穆然起忠敬也。〔註 12〕

〔註 9〕同前註，卷十二，頁 332。另可參考〔清〕蘇惇元編：《方苞年譜》，〔清〕方苞撰，劉季高點校：《方苞集》，附錄一，康熙三十年辛未，年二十四歲，頁 869：「一意爲經學。」下即引〈萬季野墓表〉之文。

〔註 10〕〔清〕方苞撰，徐天祥、陳蕾點校：《方望溪遺集》（合肥：黃山書社，1990 年 12 月），〈贈序類〉，頁 84。

〔註 11〕〔清〕方苞撰，劉季高點校：《方苞集》，集外文，卷五，頁 666～667。

〔註 12〕沈廷芳〈方望溪先生傳・沈廷芳曰〉，《隱拙齋集》（濟南：齊魯書社，2001 年 9 月，《四庫全書存目叢書補編》第 10 冊，據湖北圖書館藏清乾隆刻本影印），卷四十一，頁 516。沈廷芳〈方望溪先生傳・書後〉，頁 517，又說：「會以館課藝屬閱，襆被往。先生方設菜羹乾肉飯，命某同飯，居恒惟說經與程、朱諸書。」〔清〕方苞撰，劉季高點校：《方苞集》，集外文補遺，卷一，〈與沈畹叔尺牘〉，頁 832 說：「愚雖一生在憂患疾痛中，惟時時默誦諸經，亦養心衛生之術也。」沈廷芳〈方望溪先生傳・書後〉，頁 517 說：「癸亥，某以不職被黜。先生寄書曰：『〔……（所引即〈與沈畹叔尺牘〉文）〕。』」癸亥爲乾隆八年（1743）。此封書信與沈廷芳〈方望溪先生傳・書後〉下文又引方苞書信兩封，即收入〔清〕方苞撰，劉季高點校：《方苞集》，集外文補遺，卷一的〈與沈畹叔尺牘〉與〈又與沈畹叔〉二封。孟醒仁撰：《桐城派三祖年譜》（合肥：安徽大學出版社，2003 年 5 月），頁 107 說：「按此兩書不見《集》中，僅見沈廷芳〈方望溪先生傳書後〉。語氣似尺牘，或當時未留原稿所致。」

因此，要探究方苞的學術，不能離開其經學。丁亞傑也指出方苞的形象，不只是一直以來被認定的文士形象，還具有學者性格。而丁氏也說：「方苞不僅僅是清代散文家，也是經學家，但其經學研究重在經典大義，並不在文字訓詁，與後來乾嘉漢學大異。」〔註 13〕不過，方苞一直以來的文人定位，仍舊深植人心。如楊向奎說：「望溪文人，涉獵者廣，堪稱博學，但非經師，亦非理學家。不能以經學和理學成就評價他。」〔註 14〕然而方苞致力於經學是事實，而且有關經學的著作也不少，〔註 15〕可參考第二章，第二節，故以方苞爲經學家，並無不可，此爲對方苞更全面的定位。

而民國初年學者對方苞的經學有專文討論的，應只有顧頡剛（1893～1980）〈方苞考辨《周官》的評價——《周官辨序》〉〔註 16〕一文，其分析方苞《周官辨》的內容。而顧頡剛的弟子楊向奎（1910～2000）有〈論方苞的經學與理學〉，〔註 17〕此文後經補苴修改，爲〈方苞「望溪學案」〉，收入《清儒學案新編》。〔註 18〕〈論方苞的經學與理學〉題雖有「經學」，然而主要討

頁 111 說：「按此書不見《集》中，見沈廷芳〈方望溪先生傳書後〉。蓋當時尺牘便條，本無底稿耳。」孟氏說有誤。

〔註 13〕詳參丁亞傑〈方苞《詩經》學解經方法〉，元培科學技術學院通識教育中心編：《元培科學技術學院第一屆通識教育學術研討會論文集——通識教育的延續與發展》（新竹：元培科學技術學院通識教育中心，2001 年 7 月），頁 163～164，頁 176。

〔註 14〕楊向奎〈方苞「望溪學案」〉，楊向奎、冒懷辛等撰：《清儒學案新編》（第 3 卷）（濟南：齊魯書社，1994 年 3 月），頁 39。

〔註 15〕如詩經類有《朱子詩義補正》八卷。三禮類有《周官辨》一卷、《周官集注》十二卷、《周官析疑》三十六卷《考工記析疑》四卷、《禮記析疑》四十八卷、《儀禮析疑》十七卷、《喪禮或問》一卷。春秋類有《春秋通論》四卷、《春秋直解》十二卷、《春秋比事目錄》四卷等，就有十部。

〔註 16〕顧頡剛〈方苞考辨《周官》的評價——《周官辨序》〉，《文史》第 37 輯（北京：中華書局，1993 年 2 月），頁 1～7。顧頡剛此文，原爲 1955 年 11 月至 12 中，編《古籍考辨叢刊》第二集，編入的方苞《周官辨》所作的〈序〉。此〈序〉1955 年 12 月 27 日起草，12 月 28 日訖。文末題一九五五年十二月二十八日。而《古籍考辨叢刊》第二集，因故未能出版。此文由顧頡剛弟子王煦華題爲〈方苞考辨《周官》的評價——《周官辨序》〉，於《文史》第 37 輯，1993 年 2 月發表。可詳參顧頡剛〈方苞考辨《周官》的評價——《周官辨序》〉文後王煦華的〈後記〉，頁 5～7。

〔註 17〕楊向奎〈論方苞的經學與理學〉，《孔子研究》1988 年第 3 期（總第 11 期），頁 70～75，1988 年 9 月。

〔註 18〕楊向奎〈方苞「望溪學案」〉，楊向奎、冒懷辛等撰：《清儒學案新編》（第 3 卷），頁 29～40。此二文互有詳略異同，於下文依情況各有徵引。

論方苞認爲劉歆增竄《周禮》文字之說，並無涉及他經。而上述顧、楊之文章也僅於主要討論方苞的《周官辨》，劉歆增竄《周禮》文字之說。

而近來關於方苞的經學研究已漸漸受到關注，也漸及於他經。如張高評發表〈方苞義法與《春秋》書法〉，〔註 19〕詳論方苞義法與《春秋》書法的關係。丁亞傑於 2000 年主持元培科學技術學院校內研究計畫，「方苞經學研究」。也陸續有與方苞經學相關的文章，內容涵蓋方苞的《詩經》學與《春秋》學。《詩經》學如〈方苞《詩經》學解經方法〉〔註 20〕、〈士大夫生命的自我投射——方苞《朱子詩義補正》的女性認知〉〔註 21〕、〈美刺、垂戒與虛實分指——方苞之詩用觀〉〔註 22〕、春秋學如〈乾嘉漢學的前緣——方苞《春秋通論》經義形式研究〉。〔註 23〕承此一系列的研究，2004 年丁亞傑於中央大學中國文學系的研究計畫「方苞經學研究（III）：《三禮》學——禮儀、行政與國制」也獲得國家科學委員會的補助，研究方苞的《三禮》學。丁亞傑的系列研究，期爲方苞的經學有一初步整體的研究。而關於研究方苞的《三禮》學，還有程克雅〈探源與析疑—清代乾嘉學者釋禮成果析論〉，〔註 24〕其中論方苞《三禮》學占重要比例。林存陽有〈方苞的三禮學論析〉，〔註 25〕後題爲〈方苞的

〔註 19〕張高評〈方苞義法與《春秋》書法〉，中央研究院中國文哲研究所籌備處編：《清代經學國際研討會論文集》（臺北：中央研究院中國文哲研究所籌備處，1994 年 6 月），頁 215～246。後收入張高評《春秋書法與左傳學史》（臺北：五南圖書出版公司，2001 年 1 月），頁 253～287。

〔註 20〕丁亞傑〈方苞《詩經》學解經方法〉，元培科學技術學院通識教育中心編：《元培科學技術學院第一屆通識教育學術研討會論文集——通識教育的延續與發展》（新竹：元培科學技術學院通識教育中心，2001 年 7 月），頁 161～176。

〔註 21〕丁亞傑〈士大夫生命的自我投射——方苞《朱子詩義補正》的女性認知〉，《東華漢學》第 2 期，頁 201～226，2004 年 5 月。

〔註 22〕丁亞傑〈美刺、垂戒與虛實分指——方苞之詩用觀〉，元培科學技術學院國文組主編：《主題文學學術研討會論文集》（臺北：萬卷樓圖書公司，2002 年 8 月），頁 239～257。

〔註 23〕丁亞傑〈乾嘉漢學的前緣——方苞《春秋通論》經義形式研究〉，「清代乾嘉學者的治經貢獻第二次學術研討會」論文，臺北：中央研究院，2001 年 11 月 22 日。又刊於《孔孟學報》第 82 期，頁 195～214，2004 年 9 月。

〔註 24〕程克雅〈探源與析疑——清代乾嘉學者釋禮成果析論〉，「清代乾嘉學者的治經貢獻第一次學術研討會」論文，臺北：中央研究院，2001 年 7 月 12 日。應在出版中。

〔註 25〕林存陽〈方苞的三禮學論析〉，中國社會科學院歷史研究所明清史研究室編：《清史論叢》2001 年號（北京：中國廣播電視出版社，2001 年 9 月），頁 223～233。

三禮學成就〉，收入其所著《清初三禮學》。〔註 26〕

這些文章雖然數量不多，但範圍已大致涵蓋了方苞的經學，及其治經的重點，表示已有學者開始關注方苞的經學，且有了一定的成果。然而這些研究，皆爲單篇文章，受限於篇幅，無法更深入探討。而關於方苞的經學研究，迄今尚無專著。因此方苞的經學研究，猶有待更多學者來參與。而方苞的經學尤致力於三禮及《春秋》，這些研究皆已涉及到。然而方苞也尤重《周禮》，〔註 27〕而上述文章多將三禮合論或只論方苞認爲劉歆增竄《周禮》文字的部分。三禮合論，要顧全三禮的整體性與關聯性，《周禮》部分，勢難詳盡。而方苞認爲劉歆增竄《周禮》文字說，只是方苞《周禮》學的一部分，大概此爲其《周禮》學中特別的部分，故學者大多注意於此。因此，對於方苞的《周禮》學有必要進行較整體與深入的研究。

另外，方苞認爲《周禮》應名爲《周官》，因此其《周禮》學著作與稱呼《周禮》，皆稱爲《周官》。然而《周禮》一名稱爲現今所通行，故定題爲「方苞的《周禮》學研究」。

第二節　前人研究成果的檢討

關於方苞的《周禮》學方面的討論，有如錢基博（1887～1957）、顧頡剛（1893～1980）、錢穆（1895～1990）、楊向奎（1910～2000）、林存陽等。

而諸家對方苞的《周禮》學的討論，綜合方苞的《周官辨》、《周官集注》、《周官析疑》等的綜合討論，以林存陽的討論較爲完整。

一、綜合討論

林存陽《清初三禮學》〈方苞的三禮學成就〉（或〈方苞的三禮學論析〉）對方苞的三禮學的概況與特色，有較爲完整的介紹，但是受限於篇幅，無法

〔註 26〕林存陽撰：《清初三禮學》（北京：社會科學文獻出版社，2002 年 12 月），第四章〈儒臣對三禮學的倡導與撰著〉，第三節〈方苞的三禮學成就〉，頁 253～270。

〔註 27〕〔清〕紀昀、陸錫熊、孫士毅等纂修，《四庫全書》研究所整理：《欽定四庫全書總目》〔整理本〕（北京：中華書局，1997 年 1 月），卷二十，經部二十，禮類二，〈《儀禮析疑》十七卷〉，頁 258 說：「苞於三禮之學，《周禮》差深。」而方苞關於《周禮》的專著就有《周官辨》、《周官集注》、《周官析疑》、《周官餘論》（已佚）等，諸書的介紹，詳第二章第二節。

更爲詳盡。對方苞《周禮》學部分，指出其用力最多，成就亦最著，對方苞《周禮》應稱爲《周官》，對諸儒補〈冬官〉的態度，以《周禮》爲周公所作，推崇《周禮》，進而作《周官辨》、《周官析疑》指出《周禮》本身不僞，但劉歆有竄入的情況等，以及其作《周官集注》，爲方苞學宗程、朱義理之爲學宗旨的應用，也是其融會貫通《三禮》的結果，再來，方苞於任三禮館副總裁時，擔任《周官義疏》的編纂，將前此對《周禮》的研究所得傾注於裡面，與三禮館開館之初，方苞草擬〈擬定纂修三禮條例箚子〉的六類條例等，與對其《周禮》學有概要介紹與評論。〔註 28〕

二、關於方苞《周官辨》等辨僞內容的討論

另外，諸家的說法有對方苞《周官辨》等辨僞內容的討論。

（一）錢基博《古籍舉要》說：

桐城方苞望溪著《周官辨》十篇，指《周官》之文爲劉歆竄改，以媚王莽，證以《漢書・莽傳》事蹟，辭極辨覈。而其縣人姚範南青《援鶉堂文集》中〈復某公書〉，極言送難，大指以爲：「《周官》自孝武時已出，平帝元始之間，歆勸莽立博士，其書布在中外久矣，歆不能隱挾而更竄之也。且歆待莽行一事而後岌岌私竄之耶？抑預卜數年後莽必行是令，民必犯是法，而先著於經，使其事相類，令天下知。莽所行一無悖於《周官》之舊，何其迂曲而顯通也？莽行十一之法，其增賦無明文。近郊十一，遠郊二十而三，甸、稍、縣、都無過十二，悉虛擬而預增之，何哉？且九錫之事，莽所汲汲者，而《周官》無之；九百二人，但云《周官》、《禮記》宜於今者，爲九命之錫。歆在當時，何不以所云九錫者竄入而張大之乎？莽畏備臣下，以宦者領帑藏錢穀，並典吏民封事，此豈出《周官》耶？竊謂《周官》之書，周之制度存焉。中更春秋、戰國，或儒生述造，更竄不一。如云出元公手定之書，完好如後世剞劂篇籍，誰其信之。」則是謂《周官》一書，存周之制度，而不出周公手定，亦與陳氏意

〔註 28〕詳參林存陽撰：《清初三禮學》，第四章〈儒臣對三禮學的倡導與撰著〉，第三節〈方苞的三禮學成就〉，頁 253～270。林存陽〈方苞的三禮學論析〉，中國社會科學院歷史研究所明清史研究室編：《清史論叢》2001 年號（北京：中國廣播電視出版社，2001 年 9 月），頁 223～233。

同。〔註29〕
錢基博以方苞《周官辨》，證以《漢書・王莽傳》，以劉歆增竄《周禮》以佐王莽說。錢基博引述姚範（1702～1771）《援鶉堂文集》之說，論辨方苞《周官辨》的劉歆竄改《周禮》之說，指出其於理不通之處。以《周禮》爲存周之制度，中間經過春秋、戰國，「或儒生述造，更竄不一」，而並不出於周公手定，反對劉歆增竄《周禮》之說。

（二）顧頡剛〈方苞考辨《周官》的評價——《周官辨序》〉由《周官辨》整理出方苞認為劉歆增竄的文字，有六項九條，如下：

1.、「蓋莽頌六藝，以文姦言，而浚民之政，皆託於《周官》。其未篡也，既以公田口井布令，故既篡下書，不能遽變十一之說，而謂漢法名三十稅一，實十稅五，則其意居可知矣。故歆承其意，而增竄〈閭師〉（按：應爲載師）之文，以示《周官》之田賦，本不止於十一也。」（〈周官辨僞一〉）劉歆竄入《周禮・地官・載師》：「近郊十一，遠郊二十而三，甸、稍、縣、都皆無過十二。」

2、「莽立山澤六莞，榷酒鑄器，稅眾物以窮工商，故歆增竄〈廛人〉之文，以示《周官》征布之目，本如是其多也。」（〈周官辨僞一〉）

劉歆竄入《周禮・地官・廛人》：「掌斂市，絘布、總布、質布、罰布、廛布而入于泉府。」

3、「莽好厭勝，妖妄愚誣，爲天下訕笑，故歆增竄〈方相〉、〈壺涿〉、〈硩族〉、〈庭氏〉之文，以示聖人之法，固如是其多怪變也。」（〈周官辨僞一〉）

（1）劉歆竄入《周禮・夏官・方相氏》：「掌蒙熊皮，黃金四目，玄衣朱裳，執戈揚盾，帥百隸而時難，以索室毆疫。大喪先匶，及墓，入壙，以戈擊四隅，毆方良。」

（2）劉歆竄入《周禮・秋官・硩蔟氏》：「以方書十日之號，十有二辰之號，十有二月之號，十有二歲之號，二十有八星之號，縣其巢上，則去之。」

（3）劉歆竄入《周禮・秋官・壺涿氏》：「若欲殺其神，則以牡橭午貫象齒而沈之，則其神死，淵爲陵。」

（4）劉歆竄入《周禮・秋官・庭氏》：「若神也，則以大陰之弓與枉矢射

〔註29〕錢基博撰：《古籍舉要》（臺北：新文豐出版公司，1979 年 5 月），卷七，頁 43。

之。」

4、「蓋莽之法私鑄者伍坐沒入爲官奴婢，傳詣鍾官者以十萬數，至則易其夫婦，民人駭痛，故歆增竄〈媒氏〉之文，以示周公之法，官會男女，而聽其相奔，則以罪沒而易其夫婦，猶未爲已甚也。」（〈周官辨僞二〉）

劉歆竄入《周禮・地官・媒氏》:「中春之月，令會男女，於是時也，奔者不禁。若無故而不用令者，罰之。司男女之無夫家者而會之。」

5、「若以泉貸商賈而生其息，則王莽貸民以財，使置產業而分其贏得之術也。自莽及安石而外，雖亂國晻世，不聞更用此，以浚民造怨，而謂周公爲之乎？司市之職曰:『以泉府同貨而斂賒』，則有斂有賒，而絕無所謂貸，其義甚明。而泉府貸息之文，爲劉歆所增竄決矣。」（〈周官辨惑一〉）劉歆竄入《周禮・地官・泉府》:「凡民之貸者，與其有司辨而授之，以國服爲之息。」

6、「班史稱莽性好時日小數，垂死之時，尚令天文郎按栻於前，時日所加，莽輒旋席，隨斗柄而坐，則其平日行軍之律，誓眾之辭，必有申嚴於時日禨祥，而重其罪責者，然則誓邦之太史曰殺，小史曰墨之文，抑亦歆之所增竄也。」（〈周官辨惑四〉）

劉歆竄入《周禮・秋官・條狼氏》:「誓邦之大史曰殺，誓小史曰墨。」〔註30〕

顧頡剛並將其與萬斯同的《周官辨非》作比較，還有稱許《周官辨》中說的鄉官制。〔註31〕而顧頡剛對這些方苞認爲劉歆增竄的文字的評價：

> 不過，方苞所舉出的《周官》中幾節他所定的僞竄文字，從現在看來，理由實在不充足。〔……〕。
>
> 以上所說，可以看出方苞所決定的劉歆竄入《周官》的幾條很少是可信的。他用了後代的思想來判別古代文籍的眞僞，是他的非歷史主義的表現。〔註32〕

顧頡剛認爲方苞「用了後代的思想來判別古代文籍的眞僞」，以及對方苞以劉歆增竄的文字爲「理由實在不充足」、「很少是可信的」。

〔註30〕詳參顧頡剛〈方苞考辨《周官》的評價——《周官辨序》〉，《文史》第37輯，頁2。

〔註31〕詳參同前註，頁2～4。

〔註32〕以上詳參同前註，頁4～5。

（三）錢穆的《劉向歆父子年譜》中，有若干處涉及方苞的〈周官辨偽〉，〔註 33〕如：

方望溪〈周官辨僞〉則謂《周官》多有莽、歆竄入。其言曰：「莽誦六藝以文姦言，而浚民之政皆託於《周官》。其未篡也，既以公田口井布令，故既篡下書，不能遽變十一之説，而謂漢法名三十稅一，實十稅五，則其意居可知矣。故歆承其意而增竄閭師之文，以示《周官》之田賦本不只於十一也。莽立山澤六筦，榷酒鑄器稅眾物以窮工商，故歆增竄廛人之文，以示《周官》征布之目如是其多也。莽好厭勝，妖妄愚誣，爲天下訕笑故歆增竄方相、壺涿、哲蔟、庭氏之文，以示聖人之法固如是其多怪變也。」方氏於莽詔所謂厥名三十稅一實十稅五者，全不解其意旨，而謂其意居可知，眞可怪笑。六筦之制皆有深意，非方所知。至方相、壺涿、哲蔟、庭氏之文，皆不合於方氏之所謂聖人者，而盡以爲歆之所竄，此尤迂癡不足辨。其後康氏遠承方氏之緒，而所見較深，要其立論淵源，實自方啓之。細讀方氏〈周官辨僞〉，可知其説之無根。〔註 34〕

辨《周官》爲劉歆僞造以媚新莽者，其説起於宋，惡王荊公依《周官》行新法而云然。不謂清儒自姚、方以迄康氏，遂大肆其燄也。〔註 35〕

《周官》之書，有繩以後世之事而絕不可通者，如此所引媒氏會男女，及方相、哲蔟、庭氏諸職，轉見古人眞相，明其書實有據，非盡憑空杜撰，又決非出漢後也。方氏繩以後世之見，怪其不可通，因疑歆之僞竄。凡莽粃政纇行，歆必一一羼其似於《周官》焉。然則又非以《周官》飾莽竄篡，竟以《周官》飾莽非矣。諸家辨歆僞者，率前後横決，不成條理，特以言多邀人信，豈得爲定讞哉？且歆既僞爲《周官》，布行天下，據以發政改制，又豈得隨時妄竄？史所謂易其夫婦者，未必當時法令夫婦必相易，特詣

〔註 33〕方苞《周官辨》有〈周官辨僞〉二篇，〈周官辨惑〉八篇，共十篇。〈周官辨僞〉二篇收入《文集》卷一。

〔註 34〕錢穆撰：《劉向歆父子年譜》，《兩漢經學今古文平議》（臺北：東大圖書公司，1971 年 8 月，1983 年 9 月臺 3 版），頁 122。

〔註 35〕同前註，頁 124。

獄者多，不能各獲其耦，而史家甚言之，豈有勒爲政令之理。拘儒自抱萬世一姓之見，視莽、歆爲非人，極惡大罪，將烏從得其政制之眞哉！〔註 36〕

錢穆對方苞所論劉歆增竄事，說其「繩以後世之見，怪其不可通」，並以「眞可怪笑」、「尤迂癡不足辨」、「其說之無根」等語評價之。

三、關於方苞爲康有爲等辨僞的源頭

還有指出方苞爲康有爲（1858～1927）等今文經學家的劉歆（50？B.C.～23）僞造古文經說的源頭。

（一）錢基博《古籍舉要》說：

方苞作《周官辨》，證以《漢書・王莽傳》，以爲劉歆僞託以佐王莽，質言之，即新莽之託古改制也。至輓近世，南海康有爲益推衍其義，以爲一切古文經皆僞，皆出於劉歆，著《新學僞經考》。僞經者，謂古文《周禮》、《逸禮》、《左傳》及《詩》之《毛傳》，凡西漢末，劉歆所力爭立博士者也。新學者，謂新莽之學。時清儒頌法許鄭者，自號曰漢學。有爲以爲許鄭古學，推本劉歆，可謂之爲新代之學，而非漢代之學，故正名焉，而諱其本於方氏。〔註 37〕

錢基博《中國文學史》，附錄，〈讀清人集別錄〉說：

辨正《詩》、《書》、《周官》、《戴記》、子、史爲劉歆僞託者十餘篇，以爲文奸言以佐新莽，而證以《漢書・王莽傳》，條舉件繫，卓然有以自信其說，疑爲後來南海康有爲《新學僞經考》之藍本焉？〔註 38〕

錢基博以方苞《周官辨》之說，與「辨正《詩》、《書》、《周官》、《戴記》、子、史爲劉歆僞託者十餘篇」，而爲其後的康有爲更推衍其義，以爲古文經皆出於劉歆僞造，作《新學僞經考》，而康有爲「諱其本於方氏」。

（二）顧頡剛《顧頡剛讀書筆記》中有〈方苞疑《周官》，開廖平一派〉一條說：

方氏《周官析疑》、《周官辨》，爲斥劉歆僞作《周禮》之專書，其悟

〔註 36〕同前註，頁 154。

〔註 37〕錢基博撰：《古籍舉要》卷七，頁 48。

〔註 38〕錢基博撰：《中國文學史》（北京：中華書局，1993 年 4 月），附錄，〈讀清人集別錄〉，〈望溪先生文集十八卷集外文十卷集外文補遺二卷〉，頁 949。

入自《王莽傳》，開後來廖平、康有爲之先河。〔註 39〕

顧頡剛〈方苞考辨《周官》的評價—《周官辨序》〉說：

《望溪全集》裏還有幾篇文章，辨《儀禮》的《喪服》，《禮記》的《明堂位》、《文王世子》，《尚書》的《君奭序》，《史記》的《周本紀》及《燕》、《魯世家》等都經過劉歆的改竄，和本書脈絡相通；現在一併輯出，列爲本書的附錄之一。這些話在實際上開了康有爲《新學僞經考》和崔適《史記探源》的先路，可是在康、崔兩家的書裏卻一句也投有提及方苞的姓名，漢學對於宋學的門户之見深到這樣，豈不可怕！〔註 40〕

顧頡剛認爲方苞《周官析疑》、《周官辨》與《望溪全集》裡相關的文章，爲開後來廖平（1852～1932）、康有爲、崔適（1852～1924）的先河。

（三）錢穆於《劉向歆父子年譜》中，說：

〔……〕其後康氏遠承方氏之緒，而所見較深，要其立論淵源，實自方啓之。〔註 41〕

辨《周官》爲劉歆僞造以媚新莽者，其說起於宋，惡王荊公依《周官》行新法而云然。不謂清儒自姚、方以迄康氏，遂大肆其談也。〔註 42〕

〔……〕新學僞經之論，則又自方氏啓之也。〔註 43〕

錢穆認爲康有爲承方苞之緒，而其說較深入，康有爲劉歆僞造古文經之說，其立論淵源，實受方苞的啓發。

（四）楊向奎則承其師顧頡剛之說而更加推衍，〈論方苞的經學與理學〉說：

望溪雖承認《周官》全書不僞，但謂其中有劉歆作僞處，則影響頗遠。蓋《周官》爲古文經，今文經據此對古文經全面攻擊，江河泛濫，如洪水滔天矣。〔註 44〕

〔註 39〕顧頡剛撰：《顧頡剛讀書筆記》第五卷（臺北：聯經出版事業公司，1990 年 1 月），〈法華讀書記（五）〉，頁 2927～2928。

〔註 40〕顧頡剛〈方苞考辨《周官》的評價——《周官辨序》〉，《文史》第 37 輯，頁 5。

〔註 41〕錢穆撰：《劉向歆父子年譜》，《兩漢經學今古文平議》，頁 122。

〔註 42〕同前註，頁 124。

〔註 43〕同前註，頁 155。

〔註 44〕楊向奎〈論方苞的經學與理學〉，《孔子研究》1988 年第 3 期（總第 11 期），頁 72，1988 年 9 月。

> 雖然望溪之武斷說經不足信，但「劉歆竄入」說，為後來的今文學派添加一有力手段，有此手段，而創為劉歆「造經造史」說，並上推孔子造經造史，下及康有為亦造經造史，史而可造，何事而不可造，於是康有為談變法維新，後來史家，顧頡剛老師、童書業老友，更廣大其說，劉歆之手段通天，遍偽一切，章太炎反之，謂劉歆之功在孔子上。波瀾壯觀，方望溪實首開堤者！〔註 45〕

〈方苞「望溪學案」〉說：

> 在以上著作中最引人注目的論點是漢劉歆偽竄古經說以翼成王莽之篡漢。此說開一代學風，今文學派興起後，自劉逢祿以至康有為，莫不以此為法寶而抨擊古文經，凡古文經說及先秦諸子書以及《史記》記載不合己意或有助於王莽政權者莫不視為歆竄。濫用此說而無法取證，遂有康有為之《新學偽經考》，時已處清代晚年。及民國年間，經學與政治脫節，用此說治史，遂有顧頡剛老師之《古史辨》。後來友人童書業先生持此說最力，懷疑夏史為歆造！史而可造，何事而不可造，劉歆之罪不容誅矣！而此說自望溪起。〔……〕望溪以王莽篡漢為口實，遂謂《周官》雖不偽，但劉歆曾有偽竄：〔……〕望溪此說實開清代今文經學之法門，此後劉逢祿遂倡劉歆偽造《古文經》說，如《周禮》、《左傳》，清末康有為更張大其說，而有《新學偽經考》，泛濫無所止矣。〔註 46〕

楊向奎認為方苞不但影響劉逢祿（1776～1829）〔註 47〕、康有為等今文經學家，還蔓延影響顧頡剛等《古史辨》疑古學者。

上述的說法，綜合討論部分，林存陽對方苞的《周禮》學，有較全面而概要的介紹，透過林存陽文，可對方苞的《周禮》學有一較完整的認識。然

〔註 45〕同前註，頁 74。頁 75 又說：「舉凡古籍中有關周公稱王、踐天子位等記載，望溪都斷為劉歆之偽，恣肆獨斷，前所未有而開今文學派攻擊古文經之先河，劉逢祿以之為不二法門，康有為更張皇其詞，不知所止矣。〔……〕劉歆竄之說，乃『欲加之罪，何患無詞』，今文家用之以濟其窮，而望溪先生無意中為之提供了有力手段，亦始料所不及者。」

〔註 46〕楊向奎〈方苞「望溪學案」〉，楊向奎、冒懷辛等撰：《清儒學案新編》（第 3 卷），頁 33～37。也可參考楊向奎〈論方苞的經學與理學〉，《孔子研究》1988 年第 3 期（總第 11 期），頁 71～72。

〔註 47〕楊向奎往前擴及到常州今文經學者劉逢祿，然而其是否與方苞有直接關係，並無進一步確證，並不能遽以為可信。

因其限於篇幅，所引資料大多爲相關的序文與傳狀，還有方苞《周禮》著作的序文部分，探討時也只能概要式的討論，未能更全面且深入探討。〔註 48〕

關於方苞《周官辨》等辨僞內容的討論，方苞於此受的指責也多。顧頡剛〈方苞考辨《周官》的評價—《周官辨序》〉對於方苞《周官辨》所論較詳。而關於方苞的劉歆增竄之說，顧頡剛認爲「理由實在不充足」、「很少是可信的」。〔註 49〕錢穆對方苞的評價與顧頡剛相似，皆認爲方苞以後代標準來衡量《周禮》的內容，其說可信度很低。而錢穆更嚴厲的說其「迂癡不足辨」、「其說之無根」。楊向奎則認爲「未免武斷」。〔註 50〕錢基博則引述姚範之說，對方苞《周官辨》中不通之處，提出批評，指出《周禮》爲存周之制度，而不出於周公手定。林存陽認爲方苞的論斷「並不準確」，其後引楊向奎之說，接著說：「雖然如此，方苞對《周禮》還是有其獨得之處的」，〔註 51〕惟並未進一步討論。

關於方苞爲康有爲等辨僞的源頭，方苞之說爲康有爲等今文經學學者所繼承而加深擴大，成爲古文經皆爲劉歆僞造說，錢基博、顧頡剛、錢穆、楊向奎的說法大抵相同。

不過，諸家的討論，如顧頡剛〈方苞考辨《周官》的評價—《周官辨序》〉、楊向奎〈論方苞的經學與理學〉（〈方苞「望溪學案」〉）爲單篇專文，論述較詳之外，其他如錢基博《古籍舉要》與《中國文學史》，附錄，〈讀清人集別錄〉、顧頡剛《顧頡剛讀書筆記》〈方苞疑《周官》，開廖平一派〉僅爲錢基博、顧頡剛二人的讀書筆記中的一條，錢穆則爲《劉向歆父子年譜》一書中的行文考證，偶所涉及之處，皆並不是專論。由於受到主題、篇幅、體裁的限制，諸家論述也大多集中於方苞《周官辨》上，而未全面顧及方苞的《周禮》學。

〔註 48〕詳參林存陽撰：《清初三禮學》，第四章〈儒臣對三禮學的倡導與撰著〉，第三節〈方苞的三禮學成就〉，頁 253～270。林存陽〈方苞的三禮學論析〉，中國社會科學院歷史研究所明清史研究室編：《清史論叢》2001 年號，頁 223～233。

〔註 49〕顧頡剛〈方苞考辨《周官》的評價——《周官辨序》〉，《文史》第 37 輯，頁 4～5。

〔註 50〕楊向奎〈論方苞的經學與理學〉，《孔子研究》1988 年第 3 期（總第 11 期），頁 73。

〔註 51〕林存陽撰：《清初三禮學》，第四章〈儒臣對三禮學的倡導與撰著〉，第三節〈方苞的三禮學成就〉，頁 262。

第二章　方苞的生平與著作

第一節　生平、學思、交遊與弟子

一、生　平

（一）家　世

方苞（1668～1749），字鳳九，一字靈皋，晚年號望溪，學者稱望溪先生，生於清康熙七年，卒於乾隆十四年。安徽安慶府桐城縣人。始祖方德益於宋、元之際，由休寧遷至桐城縣市鳳儀坊。曾祖父象乾，字廣野，號聞庵，明恩貢生，官按察司副使，備兵嶺西左江。明末避亂，遷居江寧府上元縣由正街，後移居土街。〔註1〕方苞說：

> 苞先世家桐城，明季，曾大父副使公以避寇亂，之秣陵，遂定居焉。〔註2〕

祖父方幟（1615～1687），字漢樹，號馬溪，歲貢生。有文名，官蕪湖縣學訓導，遷興化縣學教諭。〔註3〕父方仲舒（1638～1707），字南董，號逸巢，國

〔註1〕〔清〕方苞撰，劉季高點校：《方苞集》（上海：上海古籍出版社，1983年9月），附錄一，〔清〕蘇惇元編：《方苞年譜》，康熙七年戊申夏四月十五日，生於六合之留稼邨，頁865。

〔註2〕〔清〕方苞撰，劉季高點校：《方苞集》卷十七，〈大父馬溪府君墓誌銘〉，頁490。

〔註3〕〔清〕方苞撰，劉季高點校：《方苞集》，附錄一，〔清〕蘇惇元編：《方苞年譜》，康熙七年戊申夏四月十五日，生於六合之留稼邨，頁865。方幟生平可詳參〔清〕方苞撰，劉季高點校：《方苞集》卷十七，〈大父馬溪府君墓誌銘〉，頁490～491。

子監生，好讀書，喜作詩，與原籍湖廣黃岡而流寓江寧的杜濬（1610～1686）、杜岕（1617～1693）兄弟，同里錢澄之（1612～1694），方苞族祖方文（1612～1669）等相唱和，以遺逸名。〔註4〕方仲舒先娶姚氏，為方苞前母。方苞生母則為繼室吳氏（1642～1715），紹興府同知吳勉女。〔註5〕吳勉為福建莆田人，寓居江寧府六合縣留稼邨。方仲舒贅於吳氏，方苞〈同知紹興府事吳公墓表〉說：

> 公諱勉，字素裘，先世閩之莆田人，明季避倭亂，移家京師，入國朝，以拔貢生知同州，又知光州，遷紹興郡丞，官罷，流滯江南，僑寓棠邑留稼村，往來金陵，與吾宗故老塗山及黃岡二杜公遊；見先君子詩，許以吾母繼室，及先君入贅，公客死踰年矣。苞兄弟三人、馮氏姊、鮑氏妹皆生於外家。〔註6〕

棠邑為六合古名。方苞生於六合，六歲時才隨父回到上元。〔註7〕兄方舟（1665～1701），字百川，寄上元縣籍廩貢生，性孝友好學，〔註8〕以時文有名於當時。〔註9〕鄭燮（1693～1765）稱：「愚謂本朝文章，當以方百川制藝為第一。」

〔註4〕〔清〕方苞撰，劉季高點校：《方苞集》，附錄一，〔清〕蘇惇元編：《方苞年譜》，康熙七年戊申夏四月十五日，生於六合之留稼邨，頁865～866。方仲舒生平可詳參〔清〕方苞撰，劉季高點校：《方苞集》卷十七，〈台拱岡墓碣〉，頁491～493。

〔註5〕吳氏生平可詳參方苞〈先母行略〉，〔清〕方苞撰，劉季高點校：《方苞集》卷十七，頁493～494。生卒年據〈台拱岡墓碣〉，頁493。

〔註6〕〔清〕方苞撰，劉季高點校：《方苞集》卷十二，頁338。

〔註7〕同前註，卷十三，〈吳處士妻傅氏墓表〉，頁387說：「余生六年，先君子歸金陵。」卷十七，〈大父馬溪府君墓誌銘〉，頁490說：「吾父出贅，留滯棠邑凡十年。苞生六年，大父司訓於蕪湖，吾父始歸秣陵舊居。」〔清〕方苞撰，劉季高點校：《方苞集》，附錄一，〔清〕蘇惇元編：《方苞年譜》，康熙十二年癸丑，年六歲，頁866。

〔註8〕〔清〕方苞撰，劉季高點校：《方苞集》，附錄一，〔清〕蘇惇元編：《方苞年譜》，康熙七年戊申夏四月十五日，生於六合之留稼邨，頁866。〔清〕方苞撰，劉季高點校：《方苞集》卷十七，〈兄百川墓誌銘〉，頁495說：「兄諱舟，字百川。性倜儻，好讀書而不樂為章句文字之業。」

〔註9〕〔清〕方苞撰，劉季高點校：《方苞集》，附錄一，〔清〕蘇惇元編：《方苞年譜》，康熙七年戊申夏四月十五日，生於六合之留稼邨，頁866。〔清〕方苞撰，劉季高點校：《方苞集》卷十七，〈兄百川墓誌銘〉，頁496說：「年十四，侍王父於蕪湖。逾歲歸，曰：『吾鄉所學，無所施用。家貧，二大人冬無絮衣。當求為邑諸生，課蒙童，以贍朝夕耳。』逾歲，入邑庠，遂以制舉之文名天下。慕廬韓公見之，嘆曰：『二百年無此也。』自以時文設科，用此名家者僅十數人，皆舉甲乙科者。以諸生之文而橫被六合，自兄始。一時名輩皆願從

〔註 10〕方舟長方苞三歲，〔註 11〕早卒，年三十七歲。方舟康熙四年生，康熙四十年卒。〔註 12〕弟方林（1670～1690），字椒塗，也孝友好學，善時文。方林小方苞二歲，早夭，年二十一歲。〔註 13〕方林康熙九年生，康熙二十九年卒。〔註 14〕方苞妻蔡氏（1670～1706），〔註 15〕繼室徐氏，〔註 16〕側室楊氏。〔註 17〕方苞長子道章（1702～1748），康熙四十一年，方苞三十五歲時所生，

兄遊，而兄遇之落落然。」同前註，卷十七，〈兄百川墓誌銘〉，頁 496 說：「年十四，侍王父於蕪湖。逾歲歸，曰：『吾鄉所學，無所施用。家貧，二大人冬無絮衣。當求爲邑諸生，課蒙童，以贍朝夕耳。』逾歲，入邑庠，遂以制舉之文名天下。慕廬韓公見之，嘆曰：『二百年無此也。』自以時文設科，用此名家者僅十數人，皆舉甲乙科者。以諸生之文而橫被六合，自兄始。一時名輩皆願從兄遊，而兄遇之落落然。」

〔註 10〕鄭燮〈濰縣署中與舍弟第五書〉，〔清〕鄭燮撰，吳可點校：《鄭板橋文集》（成都：巴蜀書社，1997 年 6 月），〈書札〉，頁 17。

〔註 11〕〔清〕方苞撰，劉季高點校：《方苞集》卷十七，〈兄百川墓誌銘〉，頁 496 說：「兄長余二歲。」〔清〕方苞撰，劉季高點校：《方苞集》，附錄一，〔清〕蘇惇元編：《方苞年譜》，康熙七年戊申夏四月十五日，生於六合之留稼邨，頁 866 說：「兄舟，字百川，長先生三歲。」方舟生於康熙四年，卒於康熙四十年，年三十七。時方苞三十四歲，故方舟長方苞三歲。

〔註 12〕〔清〕方苞撰，劉季高點校：《方苞集》，附錄一，〔清〕蘇惇元編：《方苞年譜》，康熙四十年辛巳，年三十四歲，頁 872。

〔註 13〕可參考〔清〕方苞撰，劉季高點校：《方苞集》，附錄一，〔清〕蘇惇元編：《方苞年譜》，康熙七年戊申夏四月十五日，生於六合之留稼邨，頁 866。

〔註 14〕〔清〕方苞撰，劉季高點校：《方苞集》，附錄一，〔清〕蘇惇元編：《方苞年譜》，康熙二十九年庚午，年二十三歲，頁 868。

〔註 15〕方苞〈亡妻蔡氏哀辭〉說：「蔡氏名琬，字德孚，江寧隆都鎮人，以康熙丙戌秋七月朔後二日卒。在余室凡十有六年。〔……〕蔡氏在江寧爲儒家。妻生男二人，皆早殤。女二人。其卒也，產未彌月，蓋自懟以致疾也。年三十有七。」〔清〕方苞撰，劉季高點校：《方苞集》卷十七，頁 503～505。康熙丙戌爲康熙四十五年（1706）。〔清〕方苞撰，劉季高點校：《方苞集》，附錄一，〔清〕蘇惇元編：《方苞年譜》，乾隆十四年己巳，年八十二歲，頁 891 說：「夫人蔡氏生二子，早殤；生二女，長適盧江宋嗣茨，次適上元生員鮑孔學。」方苞〈徐詒孫哀辭〉說：「康熙辛未，余始至京師，即與詒孫善。〔……〕戊寅冬十有一月，余客澄江，〔……〕余一子新殤，意殊不自得。及聞詒孫死，出門西鄉，號而哭之，不復覺子死之痛矣。」康熙戊寅爲康熙三十七年（1698）。此子即爲早殤二子之一。

〔註 16〕徐氏，上元人，內閣中書徐時敏女。可參考〔清〕方苞撰，劉季高點校：《方苞集》，附錄一，〔清〕蘇惇元編：《方苞年譜》，康熙四十六年丁亥，年四十六歲，頁 874。〔清〕方苞撰，劉季高點校：《方苞集》，附錄一，〔清〕蘇惇元編：《方苞年譜》，乾隆十四年己巳，年八十二歲，頁 891 說：「繼室徐氏夫人無出。」

〔註 17〕〔清〕方苞撰，劉季高點校：《方苞集》，附錄一，〔清〕蘇惇元編：《方苞年

幼子道興（1720～？），康熙五十九年，方苞五十三歲時所生，皆側室楊氏所生。〔註18〕道章卒於乾隆十三年（1748），道興卒年不詳。

（二）少年至中年時期

桐城方氏明清以來爲世代官宦的望族，周茂源（1618～1677）曾說：「江東華冑推第一，方氏簪纓盛無匹。」〔註19〕方苞高祖方大美官至太僕寺少卿，曾祖方象乾官按察司副使。祖父方幟，官蕪湖縣學訓導，遷興化縣學教諭。父方仲舒爲國子監生。自遷江寧後家業沒落，方苞說：

> 余先世家皖桐，世宦達。自遷江寧，業盡落。賓祭而外，累月踰時，家人無肉食者，蔬食或不充。〔註20〕

關於生活貧困的景況，方苞有極形象化的描寫：

> 先君子中歲尤窮空，母生苞兄弟及女兄弟凡六人。一婢老不任事。縫紉、浣濯、洒掃、炊汲，皆身執之。方冬時，僅敝絮一衾，有覆而無薦。旬月中，不再食者屢焉。〔註21〕

儘管環境如此，方苞從小還是從父、兄學習經書、古文。康熙二十八年（1689），歲試第一，補桐城縣學弟子員，受知於學使高裔。次年，應鄉試不中。三十年（1691），從高裔至北京，遊太學。李光地（1642～1718）、韓菼（1637～

譜》，乾隆十四年己巳，年八十二歲，頁891說：「先生年三十三四尚無子，乃納側室楊氏，生二子，道章、道興；生一女，適金壇王金範，官蒲臺縣丞。」

〔註18〕可參考〔清〕方苞撰，劉季高點校：《方苞集》，附錄一，〔清〕蘇惇元編：《方苞年譜》，康熙四十一年壬午，年三十五歲，頁872。康熙五十九年庚子，年五十三歲，頁878。乾隆十四年己巳，年八十二歲。方幟生方仲舒，仲舒生方舟、方苞、方林。方苞生方道章、方道興。道章生超、惟一、惟醇、惟稼、惟寅、惟和、惟俊七子。道興生惟清、惟恂、惟愨、惟憲四子。可參考〔清〕方苞撰，劉季高點校：《方苞集》，附錄一，〔清〕蘇惇元編：《方苞年譜》，乾隆十四年己巳，年八十二歲，頁891。另可參考許福吉撰：《義法與經世——方苞及其文學研究》（上海：學林出版社，2001年6月），頁35。與其附〈方苞五代關係簡表〉。

〔註19〕周茂源〈寄懷方樓崗學士〉，〔清〕周茂源撰：《鶴靜堂集》（臺南縣：莊嚴文化事業公司，1997年6月，《四庫全書存目叢書》集部，第219冊，據山東省圖書館藏清康熙天馬山房刻本影印），卷二，頁22。

〔註20〕方苞〈亡妻蔡氏哀辭〉，〔清〕方苞撰，劉季高點校：《方苞集》卷十七，頁504。

〔註21〕方苞〈先母行略〉，〔清〕方苞撰，劉季高點校：《方苞集》卷十七，頁493～494。方苞〈與德濟齋書〉也說：「寒宗雖巨族，而遷江寧者多清門。先君子中歲窶艱，糊口四方。苞兄弟幼孩，每至春秋拜掃，先母典敝衣，以錢三四百命家僕持清香展墓，不能具肴蔬。」〔清〕方苞撰，徐天祥、陳蕾點校：《方望溪遺集》（合肥：黃山書社，1990年12月），〈書牘類〉，頁49。

1704）、姜宸英（1628～1699）等皆推重其文章。李光地讚歎說：「韓、歐復出，北宋後無此作也。」韓菼「以文名海內，見先生文，至欲自毀其稿」。其評方苞文說：「廬陵無此深厚，南豐無此雄直，豈非昌黎後一人乎！」姜宸英說：「此人，吾輩當讓之出一頭地者也。」〔註22〕此後兩應順天鄉試不中，期間授經涿州、北京、寶應等地。〔註23〕三十八年，舉江南鄉試第一。後兩次會試不第。四十五年（1706）會試第四名。屆殿試，朝論翕然，推爲第一人。方苞聞母疾遽歸，李光地馳使留之不得。〔註24〕後因母老衰病，不敢遠行，而未再補殿試。〔註25〕

〔註22〕可參考〔清〕全祖望撰，朱鑄禹彙校集注：《全祖望集彙校集注》（上海：上海古籍出版社，2000年12月），《鮚埼亭集》卷十七，〈前侍郎桐城方公神道碑銘〉，頁309。〔清〕方苞撰，劉季高點校：《方苞集》，附錄一，〔清〕蘇惇元編：《方苞年譜》，康熙三十年辛未，年二十四歲，頁869。三十一年壬申，年二十五歲，頁870。

〔註23〕同前註，康熙三十二年癸酉，年二十六歲，至康熙三十七年戊寅，年三十一歲，頁870～871。

〔註24〕〔清〕方苞撰，劉季高點校：《方苞集》，附錄一，〔清〕蘇惇元編：《方苞年譜》，康熙四十五年丙戌，年三十九歲，頁873。而孟醒仁撰：《桐城派三祖年譜》（合肥：安徽大學出版社，2003年5月），頁32說：「按馳使留苞，出於圖河建議，李光地決定。見本年〈祭圖河文〉。」顧圖河（1655～1706），字書宣。〔清〕方苞撰，劉季高點校：《方苞集》，附錄一，〔清〕蘇惇元編：《方苞年譜》，康熙四十五年丙戌，年三十九歲，頁873說此會試：「總裁爲大興李公山公、諱錄于。溧陽彭公竹如。諱會淇。房考爲江都顧公書宣。諱圖河。」而也可參考孟醒仁撰：《桐城派三祖年譜》（合肥：安徽大學出版社，2003年5月），頁32。方苞〈祭顧書宣先生文〉，〔清〕方苞撰，劉季高點校：《方苞集》卷十六，頁467～468說：「余試禮部，實出公門。公嘉余文，或有違言。公謂『斯文，惟某能然。所舉不遂，甘棄一官』。既發其覆，果匪異人。滿堂動容，僕隸同喧。與公朋齒，宿號知音。得以至公，兩無愧心。老親趣余，歸裝在途。公使來追，斬鞅道隅。余不反顧，懼公見督。」

〔註25〕〔清〕方苞撰，劉季高點校：《方苞集》卷十七，〈李穆堂文集序〉，頁106：「余與穆堂始相見，即相與議所處。康熙庚寅杪冬，穆堂以庶吉士覲省歸里，道長干，停船過余。余時以老母衰病，不敢遠行，而守土吏及族姻皆謂：『誤殿試期再三，懼物議。』穆堂獨正議以排之。余因謂穆堂：『子必大爲世用，不及今肆力於學，則無其時矣。』」穆堂爲李紱（1673～1750）之號，字巨來，江西臨川人，爲方苞友人。康熙庚寅爲康熙四十九年（1710）。孟醒仁撰：《桐城派三祖年譜》，頁36說：「按：方苞丙戌科（1746）中會試，未與殿試。因母老不再補試，可見其孝行與輕視功名之心。」而有些記載或稱方苞進士，或如〔清〕紀昀、陸錫熊、孫士毅等纂修，《四庫全書》研究所整理：《欽定四庫全書總目》〔整理本〕（北京：中華書局，1997年1月），卷十九，經部十九，禮類一，〈《周官集注》十二卷〉，頁246稱：「會試中式舉人。」然而明清時期進

（三）《南山集》案

康熙五十年（1711）冬十月都察院左都御史趙申喬（1644～1720）據翰林院編修戴名世（1653～1713）所著《南山集偶鈔》參劾戴名世：

> 乃有翰林院編修戴名世，妄竊文名，恃才放蕩。前爲諸生時，私刻文集，肆口游談，倒置是非，語多狂悖，逞一時之私見，爲不經之亂道，徒使市井書坊，翻刻貿鬻，射利營生。識者嗤爲妄人，士林責其乖謬，聖明無微不察，諒具在洞鑒之中。今名世身膺異數，叨列巍科，猶不追悔前非，焚削書板，似此狂誕之徒，豈容濫厠清華！〔……〕爲此特疏糾參，仰祈勅部嚴加議處，以爲狂妄不謹之戒，而人心咸知悚惕矣。伏候皇上睿鑒施行！〔註 26〕

而聖祖下旨：「這所參事情，該部嚴察審明具奏。」下令嚴加辦理。

趙申喬參劾戴名世「妄竊文名，恃才放蕩」、「肆口游談，倒置是非，語多狂悖」等等，本皆屬戴名世個人行爲方面，但後來卻發展成大案，牽連甚眾，而戴本人也因而喪命。〔註 27〕關於此，王樹民說：

> 在這篇參奏中根本沒有提到〈滇黔紀聞〉，也沒有悖逆之說，所加的罪名不過是「狂妄不謹」、「語多狂悖」，所提的要求也不過是「以肅官方」、「以昭法紀」，絕無民族思想鬥爭和反對清政權的蹤影。從「狂妄」、「狂悖」發展成「悖逆」，從「不謹」發展到「反清」，其中原有一個曲折的發展過程，一向爲讀史者所忽略，又由於這是一件欽案大獄，在封建專制時代，即使深知其中別有委曲，也便諱而不言了。〔註 28〕

而戴名世於康熙四十八年（1709）中進士，授翰林院編修。二年後，因《南

士爲殿試登第者之稱。關於此，丁鼎指出明清時期也有稱會試中式舉人（貢士）爲進士的現象。詳參丁鼎〈方苞「進士」身份考辨——兼析清代「進士」一名的不同含義〉，《鎮江師專學報》1996 年第 2 期，頁 20～22，1996 年。

〔註 26〕佚名撰：〈記桐城方戴兩家書案〉，原載《古學彙刊》第一集雜記類，收入〔清〕戴名世撰，王樹民編校：《戴名世集》（北京：中華書局，1986 年 2 月，2000 年 9 月第 2 次印刷），附錄，三、傳記資料，頁 483，附註三，所錄趙申喬原奏。

〔註 27〕可參考蕭穆〈跋趙司寇申喬題參戴編修名世疏〉，〔清〕蕭穆撰，項純文點校：《敬孚類稿》（合肥：黃山書社，1992 年 2 月），補遺，卷二，頁 488～490。

〔註 28〕王樹民撰：〈曲折發展的《南山集》案及其餘波〉，安徽省社會科學院文學研究所，安慶師範學院中文系，淮北煤炭師範學院中文系編：《桐城派研究論文選》（合肥：黃山書社，1986 年 11 月），頁 194。

山集》案被殺。因此，其主要活動爲其作諸生的時期。戴名世有文名，而富正義感，對當時社會上一些醜惡的風氣，敢於直言批評。戴名世曾說：

> 然其於當世之故不無感慨忿懟，而其辭頰有稍稍過當者。世且以僕爲罵人，僕豈眞好罵人哉，而世遂爭罵僕以爲快。〔註29〕

或許因爲其憤世嫉俗的性格，而得罪了不少人，尤其是當權的士大夫族群。《清史稿．戴名世傳》說：「諸公貴人畏其口，尤忌嫉之。」〔註30〕當權的士大夫族群對戴名世的言行甚爲忌嫉。而方苞〈送左未生南歸序〉說：「余每戒潛虛，當棄聲利，與未生歸老浮山，而潛虛不能用，余甚恨之。」〔註31〕

正因如此，可知爲何趙申喬參奏說其：「妄竊文名，恃才放蕩」、「肆口游談，倒置是非，語多狂悖，逞一時之私見，爲不經之亂道」、「似此狂誕之徒，豈容濫厠清華」等，皆是針對此作攻擊的緣故。〔註32〕

而《南山集偶鈔》〔註33〕中的〈與余生書〉說：

> 余生足下：前日浮屠犂支自言永曆中宦者，爲足下道滇黔間事。余聞之，載筆往問焉，余至而犂支已去，因教足下爲我書其語來，去年冬乃得讀之，稍稍識其大略。而吾鄉方學士有〈滇黔紀聞〉一編，余六七年前嘗見之，及是而余購得此書，取犂支所言考之，以證其同異。蓋兩人之言各有詳有略，而亦不無大相懸殊者，傳聞之間，必有訛焉。然而學士考據頗爲確核，而犂支又得於耳目之所覩記，二者將何所取信哉？
>
> 昔者宋之亡也，區區海島一隅如彈丸黑子，不踰時而又已滅亡，而史猶得以書其事。今以弘光之帝南京，隆武之帝閩越，永曆之帝兩粵，

〔註29〕〔清〕戴名世撰，王樹民編校：《戴名世集》（北京：中華書局，1986年2月，2000年9月第2次印刷），卷一，〈與何屺瞻書〉，頁18～19。

〔註30〕趙爾巽等撰：《清史稿》（北京：中華書局，1998年1月），卷四百八十四，列傳二百七十一，文苑一，〈戴名世傳〉，頁13370。

〔註31〕〔清〕方苞撰，劉季高點校：《方苞集》卷七，頁189。

〔註32〕關於其中曲折的詳細原因，可詳參王樹民撰：〈曲折發展的《南山集》案及其餘波〉，安徽省社會科學院文學研究所，安慶師範學院中文系，淮北煤炭師範學院中文系編：《桐城派研究論文選》，頁193～198。

〔註33〕戴名世弟子尤雲鶚於康熙四十年（1701）爲其師刊刻《南山集偶鈔》。可參考〔清〕戴名世撰，王樹民編校：《戴名世集》，附錄，三、版本序跋，南山集偶鈔序跋，〈尤雲鶚跋〉，頁453～454。此跋爲戴名世自己作，而用尤雲鶚的名字，詳下註36。尤雲鶚供：「我先生戴名世書是我銀子刻的，序文是我先生作的，放我名字。」

帝滇黔，地方數千里，首尾十七八年，揆以《春秋》之義，豈遽不如昭烈之在蜀，帝昺之在崖州，而其事漸以滅沒。近日方寬文字之禁，而天下所以避忌諱者萬端，其或菰蘆山澤之間，有僅僅誌其梗概，所謂存十一於千百，而其書未出，又無好事者爲之掇拾，流傳不久，而已蕩爲清風，化爲冷灰。至於老將退卒，故家舊臣，遺民父老，相繼漸盡，而文獻無徵，凋殘零落，使一時成敗得失，與夫孤忠效死，亂賊誤國，流離播遷之情狀，無以示於後世，豈不可嘆也哉。〔註 34〕

方學士爲方孝標（1617～？），〔註 35〕爲方苞族人。〈滇黔紀聞〉爲其《鈍齋文選》中的一篇文章。戴名世留心於明史，尤其是南明史，惜其事蹟湮沒不傳，而立志收集遺聞逸事。而文中提到其教余生爲其書僧人犁支語，與方孝標〈滇黔紀聞〉所言滇黔間遺聞逸事，以證其同異。因爲還有所疑問，故作書信與余生。〔註 36〕其動機單純，並無反清的政治性，只是要收集遺聞逸事。然而其說：「昔者宋之亡也，區區海島一隅如彈丸黑子，不踰時而又已滅亡，而史猶得以書其事。今以弘光之帝南京，隆武之帝閩越，永曆之帝兩粵，帝滇黔，地方數千里，首尾十七八年」，而又說：「揆以《春秋》之義，豈遽不如昭烈之在蜀，帝昺之在崖州，而其事漸以滅沒。」其中提到南明諸帝的年號，又以三國蜀漢昭烈帝在蜀，南宋末帝昺在崖州比喻。雖然其說：「近日方寬文字之禁」，但還是觸犯到清廷的忌諱，故清康熙皇帝下令嚴加辦理。

而余生即余湛，字石民，其幼受學於戴名世。方苞〈余石民哀辭〉記其事，說：

康熙壬辰，余以余君石民並以《南山集》牽連被逮。君童稚受學於戴，戴集中有與君論史事書，君未之答也。不相見者二十餘年矣。一旦禍發，君破家遘疾死獄中，而事戴禮甚恭。先卒之數日，猶日購宋儒之

〔註 34〕〔清〕戴名世撰，王樹民編校：《戴名世集》卷一，頁 2。

〔註 35〕方孝標，名玄成，號樓岡。因避聖祖康熙玄燁諱，以字行。關於方孝標，可參考〈方玄成傳〉，〔清〕戴名世撰，王樹民編校：《戴名世集》，附錄，四、傳記資料，頁 485～487。附註說：「〈方玄成傳〉，見台灣有關方面編印之《清史》第四八三卷〈文苑傳一〉，與〈記桐城方戴兩家書案〉一文同爲記載《南山集》案之重要資料。」其文有節略。

〔註 36〕戴名世供詞：「我與余生書內有方學士名，即方孝標。他作的〈滇黔紀聞〉內載永曆年號，我見此書即混寫悖亂之語，罪該萬死。」佚名撰：〈記桐城方戴兩家書案〉，原載《古學彙刊》第一集雜記類，〔清〕戴名世撰，王樹民編校：《戴名世集》，附錄，四、傳記資料，頁 480。

> 書，危坐尋覽。觀君之顚危而不懟其師，是能重人紀而不以功利爲離合也。觀君之垂死而務學不怠，是能絕偷苟而不以嗜欲爲安宅也。始吾語君：「所以處患難之道信得矣。雖然，子有老母，毋以嗜學忘憂。」君默無言，而卒以膈噎。蓋其內自苦者，人不得而識也。
>
> 君提解，傾邑父老子弟出送郭門外，皆曰：「余君乃至此！」今君破家亡身，而不得終事其母。吾恐無識者聞之，愈以守道爲禍而安於邪惡也。於其喪之歸也，書以鳴吾哀。〔註37〕

方苞說的「與君論史事書」，應即〈與余生書〉，余湛並沒有回信。其卻因此而獲罪下獄，而於康熙五十一年（1712）病死獄中。〔註38〕

而康熙五十年十一月，方苞因曾爲《南山集》作〈序〉，〔註39〕牽連被逮，

〔註37〕〔清〕方苞撰，劉季高點校：《方苞集》，集外文，卷九，頁778～779。

〔註38〕也可參考蕭穆〈書戴田有先生與余生書後〉，〔清〕蕭穆撰，項純文點校：《敬孚類稿》，補遺，卷一，頁467～468。

〔註39〕方苞爲《南山集》作〈序〉，戴名世供詞：「《南山集》，《孑遺錄》方正玉刻的，《南山集》係尤雲鄂刻的。雲鄂是我門生，我作了序，放他名字。汪灝、方苞、方正玉、朱書、王源序是他們自己作的。」方苞供詞：「我不合與戴名世作序收板，罪該萬死。」〔清〕戴名世撰，王樹民編校：《戴名世集》，附錄，四、傳記資料，佚名撰：〈記桐城方戴兩家書案〉，原載《古學彙刊》第一集雜記類，頁480。也可參考〔清〕戴名世撰，王樹民編校：《戴名世集》，附錄，三、版本序跋，南山集偶鈔序跋，〈方苞序〉，頁451～452。而方苞出獄後，李塨〈甲午如京記事〉，〔清〕李塨撰：《恕谷後集》（臺北：廣文書局，1965年10月，1989年11月再版，影印《顏李叢書》本），卷三，頁1257說：「問曩事，靈皋曰：『田有文不謹，予責之，後遂背予梓《南山集》。予〈序〉亦渠作，不知也。』」方苞否認作序，應爲受到驚嚇未定，實不得已。暴鴻昌〈方苞與康雍時期的理學〉說其「誣友」，《中國史研究》1997年第2期（總第74期），頁162～163。而其實方苞並未否認與《南山集》案的關聯，其文章中也時有提到其受「《南山集》牽連」，而方苞〈余石民哀辭〉，〔清〕方苞撰，劉季高點校：《方苞集》，集外文，卷九，頁778，更說：「康熙壬辰，余與余君石民並以戴名世《南山集》牽連被逮。」可參考孟醒仁撰：《桐城派三祖年譜》，〈序例〉第九條，頁3。許福吉撰：《義法與經世——方苞及其文學研究》，頁52，註釋85。而方苞其後也未屏棄戴名世，其文章中也時有提到宋潛虛，即戴名世（戴受刑後，世人隱其姓名爲宋潛虛，以戴姓出自宋）。可參考王樹民〈曲折發展的《南山集》案及其餘波〉，安徽省社會科學院文學研究所，安慶師範學院中文系，淮北煤炭師範學院中文系編：《桐城派研究論文選》（合肥：黃山書社，1986年11月），頁196。王鎮遠〈論方苞的思想〉，《江淮論壇》1985年第5期，頁85～86，1985年。蘇惇元編《年譜》，〔清〕方苞撰，劉季高點校：《方苞集》，附錄一，〔清〕蘇惇元編：《方苞年譜》，康熙五十年辛卯，年四十四歲，頁874。也說：「其序文實非先生作也。」則是同鄉後學爲方苞辨護，可參考許福吉撰：《義法與經

下江寧縣獄，旋下刑部獄。

由於牽涉到政治原因，故朝廷加以嚴辦，而成爲牽連三百餘人的大案。最初的判決爲：

> 查戴名世書內欲將本朝年號削除，寫入永曆大逆等語。據此戴名世照律淩遲處死。伊弟戴平世斬決。其祖父父子兄弟、異姓伯叔兄弟之子，俱解部立斬，其母子妻妾、姊妹之子妻妾、伯叔父兄弟之子，給功臣爲奴。方孝標身受國恩，尊崇弘光、隆武、永曆年號，大逆已極，依律凌遲，今已身故，應剉骨，財產入官。伊子方登嶧、方雲旅、方世樵，照律斬決。孝標族人不論已否孝服盡，除已嫁之女外，一律放黑龍江。汪灝、方苞應絞立決。方正玉、尤雲鶚妻子放寧古塔。劉巖僉妻流三千里，至配所責四十。原任尚書韓菼三十七人，俱係時文，毋庸議。余生等六人，至拿到日再結。王源、朱書已經病故，毋庸議。《南山集》板燒燬，行文各省，將方孝標、戴名世所造之書，查出燒燬。〔註 40〕

戴名世最初被判處凌遲；方孝標因已死，故戮屍剉骨；方苞則被論處死。《南山集》與方孝標、戴名世的著作，則被列爲禁書燒燬。

然而因牽涉層面深而且廣，故慎重其事。聖祖矜疑，獄辭五上，五折本。〔註 41〕康熙五十二年（1713）春二月，終於決定最後判決。

> 五十二年癸巳春二月乙卯，大學士等以刑部等衙門審擬戴名世私造《南山集》照大逆例凌遲一案請旨，上諭：「戴名世從寬免凌遲，著即處斬。方登嶧、方雲旅、方世樵俱從寬免死，并伊妻子充發黑龍江。此案內干連人犯，俱從寬免治罪，著入旗。」〔註 42〕

世——方苞及其文學研究》，頁 52，註釋 85。不過，許氏說：「方苞門人蘇惇元」，此爲誤。蘇惇元（1801～1857）爲方東樹（1772～1851）弟子，詳參劉聲木撰，徐天祥點校：《桐城文學淵源考》，《桐城文學淵源考/撰述考》合刊本（合肥：黃山書社，1989 年 12 月），卷八，頁 267。

〔註 40〕佚名撰：〈記桐城方戴兩家書案〉，原載《古學彙刊》第一集雜記類，〔清〕戴名世撰，王樹民編校：《戴名世集》，附錄，四、傳記資料，頁 480。

〔註 41〕〔清〕方苞撰，劉季高點校：《方苞集》卷十八，〈兩朝聖恩恭記〉，頁 516 說：「始戴名世本案牽連人，罪有末減，而方族附尤從重。獄辭具於辛卯之冬，五上，五折本。逾二年癸巳春，章始下。蒙恩悉免罪，隸漢軍。苞伏念獄辭奏當甚嚴，而聖祖矜疑，免誅極，又免放流。」

〔註 42〕佚名撰：〈記桐城方戴兩家書案〉，原載《古學彙刊》第一集雜記類，〔清〕戴名世撰，王樹民編校：《戴名世集》，附錄，四、傳記資料，頁 481。

因爲聖祖從寬處置，故只處斬戴名世一人。方孝標子方登嶧、方雲旅、方世樵與其家人流放黑龍江。此案內其他人，包括方苞與其族人，赦免入旗籍。〔註 43〕而方苞得以赦免，也得於李光地的力救。方苞〈安溪李相國逸事〉說：

> 戴名世以《南山集》下獄，上震怒，吏議身磔族夷，集中掛名者皆死。他日上言：「自汪霦死，無能爲古文者。」公曰：「惟戴名世案方苞能。」叩其次，即以名世對。左右聞者無不代公股栗，而上亦不以此罪公。〔註 44〕

聖祖也知方苞文名，決定了對方苞的處置。五十二年春二月，出獄。隸漢軍旗籍，全家遷往北京。方苞〈兩朝聖恩恭紀〉說：

> 康熙癸巳年二月，臣苞出刑部，隸漢軍。三月二十三日，聖祖仁皇帝硃書：「戴名世案內方苞，學問天下莫不聞。」下武英殿總管和素。〔註 45〕

從而方苞開始往後三十年的仕宦生涯。

（四）內廷編書時期

康熙五十二年三月二十三日後數日，方苞被命以白衣入直南書房。〔註 46〕秋八月，移直蒙養齋，編校樂、律、曆、算諸書，方苞與徐元夢（1655～1741）〔註 47〕承修樂律。〔註 48〕同年，方苞作《周官辨》。五十九年（1720），《周官

〔註 43〕關於《南山集》案詳細始末，可詳參佚名撰：〈記桐城方戴兩家書案〉，原載《古學彙刊》第一集雜記類，收入〔清〕戴名世撰，王樹民編校：《戴名世集》，附錄，四、傳記資料，頁 476～484。〈方玄成傳〉，〔清〕戴名世撰，王樹民編校：《戴名世集》，附錄，四、傳記資料，頁 485～487。附註說：「〈方玄成傳〉，見台灣有關方面編印之《清史》第四八三卷〈文苑傳一〉，與〈記桐城方戴兩家書案〉一文同爲記載《南山集》案之重要資料。」其文有節略。王樹民撰：〈曲折發展的《南山集》案及其餘波〉，安徽省社會科學院文學研究所，安慶師範學院中文系，淮北煤炭師範學院中文系編：《桐城派研究論文選》，頁 193～199。

〔註 44〕〔清〕方苞撰，劉季高點校：《方苞集》，集外文，卷六，頁 687。

〔註 45〕同前註，卷十八，頁 515。

〔註 46〕〔清〕方苞撰，劉季高點校：《方苞集》，附錄一，〔清〕蘇惇元編：《方苞年譜》，康熙五十二年癸巳，年四十六歲，頁 875。

〔註 47〕徐元夢，字善長，號蝶園，謚文定。舒穆祿氏，滿洲正白旗人，爲方苞友人。

〔註 48〕〔清〕方苞撰，劉季高點校：《方苞集》卷十八，〈兩朝聖恩恭記〉，頁 515。〔清〕方苞撰，劉季高點校：《方苞集》，附錄一，〔清〕蘇惇元編：《方苞年譜》，康熙五十二年癸巳，年四十六歲，頁 876。聖祖康熙於康熙五十二年於蒙養齋設館，纂修樂、律、曆、算諸書，方苞負責樂律，爲《律呂正義》。康熙五十三年（1714）成書。其他二部，曆法爲《曆象考成》，算法爲《數理精蘊》，合

集注》成。六十年（1721），《周官析疑》成。六十一年（1722），充武英殿修書總裁。雍正元年（1723）赦歸原籍。雍正三年（1725）命仍爲武英殿修書總裁。雍正九年（1731）任詹事府左春坊左中允。十年（1732），遷翰林院侍講。十一年（1733），擢內閣學士兼禮部侍郎，教習庶吉士，充《一統志》館總裁。奉命校訂《春秋日講》。十三年（1735），充《皇清文穎》館副總裁。乾隆元年（1736），命選《欽定四書文》。充《三禮義疏》館副總裁，編纂《三禮義疏》。二年（1737），遷禮部右侍郎，以足疾辭，仍帶原銜教習庶吉士。四年（1739），詔重刊十三經、二十一史，充經史館總裁。同年，爲人所劾，遂落職，命仍專在《三禮》館修書。〔註 49〕

（五）致仕回鄉時期

乾隆七年（1742），年七十五，乞解書局，致仕回鄉，許之，賜翰林院侍講銜。方苞回鄉，杜門著書，不接賓客。嘗十治《儀禮》，十四年（1749）七月《儀禮析疑》成，八月十八日，方苞卒於上元里第，年八十二歲。〔註 50〕

方苞事奉父母至孝，於父親。其父方仲舒曾說：「吾體未痛，二子已覺之；

爲《律曆淵源》。於康熙六十一年（1722）全部完成。可詳參趙爾巽等撰：《清史稿》卷九十四，〈樂志一〉，總論，頁 2739～2740。卷八，〈聖祖本紀三〉，康熙五十三年，頁 286。卷四十五，〈時憲志一〉，推步因革，頁 1668、頁 1669。方苞有〈擬進《律呂正義》表〉一文，《方望溪遺集》，〈奏議類〉，頁 24～25。

〔註 49〕趙爾巽等撰：《清史稿》卷二百九十，列傳七十七，〈方苞傳〉，頁 10272 說：「苞與尚書魏廷珍善，廷珍守護泰陵，苞居其第。上召苞入對，苞請起廷珍。居無何，上召廷珍爲左都御史，命未下，苞移居城外。或以詰苞，謂苞漏對奏語，以是示意。庶吉士散館，已奏聞定試期，吳喬齡後至，復補請與試。或又以詰苞，謂苞移居吳喬齡宅，受請託。上乃降旨詰責，削侍郎銜，仍命修《三禮義疏》。」可詳參〔清〕慶桂等奉敕修：《大清高宗純（乾隆）皇帝實錄》（臺北：華聯出版社，1964 年 10 月），卷九十二，乾隆四年己未五月戊午上諭，頁 1452。另可參考王鍾翰點校：《清史列傳》（北京：中華書局，1987 年 11 月），卷十九，頁 1442 也引此上諭。

〔註 50〕〔清〕方苞撰，劉季高點校：《方苞集》，附錄一，〔清〕蘇惇元編：《方苞年譜》，乾隆七年壬戌，年七十五歲，頁 886。乾隆十四年己巳，年八十二歲，頁 888。關於方苞生平，可參考如〔清〕沈廷芳撰：《隱拙齋集》（濟南：齊魯書社，2001 年 9 月，《四庫全書存目叢書補編》第 10 冊，影印湖北圖書館藏清乾隆刻本），卷四十一，〈方望溪先生傳〉，頁 515～516。〔清〕雷鋐撰：《經笥堂文鈔》（清嘉慶十六年（1811）伊秉綬校訂刊本），卷下，〈方望溪先生行狀〉，葉三十二至三十五上。〔清〕全祖望撰，朱鑄禹彙校集注：《全祖望集彙校集注》（上海：上海古籍出版社，2000 年 12 月），《鮚埼亭集》卷十七，〈前侍郎桐城方公神道碑銘〉，頁 305～310 等。

吾心未動，二子已知之。」〔註51〕於母親。事母尤孝，年四十餘，婉轉膝下如嬰兒。〔註52〕而前述方苞因母疾，於殿試前遽然歸鄉，且因不敢遠離母親，後未再赴補殿試。方苞與兄舟、弟林友愛，感情很好，以弟早卒，兄弟生常違離為遺憾，兄曾與方苞約定死後要同葬一丘。方苞〈己酉四月又示道希〉說：

> 三叔父之沒也，汝父泣曰：「吾三人生常違離，吾與若送死皆有恨。弟未娶，無子女以寄吾愛。異日吾兄弟當同丘，不得以妻祔。」〔註53〕

而弟方林卒時，方苞正因異疾避居野寺，〔註54〕不及參與含殮。方苞以此終身遺憾，曾命袒右臂以自罰。〔註55〕於臨終時：

> 疾革，數舉右手以示子孫，蓋以弟椒塗亡時抱歉，嘗戒子殮時必袒右臂。子孫遂遵遺命以殮焉。〔註56〕

子孫遵其遺命，殮時袒右臂。也遵其兄弟同葬一丘的約定，其後葬於江寧縣建業三圖沙場村龍塘辰戌兼巽乾向，與兄百川、弟椒塗同丘。〔註57〕

二、學　思

（一）篤信程、朱之學

〔註51〕〔清〕戴名世撰，王樹民編校：《戴名世集》卷七，〈方舟傳〉，頁203說：「逸巢先生嘗曰：『吾體未痛，二子已覺之；吾心未動，二子已知之。』」可參考〔清〕方苞撰，劉季高點校：《方苞集》，附錄一，〔清〕蘇惇元編：《方苞年譜》，乾隆十四年己巳，年八十二歲，頁888。

〔註52〕〔清〕方苞撰，劉季高點校：《方苞集》，附錄一，〔清〕蘇惇元編：《方苞年譜》，乾隆十四年己巳，年八十二歲，頁888。

〔註53〕〔清〕方苞撰，劉季高點校：《方苞集》卷十七，頁488。〔清〕方苞撰，劉季高點校：《方苞集》，附錄一，〔清〕蘇惇元編：《方苞年譜》，乾隆十四年己巳，年八十二歲，頁888～889。

〔註54〕〔清〕方苞撰，劉季高點校：《方苞集》卷十七，〈七思．弟椒塗〉，頁510，「重愛身兮輕失義，既彌留兮忍相避。」句下自注說：「弟卒前六日，余外腎忽蹙縮入腹內。為醫者所嚇，避居野寺。」

〔註55〕同前註，「痛入天兮悔莫釋，死自罰兮終何益？」句下說：「余庚戌立秋前二日，疾病作。遺令：殮時袒右臂。」庚戌為雍正八年，時方苞六十三歲。可參考〔清〕方苞撰，劉季高點校：《方苞集》，附錄一，〔清〕蘇惇元編：《方苞年譜》，雍正八年庚戌，年六十三歲。

〔註56〕〔清〕方苞撰，劉季高點校：《方苞集》，附錄一，〔清〕蘇惇元編：《方苞年譜》，乾隆十四年己巳，年八十二歲，頁888。

〔註57〕〔清〕方苞撰，劉季高點校：《方苞集》卷十七，頁488。〔清〕方苞撰，劉季高點校：《方苞集》，附錄一，〔清〕蘇惇元編：《方苞年譜》，乾隆十四年己巳，年八十二歲，頁889。

方苞於〈再與劉拙修書〉自言其早年爲學歷程說：

> 僕少所交，多楚、越遺民，重文藻，喜事功，視宋儒爲腐爛，用此年二十，目未嘗涉宋儒書。及至京師，交言潔與吾兄，勸以講索，始寓目焉。其淺者，皆吾心所欲言，而深者則吾智力所不能逮也，乃深嗜而探焉。然尚謂漢唐以來，以明道著書爲己任者眾矣，豈遂無出宋五子之右者乎？二十年來，於先儒解經之書，自元以前所見者十七八。然後知生乎五子之前者，其窮理之學未有如五子者也；生乎五子之後者，推其緒而廣之，乃稍有得焉。其背而馳者，皆妄鑿牆垣而殖蓬蒿，乃學之蠹也。〔註 58〕

方苞述其「少所交，多楚、越遺民，重文藻，喜事功」，以致於「視宋儒爲腐爛，用此年二十，目未嘗涉宋儒書。」一直到其至京師，結交劉齊（字言潔）、劉巖（號拙修）等人，「勸以講索」宋人著作，方苞才真正致力於此。經過二十年的深入探究之後，方苞得出「知生乎五子之前者，其窮理之學未有如五子者也；生乎五子之後者，推其緒而廣之，乃稍有得焉」的結論，而服膺於程、朱理學，並且認爲與其相違背者，「皆妄鑿牆垣而殖蓬蒿，乃學之蠹也」。方苞的篤信程、朱之學由此開始，時爲康熙三十年（1691），方苞二十四歲。〔註 59〕而方苞二十六歲時的〈與王崑繩書〉說：

> 苞從事朋游間近十年，心事臭味相同，知其深處，有如吾兄者乎？〔……〕苞邇者欲窮治諸經，破舊說之藩籬，而求其所以云之意。〔註 60〕

吳孟復認爲：

> 王崑繩即王源，是顏、李學派的主要人物，顏、李學派是反對程朱理學的（評見戴望《顏氏學記》），方苞既與顏、李學派「臭味相同」，則他所欲破之舊說，就可能包括「程、朱理學」，至少他還不會篤信程朱。然而《年譜》卻說他在二十四歲時就「始讀宋儒書」，相信理學，這顯然不合實際。〔註 61〕

〔註 58〕〔清〕方苞撰，劉季高點校：《方苞集》卷六，頁 174～175。

〔註 59〕可參考〔清〕方苞撰，劉季高點校：《方苞集》，附錄一，〔清〕蘇惇元編：《方苞年譜》，康熙三十年辛未，年二十四歲，頁 869～870：「始讀宋儒書。」下即引〈再與劉拙修書〉之文。

〔註 60〕〔清〕方苞撰，劉季高點校：《方苞集》，集外文，卷五，頁 666～667。

〔註 61〕吳孟復撰：《桐城文派述論》（合肥：安徽教育出版社，2001 年 7 月第 2 版），

吳氏認爲方苞與王源「臭味相同」，「則他所欲破之舊說，就可能包括『程、朱理學』，至少他還不會篤信程朱」。故認爲《年譜》說方苞二十四歲時「始讀宋儒書」，相信理學爲不符合實際。然而方苞說的與王源「心事臭味相同」，不必定是指「反對程、朱理學」，所謂的「破舊說」也不必定是包括「程、朱理學」，因此吳氏此說不足以推翻前說。

而方苞又與姜宸英（1628～1699）、王源（1648～1710）論行身祈嚮，姜宸英問：「吾輩生元、明以後，孰是如千里平壤，拔起萬仞高峯者乎？」有誰如千里平地上，聳起的萬仞高峯，可以當我們立志的標準？王源說：「經緯如諸葛武侯、李伯紀、王伯安，功業如郭汾陽、李西平、于忠肅，文章如蒙莊、司馬子長，庶幾似之。」王源崇尚事功，故希冀如諸葛亮、李綱、王守仁等經天緯地，郭子儀、李晟、于謙等建功立業，文章如莊子、司馬遷般氣象縱横，變化萬千。而方苞說：「此天之所爲，非人所能自任也。學行繼程、朱之後，文章介韓歐之間，孰是能仰而企者？」認爲王源說的太高遠，不是一般人所能達到的，故提出「學行繼程、朱之後，文章介韓歐之間」的標準，使一般人可於此立志，在德行與文章方面也較容易達到。此言得到姜宸英的贊同，說：「斯其言也信！吾固知莊、馬之可慕，而心乏力屈，終邈乎其不可即也。」而王源也將方苞之說，對「朋好生徒，時時稱道之」。〔註62〕方苞將程、朱之學當作其學術與立身的最高標準。

如方苞與閻若璩論學，肯定其說，然而稍有不合，方苞說：

> 昨所論「孔子歿，子張欲師有若；而《記》載『子張死，曾子有母之喪』，則〈曾子問〉一篇，皆母在時講問」，可正子瞻所譏於程子之誤，宜筆於書。至病「程、朱刪易經字」，則不敢不多爲反覆。蓋專易經字者，漢儒之病。程、朱所刪易甚少，而皆依於理。〔註63〕

方苞對閻若璩認爲「程、朱刪易經字」的說法，並不同意。方苞認爲「專易

頁67。

〔註62〕以上姜宸英、王源、方苞語，詳參〔清〕方苞撰，劉季高點校：《方苞集》，附錄三，〈各家序跋．原集三序〉，王兆符〈序〉，頁906～907。〔清〕蘇惇元編：《方苞年譜》將此事繫於康熙三十一年，〔清〕方苞撰，劉季高點校：《方苞集》，附錄一，〔清〕蘇惇元編：《方苞年譜》，康熙三十一年壬申，年二十五歲，頁870。孟醒仁撰：《桐城派三祖年譜》，頁18同。而王兆符〈序〉說：「歲辛未，先君子與吾師及西溟姜先生同客京師，論行身祈嚮」，頁906。辛未爲康熙三十年，故仍將此事敘述於此年。

〔註63〕〔清〕方苞撰，劉季高點校：《方苞集》卷六，〈與閻百詩書〉，頁135。

經字」爲「漢儒之病」。程、朱所刪易經字甚少，「而皆依於理」，方苞認爲程、朱所說皆依於理。然而並不被其所限制。方苞說：

> 僕於朱子《詩》說所以妄爲補正者，乃用朱子說《詩》之意義，以補其所未及，正其所未安，非敢背馳而求以自異也。程子之說，朱子所更定多矣。然所承用，謂非程子之意義可乎？〔註64〕

方苞有《朱子詩義補正》對朱子《詩》說，「以補其所未及，正其所未安」，方苞對程、朱之說「非敢背馳而求以自異也」。然而對於朱子所未及、未安之處，還是補之、正之。對於此，方苞以朱子對於程子來比況，「程子之說，朱子所更定多矣。」然而所承用的，「謂非程子之意義可乎？」方苞篤信程、朱之學，而不爲其所限制。

而方苞對於非議程、朱，與程、朱立異的說法，則是不能接受，如其說：

> 夫學之廢久矣，而自明之衰，則尤盛焉。某不足言也，浙以東，則黃君藜洲壞之；燕、趙間，則顏君習齋壞之。蓋緣治俗學者，懵然不見古人之樊，稍能誦經書承學治古文，則皆有翹然自喜之心，而二君以高名耆舊爲之倡，立程、朱爲鵠的，同心於破之，浮夸之士皆醉心焉。夫儒者之學，所以深擯異端，非貴其說之同也。〔……〕乃昔之蠹學者，顯出於六經之外，而今之蠹學者，陰託於六經之中，則可憂彌甚矣。如二君者，幸其身枯槁以死，使其學果用，則爲害於斯世斯民，豈淺小哉！〔註65〕

方苞認爲學術之廢，「浙以東，則黃君藜洲壞之；燕、趙間，則顏君習齋壞之」，而黃宗羲（號藜洲，1610～1695）、顏元（號習齋，1635～1704）「以高名耆舊爲之倡，立程、朱爲鵠的，同心於破之」。方苞認爲儒者之學是要深擯異端，「非貴其說之同也」。方苞又憂慮「乃昔之蠹學者，顯出於六經之外，而今之蠹學者，陰託於六經之中，則可憂彌甚矣。」並說「如二君者，幸其身枯槁以死，使其學果用，則爲害於斯世斯民，豈淺小哉！」可知方苞極力維護程、朱之學，反對非議程、朱的言論。而方苞又說：

> 余少聞燕南耆舊：一爲博野顏習齋，一爲君之父蒙吉，平生皆尚質行，稽經道古。習齋無子，其論性、論學、論治之說，賴其徒李塨、王源，發揚震動於時；而刁氏之書惟《用六集》及《斯文正統》始

〔註64〕同前註，〈再與劉拙修書〉，頁175～176。

〔註65〕同前註，卷六，〈再與劉拙修書〉，頁175。

> 行於北方。〔……〕夫名，非君子之所務也，而沒世之稱，則聖人亦重之。習齋遭人倫之變，其艱苦卓絕之行，實眾人所難能，而李、王二君子，力足以張其師，惜其本指欲外程、朱而自立一宗，故知道者病焉。〔註66〕

方苞對顏元的人格、學行是加以肯定的，說其平生「尚質行，稽經道古」、「遭人倫之變，其艱苦卓絕之行，實眾人所難能。」〔註67〕而不能接受的是顏元與其弟子李塨、王源「其本指欲外程、朱而自立一宗。」故方苞反對的是其詆毀程、朱之學，欲於程、朱外另立一宗者。

如為顏元弟子的友人李塨（1659～1733）的長子習仁夭喪，方苞〈與李剛主書〉說：

> 竊疑吾兄承習顏氏之學，著書多訾警朱子。習齋之自異於朱子者，不過諸經義疏與設教之條目耳，性命倫常之大原，豈有二哉？此如張、夏論交，曾、言議禮；各持所見，而不害其並為孔子之徒也，安用相詆訾哉？《記》曰：「人者，天地之心。」孔、孟以後，心與天地相似，而足稱斯言者，舍程、朱而誰與？若毀其道，是謂戕天地之心。其為天之所不祐決矣。故自陽明以來，凡極詆朱子者，多絕世不祀。僕所見聞，具可指數，若習齋、西河，又吾兄所目擊也。〔……〕昔泰伯無子，伯魚早喪，況吾兄子姓甚殷，固知所陳理弱情鄙，不足移有道者之慮。然君子省身不厭其詳，論古不嫌其恕。儻鑒愚誠，取平生所述訾警朱子之語，一切薙芟，而直抒己見，以共明孔子之道，則僕之言雖不當，而在吾兄為德盛而禮恭，所補豈淺小哉。〔註68〕

方苞認為顏元「自異於朱子者，不過諸經義疏與設教之條目耳」，至於「性命倫常之大原」，與程、朱並無不同。其說之不同，就如「張、夏論交，曾、言議禮；各持所見」，而不妨害「其並為孔子之徒也」，既然如此，實在不用互相詆毀。方苞認為自孔孟以來，能傳其學者惟有程、朱。並說詆毀程、朱，「是

〔註66〕同前註，卷十三，〈刁贈君墓表〉，頁375。

〔註67〕方苞〈書高密單生追述考妣遺事後〉說：「當吾之世，志行越眾者三人：〔……〕博野顏習齋，父流亡，母改適，匍匐萬里，始得父墓，見異母之妹，招魂而歸。蓋功利嗜欲薰爍流毒於人心者深且固矣，非猛藥惡石不足以攻除，故三君子以此各成其艱苦傑特之行。」同前註，卷五，頁131。

〔註68〕同前註，卷六，頁140。

謂戕天地之心。其爲天之所不祐決矣」，而「凡極詆朱子者，多絕世不祀。」方苞爲維護程、朱，勸阻李塨非議朱子，而出此言。

其後李元度（1821～1887）對方苞此語甚爲不滿，於〈書方望溪與李剛主書後〉說：

望溪方氏之文，世推正宗，議論亦醇正，獨〈與李剛主書〉則陋甚。剛主喪子，望溪戒以恐懼修省，謂其著書多訾謷朱子，爲戕天地之心，宜爲天所不祐，自陽明以來，凡詆朱子者，多絕世不祀，習齋、西河其尤也。噫！何其鄙歟！夫學者尊朱子，以其發明孔孟之道，有功萬世耳。朱子雖賢，視孔、孟固有閒，其言未必無失，正望後儒講明而補正之。其言是，朱子必舍己以從；其言非，亦於朱子無損，不如是不足爲朱子也，謂訾謷朱子者必絕世不祀，是朱子黨同伐異，擅天之威福，如里巫社鬼之禍福生死人以震動流俗，朱子肯出此乎？即謂不出自朱子而天不祐之，亦無此理。〔……〕夫朱子非不宜尊，然尊之者太過，寧疑經不敢疑註，寧違經不敢違註，雖其甚不槩於心者亦必曲說以護之，於是習齋、西河之徒，遂奮起而與之辨，是尊之太過，反以召訾謷也。然如望溪說，則尊朱者果非心悅誠服也。特畏天之不祐而罹不祀之罰耳。朱子豈即引爲知己哉！〔註 69〕

李元度認爲方苞所說，「凡詆朱子者，多絕世不祀」等語，爲「陋甚」、「何其鄙歟！」而朱子果眞如方苞所說，「是朱子黨同伐異，擅天之威福，如里巫社鬼之禍福生死人以震動流俗，朱子肯出此乎？」方苞尊朱子太過，等於用這些話，恐嚇非議朱子學說的人，那麼「然如望溪說，則尊朱者果非心悅誠服也。特畏天之不祐而罹不祀之罰耳。朱子豈即引爲知己哉！」

相對於李元度的不滿，劉聲木（1878～1959）則爲方苞辨護，說：

蠡縣李剛主□□塨之子長人夭死，方望溪侍郎與之書謂：「吾兄著書，多訾謷朱子。自陽明以來，凡極詆朱子者，多絕世不祀，僕所見聞，具可指數。若習齋、西河，又吾兄所目擊也。」云云。平江李次青方伯元度《天岳山館文鈔》中著論駁之，所言誠是。但侍郎書中又有云：「泰伯無子，伯魚早喪，況吾兄子姓甚殷。固知所陳理弱情鄙，不足移有道者之胸。」云云。是侍郎早已自言理弱情鄙，

〔註 69〕〔清〕李元度撰：《天岳山館文鈔》（臺北縣：文海出版社，1969 年 9 月，沈雲龍主編：《近代中國史料叢刊》第四十一輯），卷三十，頁 1789～1790。

並非謂顛撲不破之理。在當時不過勸慰中之一語，雖有語病，已自言之，固未嘗堅護己見也。

劉聲木認爲方苞其實也承認自己所說「理弱情鄙」，其實「並非謂顛撲不破之理。」而且方苞所說，「在當時不過勸慰中之一語」，「固未嘗堅護己見也。」雖然如此，方苞此語，也實稍嫌激烈與過當。張舜徽也認爲：

斯則過激之言，有同於悍婦之鬥口舌，非儒者所宜出。〔註 70〕

將其比喻爲「悍婦之鬥口舌」，並說此語：「非儒者所宜出。」

而其後方苞又於〈李剛主墓誌銘〉說：

習齋之學，其本在忍嗜欲，苦筋力，以勤家而養親，而以其餘習六藝，講世務，以備天下國家之用，以是爲孔子之學，而自別爲程、朱，其徒皆篤信之。余嘗謂剛主：「程、朱之學，未嘗不有事於此，但凡此乃道之法跡耳；使不由敬靜以探其根源，則於性命之理知之不眞，而發於身心施於天下國家者，不能曲得其次序。」剛主色變，爲默然者久之。吾友王源崑繩，恢奇人也，所慕惟漢諸葛武侯、明王文成，而目程、朱爲迂闊。見剛主而大悅，因與共師事習齋，時年將六十矣。余詰之，曰：「眾謂我目空並世人，非也。果有人，敢自侈大乎？」〔……〕。

崑繩殊不快意，既葬二親，遂漫游，將求名山大壑而隱身焉，雖妻子不知其所之。余與剛主每蹙然長懷而無從迹之。數年，忽至余家，曰：「吾求天下士四十年，得子與剛主，而子篤信程、朱之學，恨終不能化子，爲是以來。」留兼旬，盡發程、朱之所以失，習齋之所以得者。余未嘗與之事。將行，憮然曰：「子終守迷，吾從此逝矣。使百世以下聰明傑魁之士沉溺於無用之學而不返，是即程、朱之罪也。」余作而言曰：「子之言盡矣，吾可以言乎？子毋視程、朱爲氣息奄奄人！觀朱子〈上孝宗書〉，雖晚明楊、左之直節，無以過也；其備荒浙東，安撫荊湖，西漢趙、張之吏治，無以過也；而世不以此稱者，以道德崇閎，稱此轉渺乎其小耳。吾姑以淺事喻子，非其義也，雖三公之貴，避之若浼，子之所能信於程、朱也。今中朝如某某，子夙所賤惡；倘一旦揚子於朝，以學士或御史中丞

〔註 70〕張舜徽撰：《清人文集別錄》（北京：中華書局，1963 年 11 月，1980 年 5 月成都第 2 次印刷），卷四，〈望溪先生文集〉，頁 106。

徵，子將亡命山海而義不顧乎？抑猶躊躕不能自決也！吾願子歸視妻孥，流行坎止，歸潔其身而已矣。」崑繩自是終其身，口未嘗非程、朱。

其後余出刑部獄，剛主來唁。以語崑繩者語之，剛主立起自責，取不滿於程、朱語載經說中已鐫版者，削之過半。因舉習齋《存治》、《存學》二編未愜於心者告之。隨更定，曰：「吾師始教，即以改過為大。子之言然，吾敢留之為口實哉！」〔註 71〕〔……〕。

剛主言語溫然，終日危坐，肅敬而安和，近之者不覺自斂抑。以崑繩之氣，既老而為剛主屈；以剛主之篤信師學，以余一言而翻然改。其志之不欺，與勇於從善，皆可以為學者法，故備詳之，而餘行則不具焉。

方苞認為程、朱之學不是如王源所認為的「無用之學」，程、朱也並非不注重實用，而說「子毋視程、朱為氣息奄奄人」，認為「觀朱子〈上孝宗書〉，雖晚明楊、左之直節，無以過也；其備荒浙東，安撫荊湖，西漢趙、張之吏治」；而朱熹為世人所重的是「道德崇閎」，功業與之相比，反而變得渺小，而不為世人所稱。方苞言李塨、王源於聞其說後，不再非議程、朱，而李塨更刪其著述，如方苞所說「以余一言而翻然改」，然而此並非事實。李塨弟子也起而澄清無此事，戴望（1837～1873）《顏氏學記》說：

桐城方侍郎苞與先生交至厚，嘗使子道章從學先生，而方固信程、朱，以習齋復聖門舊章為非。每相見，先生正論侃侃，方無辭而退。後先生沒，方不俟其子孫之請，為作墓志，於先生德業一無所詳，而唯載先生與崑繩及方論學同異；且謂先生因方言改其師法；又與人書，稱浙學之壞始黃黎洲氏；北學之壞則始於習齋，故先生門人威縣劉用可深非之，謂其純構虛辭，誣及死友。今觀先生遺書，知用可之言為然也。〔註 72〕

李塨弟子劉調贊（字用可，？～1744）說方苞「純構虛辭，誣及死友」，而戴望也肯定其說法，說「今觀先生遺書，知用可之言為然也。」〔註 73〕可知方

〔註 71〕〔清〕方苞撰，劉季高點校：《方苞集》卷十，〈李剛主墓誌銘〉，頁 247～249。

〔註 72〕〔清〕戴望《顏氏學記》（臺北：世界書局，1962 年 10 月），卷四，〈恕谷一・學正李先生塨〉，頁 83。

〔註 73〕可詳參余秉頤〈方苞與顏李學派〉，《江淮論壇》1987 年第 3 期，頁 98～99，

苞所言並非事實，而後人也因而指責方苞「誣友」。〔註 74〕而方苞如此說，是站在爲維護程、朱的方面，反對非議程、朱的說法，希望李塨、王源不要再非議程、朱，然而其所言非實，以致遭「誣友」之譏。然而李塨、王源既然爲其好友，而清初尊崇程、朱理學，揆諸當時情況，非議程、朱，是觸犯法禁的，因此有學者認爲方苞是爲了維護李塨、王源才如此說。〔註 75〕以當時的情況來說，這樣的推斷，不是沒有可能，但是由於沒有直接證據，並不能遽然以爲定論，而姑且聊備一說。

另外，有學者也有新的說法，認爲方苞之學同於顏、李之學，如吳孟復即持此說。李塨〈王子傳〉說：

> 顏先生崛起，樹周孔正學，躬行善誘，志意甚偉，而傳聞不出里閈。王子來學，漸播海內，如吳涵、萬斯同、王復禮、郭金城、方苞、謝野臣、陶窳、惲鶴生，以名宦聞人傳布其說而道日益著。〔註 76〕

吳孟復即以此李塨〈王子傳〉所言，與其他相關資料，加上自己的解釋，認爲方苞之學同於顏、李之學。而顏、李之學講求經世致用，「禮樂兵農」的實用。而方苞也是如此，故方苞之學同於顏、李之學。〔註 77〕然而此說稍嫌遷

1987 年。

〔註 74〕可參考暴鴻昌〈方苞與康雍時期的理學〉，《中國史研究》1997 年第 2 期（總第 74 期），頁 162～163，1997 年 5 月。

〔註 75〕如吳孟復說：「還有一件事值得一說，即方苞在其五十一歲時，命其長子道希（按：應爲道章）就學於李塨，而李塨也把自己兒子交給方苞教育。人之常情，『愛其子擇師而教之』（《孟子》）。方、李易子而教，足證彼此相信之深。方與「顏李學派」代表人物相知之深，相交之厚，在當時是人所共知的；而顏、李之詆譏程朱，又是有書可證的。應該說明，著書詆訶程朱，在當時是觸犯法禁的。按乾隆六年九月上諭：『我聖祖將程朱升配十哲之列，而謝濟世唱爲異說，殊非一道同風之義，爾等可寄諭湖廣總督孫嘉淦，即行銷毀，毋得存留。』（《東華錄》）由此可見，方苞標榜程朱，甚至說李塨、王源也因他的影響而不再反對程朱，顯然出於對顏李的維護。」吳孟復撰：《桐城文派述論》，頁 68～69。

〔註 76〕〔清〕李塨撰：《恕谷後集》卷六，頁 1275。李塨〈復程啓生書〉，《恕谷後集》卷四，〈復程啓生書〉，頁 1263 說：「皋聞少予不及十歲，其與陶甄夫、方靈皐之與予交，年之先後髣髴也。及予老耄而諸君亦漸就衰矣。非復進英奇，使聖道相衍遞嬗，以至無窮者。今乃忽得之足下，年少才高，議論輝光，肆映如偉炬燭天。此天特生之，以使周孔之傳，不至墮地者也。則習齋雖亡而不亡，譾陋雖衰而未衰也。慶幸私情，冀望無涯，敬裁書而附條答於後以復焉。」

〔註 77〕詳參吳孟復〈方望溪遺集序〉，吳孟復撰：《桐城文派述論》，附錄，頁 211～216。也可與吳孟復撰：《桐城文派述論》，頁 67～68 說互相參考。

強，不一定同樣講求經世致用，而其學說就相同。而吳孟復對方苞〈與李剛主書〉、〈李剛主墓誌銘〉，方苞反對顏、李詆毀程、朱的解釋爲：

> 他雖不反對程朱，但也不反對顏李。他認爲顏元與朱熹「如張夏論交，曾顏（應爲言）議禮，各持所見，而不害其並爲孔子之徒。」（〈與李剛主（原文脱「主」字）書〉）〔註78〕

「他雖不反對程朱，但也不反對顏李。」此說大體似無誤。而深入來說，方苞此指顏、李之學，與程、朱之學，差異在於其有各自說法，然而顏、李「性命倫常之大原」，卻是與程、朱無異，因此「不害其並爲孔子之徒。」故顏、李不必與程、朱立異，非議程、朱。而方苞不能忍受的，正是顏、李與程、朱的立異與非議。吳孟復又說：

> 他之所以看重朱熹，是由於他認爲程朱也並非像顏李所說的「氣息奄奄人」，觀朱子〈上孝宗書〉，雖晚明楊、左之直節，無以過也；其備荒浙東，安撫荊湖，西漢趙張之吏治，無以過也。(〈李剛主墓誌銘〉)。這裡值得注意：他不是以詆毀顏李來附和程朱，而是用突出朱熹的某些方面來證成顏李的理論。當時康熙提倡程朱，不容異論；方苞這樣說，實際上是爲了維護顏李。〔註79〕

方苞以朱熹非「氣息奄奄人」之論，爲針對王源以程、朱爲無用之學而發。而吳孟復說：「方苞不是以詆毀顏李來附和程朱」，此說尚爲無誤。方苞不論於顏、李或陽明，皆論其所謂「性命倫常之大原」爲準，如能努力實行，不互相詆毀，皆可爲聖賢之徒。而吳孟復說：「其而是用突出朱熹的某些方面來證成顏李的理論」，則是出於其個人的解釋，而缺乏有力根據，有強程、朱以同顏、李之嫌。方苞因顏、李反對程、朱，欲其勿非議程、朱，而出語或過激；或說王源、李塨因其言而背棄顏元之學。方苞與顏、李兩者，於尊程、朱與非程、朱之間，還是存在著歧異，故實在不必強之以爲同。而方苞要求李塨但申己說，不必辨程、朱。李塨〈復惲皋聞書〉說：

> 如方子靈皋，文行踔越，非志溫飽者，且於塨敬愛特甚。知顏先生之學亦不爲不深。然且依違曰：『但伸己說，不必辨程、朱。』揆其意，似諺所謂受恩深處即爲家者，則下此可知矣。〔註80〕

〔註78〕吳孟復撰：《桐城文派述論》，頁67～68。

〔註79〕同前註，頁68。

〔註80〕〔清〕李塨撰：《恕谷後集》卷五，頁1269。

李塨以方苞依違於程、朱，則可以說是對方苞的回應。其歧異終究存在，而方苞〈與李剛主書〉、〈李剛主墓誌銘〉希望李塨、王源不要非議程、朱，而王源、李塨也希望方苞助其傳布顏元之說。李塨〈王子傳〉應也可以說是其希望的象徵，而不一定是事實。然而兩者終究未能調合，歧異仍然一直存在，故實在不必如吳孟復一樣強方苞以同於顏、李。

（二）尊崇程、朱，不排斥陽明

方苞雖然尊崇程、朱，然而並不因此排斥王陽明心學。方苞認爲陽明心學：

> 嗟乎！貿儒耳食，亦知陽明氏揭良知以爲教之本指乎？有明開國以來，淳朴之士風，至天順之初而一變。蓋由三楊忠衰於爵祿，以致天子之操柄，閣部之事權，陰爲王振、汪直輩所奪；而王文、萬安首附中官，竊據政府，忠良斥，廷杖開。士大夫之務進取者，漸失其羞惡是非之本心，而輕自陷於不仁不義。陽明氏目擊而心傷，以爲人苟失其本心，則聰明入於機變，學問助其文深，不若固守其良知，尚不至梏亡而不遠於禽獸。〔註81〕

王陽明（名守仁，1472～1529）之學以良知爲本旨，方苞認爲明中葉以後，朝政衰敗，宦官掌權，斥逐忠良的臣子。士大夫中務於進取者，漸漸失去羞惡是非之本心，而輕易將自己陷於不仁不義。王陽明憂於此種現象，認爲人如果失去其本心，「則聰明入於機變，學問助其文深」，種種機變巧詐，因而產生，不如固守本身的良知，「尚不至梏亡而不遠於禽獸。」陽明之學自明中葉以後興起盛行，而「鄙儒膚學，或勦程、朱之緒言」，黨同伐異，攻擊陽明之學者，方苞則不以爲然：

> 自余有聞見百數十間，北方眞儒死而不朽者三人：曰定興鹿太常，容城孫徵君，睢州湯文正，其學皆以陽明王氏爲宗。鄙儒膚學，或勦程、朱之緒言，漫詆陽明以釣聲名而逐勢利。故余於平生共學之友，窮在下者，則要以默識躬行；達而有特操者，則勖以睢州之志事，而無標講學宗指。〔註82〕

因此方苞與同學朋友，「窮在下者，則要以默識躬行」，而顯達而有特異節操

〔註81〕〔清〕方苞撰，劉季高點校：《方苞集》卷十四，〈重建陽明祠堂記〉，頁411～412。

〔註82〕同前註，頁411。

者，則要求「無標講學宗指」。而方苞對程、朱，陽明取其立身修養之道，而反對特別標榜宗旨以互相立異、排斥。方苞說：

> 又思陽明之門如龍溪、心齋，有過言畸行，而未聞其變詐以趨權勢也。再傳以後，或流於禪寂，而未聞其貪鄙以毀廉隅也。若口授程、朱，而私取所求，乃孟子所謂失其本心，與穿窬爲類者。陽明氏之徒，且羞與爲伍。〔註 83〕

方苞認爲陽明弟子如王畿（號龍溪，1498～1583）、王艮（號心齋，1483～1541），即使有「有過言畸行，而未聞其變詐以趨權勢也。」而「再傳以後，或流於禪寂，而未聞其貪鄙以毀廉隅也。」陽明之徒尚且如此，如果靠著口口聲聲程、朱之學，而「私取所求」，那麼連陽明之徒也會羞於與之爲伍，故重要的不是程、朱與陽明之分，而是修養身心的根本。關於此點，方苞曾屢次提及，其說：

> 君姓陳氏，諱鶴齡，字鳴九，直隸安州人。〔……〕余聞古之學術道者，將以得身也。陽明氏爲世詬病久矣！然北方之學者如忠節、徵君，皆以陽明氏爲宗。其立身既各有本末，而一時從之遊者，多重質行，立名義，當官則守節不阿，如君又私淑焉而有立者也。用此觀之，學者苟以陽明氏之說治其身，雖程、朱復起，必引而進之以爲吾徒。若嚾嚾焉按飾程、朱之言而不反諸身，程、朱其與之乎？〔註 84〕

又說：

> 余嘗謂：自陽明氏作，程、朱相傳之統緒，幾爲所奪。然竊怪親及其門者，多倡狂無忌，而自明之季以至於今，燕南、河北、關西之學者，能自豎立，而以志節事功振拔於一時，大抵聞陽明氏之風而興起者也。昔孔子以學之不講爲憂，蓋匪是則無以自治其身心，而遷奪於外物。陽明氏所自別於程、朱者，特從入之徑塗耳；至忠孝之大原，與自持其身心而不敢苟者，則豈有二哉？〔……〕用此知學者果以學之講，爲自事其身心，即由陽明氏以入，不害爲聖賢之徒。若夫用程、朱之緒言，以取名致科，而行則背之，其大敗程、朱之學，視相詆訾者而有甚也。〔註 85〕

〔註 83〕同前註，頁 412。

〔註 84〕同前註，卷十一，〈廣文陳君墓誌銘〉，頁 305。

〔註 85〕同前註，卷十四，〈鹿忠節公祠堂記〉，頁 413。

方苞以陽明心學所以自別於程、朱之學者，只是其學與程、朱之學只是入手的途徑不同而已；至於「忠孝之大原，與自持其身心而不敢苟者」等修養身心的追求，並無不同之處，故爲殊途同歸。因此知道學者眞的認爲講學的目的「爲自事其身心」，即使由陽明之學以入手，也並不妨害其爲「聖賢之徒」。故重要的是修養身心，不必斤斤計較於程、朱與陽明論學的差異。

由以上敘述可知，方苞對不同學派，如程、朱與陽明，以至於顏、李，可以說以所謂「性命倫常之大原」爲準，作爲不同學派的統一點。錢基博說方苞：

> 觀其論學，於明之王守仁，平時之顏元、李塨，皆思有以矯其枉而折衷於程、朱。〔註 86〕

方苞尊崇程、朱，但並不排斥陽明之學，而反對顏、李非議程、朱之學。〔註 87〕

三、交遊與弟子

（一）交　遊

方苞交遊廣闊，曾自言：「余窮於世久矣，而所得獨豐於友朋。〔……〕雖貧賤羈旅，未嘗一日而無友朋之樂也。」〔註 88〕又說：「余數奇，獨幸不爲海內士大夫所棄，而有友朋之樂。」〔註 89〕方苞的朋友眾多，而且多爲道義與學行之交。主要的如早年結交的劉齊（？～？）、劉捷（ 1658～1726）與其兄劉輝祖（？～？）、劉巖（？～1716）、朱書（1657～1707）、徐念祖（1655～1698）、張自超（？～1718）、戴名世（1653～1713）〔註 90〕、王源、李塨等；姜宸英、韓菼、李光地、萬斯同（1638～1702）等忘年之交，與朱軾（1665～1736）、楊名時（1660～1736）、蔡世遠（1682～1733）、李紱（1673～1750）等，〔註 91〕其他還有很多，恕不一一列舉。〔註 92〕

〔註 86〕錢基博撰：《中國文學史》，附錄，〈讀清人集別錄〉，〈望溪先生文集十八卷集外文十卷集外文補遺二卷〉，頁 949。

〔註 87〕可參考王鎭遠〈論方苞的思想〉，《江淮論壇》1985 年第 5 期，頁 80～85，1985 年。

〔註 88〕〔清〕方苞撰，劉季高點校：《方苞集》卷七，〈贈魏方甸序〉，頁 186。

〔註 89〕同前註，〈贈潘幼石序〉，頁 188。

〔註 90〕以上諸人，也多有與方苞兄方舟結交。

〔註 91〕〔清〕全祖望撰，朱鑄禹彙校集注：《全祖望集彙校集注》（上海：上海古籍出版社，2000 年 12 月），《鮚埼亭集》卷十七，〈前侍郎桐城方公神道碑銘〉，頁 309 說：「公享名最早，立朝最晚，生平心知之契，自徐文靖公後，

方苞與朋友間的道義也始終如一，其有〈四君子傳〉記王源、劉齊、張自超、劉捷四人。其〈序〉說：

> 余弱冠，從先兄百求友，得邑子同寓金陵者曰劉古塘，於高淳得張彝歎；歸試於皖，得古塘之兄北固，於宿松得朱字綠。辛未遊京師，得四人曰：宛平王崑繩，無錫劉言潔，青陽徐詒孫。其志趨之近者，則古塘、彝歎、言潔也；術業之近者，則崑繩、字綠、北固也。余平生昵好，志趨術業之近，與諸君子比者有矣。然其年或先後生於余，而自有其儕；或年相若，而交期則後。惟諸君子同時並出，而爲交皆久且深，故世莫不聞。〔註93〕

而方苞〈與黃培山書〉說：

> 告歸五年，求一好經書識名義者，與之共學，竟未見其人，因念賢壯年不汲汲於仕進，授徒色養，似有志於斯。愚爲先忠烈斷事公建專祠，左廂有小屋三間，將以「敦崇」名堂，痛世教之衰皆由人心偷苟，不知敦厚以崇禮。必能行三年期功之喪，復寢之期一如禮經，有無與兄弟共之，不私妻子，始粗具「敦崇」之意，而比類以成其行。亡友四人，曰劉捷古堂、張自超彝嘆、王源崑繩、李堪剛主，爲「敦崇堂四友」；及門則寧化雷鋐、桂林陳仁、黃明懿可與於斯。未審賢有志以爲己任否？其痛下功夫在好學力行，知恥遷善，改過日新。宜標揭楹間，觸目警心。餘不贅。〔註94〕

方苞晚年則在祠堂旁設敦崇堂，以亡友劉捷、張自超、王源、李堪爲「敦崇堂四友」。

以下略舉主要者，略爲介紹於下：

1、戴名世

戴名世（1653～1713），字田有，一字褐夫，號藥身，一號憂庵、南山，

曰江陰楊文定公，曰漳浦蔡文勤公，曰西林鄂文端公，曰河間魏公，曰今相國海寧陳公，曰前直督臨川李公，曰今總憲宣城梅公，曰今河督顧公。」爲徐元夢、楊名時、蔡世遠、鄂爾泰、魏廷珍、陳世倌、李紱、梅瑴成、顧琮等人。

〔註92〕方苞的朋友多形諸其書信、碑誌、傳狀等文字之中。也可參考孟醒仁撰：《桐城派三祖年譜》的相關部分。

〔註93〕〔清〕方苞撰，劉季高點校：《方苞集》卷八，〈四君子傳并序〉，頁216。文中「四人」下註點校者劉季高按語說：「『四人』應作『三人』。」

〔註94〕〔清〕方苞撰，徐天祥、陳蕾點校：《方望溪遺集》，〈書牘類〉，頁65。

安徽桐城人。康熙四十八年（1709）一甲二名進士。授翰林院編修。與方舟、方苞兄弟交好，康熙五十年因《南山集》案下獄，康熙五十二年被殺。方苞因作〈序〉被牽連，下獄。康熙五十二年赦免出獄。著作有《南山集》、《四書朱子大全》等。

2、李　塨

李塨（1659～1733），字剛主，號恕谷，直隸蠡縣人。李塨與方苞結交於康熙四十二年（1703）春，聚於王源（1648～1710）北京寓所，與李塨論格物。康熙四十五年（1706）春，至北京，遇方苞於八里莊，再論格物不合。〔註95〕方苞與李塨交情深厚，曾易子而教，也曾欲互相交換田宅，詳下「弟子」所述。著作有《恕谷後集》、《大學辨業》等。

（二）弟　子

方苞弟子眾多，依據劉聲木《桐城文學淵源考》卷二，為「專記師事及私淑方苞諸人」，而記「師事方苞」者，還有卷三開頭的劉大櫆也是「師事方苞」，總計約有三十四人之多。〔註96〕而且應該還有少數不在其列者，恕不一一統計。今就其主要者，略為介紹於下：

1、王兆符

王兆符（1679～1723），〔註97〕字龍篆，一字隆川，直隸大興人。王源之子，康熙三十五年（1696）春始從方苞學，關於其經過，方苞說：

〔註95〕可詳參〔清〕李塨撰：《恕谷後集》卷四，〈與方靈皋書〉，頁1260。〔清〕方苞撰，劉季高點校：《方苞集》，附錄一，〔清〕蘇惇元編：《方苞年譜》，康熙四十二年癸亥，年三十六歲，頁872。康熙四十五年丙戌，年三十九歲。

〔註96〕詳參劉聲木撰，徐天祥點校：《桐城文學淵源考》，《桐城文學淵源考/撰述考》合刊本，卷二，頁104～128，頁137。其中如沈彤是否為方苞弟子，尚可商榷。漆永祥〈《漢學師承記》史源考辨〉，祁龍威、林慶彰主編：《清代揚州學術研究》（臺北：臺灣學生書局，2001年4月），頁459說：「〔……〕至劉聲木《桐城文學淵源考》卷二更以沈彤『師事方苞，湛深經術，所為文深厚古質，格律端謹，不事文飾，務蹈理道，無譁囂浮侈之習。中歲，與方苞商訂《三禮》，辨論精核，述作矜慎，不輕意下筆。』此則又以沈氏為方苞弟子，較之江藩，正所謂過猶不及矣。」漆氏所引，在劉聲木撰，徐天祥點校：《桐城文學淵源考》卷二，頁109。

〔註97〕〔清〕方苞撰，劉季高點校：《方苞集》卷十，〈王生墓誌銘〉，頁255說：「兆符年四十有五。」王兆符年四十五歲，卒年為雍正元年（1723），則生年應為康熙十八年（1679）。而王兆符之年齡，有一作四十三歲者，如劉聲木撰，徐天祥點校：《桐城文學淵源考》，《桐城文學淵源考/撰述考》合刊本，卷二，頁105。茲從方苞〈王生墓誌銘〉的說法，並推得生年。

> 兆符從余遊，在丙子之春。余在京師，館於汪氏。崑繩館於王氏，使兆符來學，次汪氏馬隊旁，危坐默誦，闃若無人。方盛暑，日三至三返，不納汪氏勺飲。其後崑繩棄家漫遊，兆符自天津遷金壇，復從余於白下。崑繩嘗語余曰：「兆符視子猶父也。吾執友惟子及剛主，吾使事剛主。曰：『符於方子之學，未之能竟也。』」〔註98〕

康熙三十五年春，當時方苞館於北京汪氏家。而王源（字崑繩）館於王氏家，王源於是使兆符來從方苞學，兆符辛勤學習。「其後崑繩棄家漫遊，兆符自天津遷金壇」，再跟從方苞於上元。兆符從方苞「受古文法，最爲篤信。〔……〕詩宗三李，祖少陵。古文則入《左》、《史》、《莊》、《騷》之閫奧，幽奇峭拔，其寓意處不與人易知，亦自謂知此道者頗不易。」雍正元年（1723）秋八月，王兆符曾爲方苞編次《文集》，〔註99〕還曾爲其編《年譜》，詳本章第二節中。王兆符康熙五十九年（1720）舉人，六十年（1721）進士，卒於雍正元年冬十二月，年四十五。〔註100〕著作有《王隆川詩集》、《文集》〔註101〕、《周禮分記排纂》、《史記評》、《莊子解》、《漢書評》、《批解後漢書》、《批解戰國策》、《方望溪年譜》、《史論》、《古今變異論》。〔註102〕

2、程　崟

〔註98〕〔清〕方苞撰，劉季高點校：《方苞集》卷十，〈王生墓誌銘〉，頁254。

〔註99〕〔清〕方苞撰，劉季高點校：《方苞集》，附錄三，〈各家序跋〉，〈原集三序〉，王兆符〈序〉，頁907，〈序〉後署「雍正癸卯秋八月望後三日，門人王兆符撰。」另可參考〔清〕方苞撰，劉季高點校：《方苞集》，附錄一，〔清〕蘇惇元編：《方苞年譜》，雍正元年癸卯，年五十六歲，頁878。

〔註100〕詳參〔清〕方苞撰，劉季高點校：《方苞集》卷十，〈王生墓誌銘〉，頁254～255。

〔註101〕劉聲木撰，徐天祥點校：《桐城文學淵源考》，《桐城文學淵源考/撰述考》合刊本，卷二，頁106。

〔註102〕劉聲木撰，徐天祥點校：《桐城文學撰述考》，《桐城文學淵源考/撰述考》合刊本，卷一，〈王兆符撰述〉，頁399。其中《莊子解》下注：「補其父源所未盡。」《漢書評》下注：「未成。」關於其中部分著作內容與評論，劉聲木撰，徐天祥點校：《桐城文學淵源考》，《桐城文學淵源考/撰述考》合刊本，卷二，頁106說：「讀《周禮》，以其層見迭出，後學不能得其津梁，爲分條以敘之；《史記》每篇發明太史公意旨，俱有特識；《莊子解》補其父或庵公所未竟；《前漢書評》惜未卒業；《後漢書》及《戰國策》俱有批解；其史論多發前人所不及；至《古今變異論》九篇，上下千載，情形了如指掌。」〔清〕方苞撰，劉季高點校：《方苞集》卷十，〈王生墓誌銘〉，頁255說：「所排纂《周官》及詩文若干卷，蔣君湘帆爲編錄而藏之，以俟其孤之長而授焉。」

程崟（1687～1767），字夔州，〔註 103〕一字南坡。安徽歙縣人，寓居揚州儀徵縣。〔註 104〕程崟曾說其從學方苞經過爲：

> 崟與北平王兆符皆以成童從學於先生；兆符治經書、古文，而崟攻舉子業。先生命之曰：「此術之成，非潛心經訓，而假道於八家之文，亦未亦遠於俗也。」時崟於韓、歐之文，亦粗知好焉。厥後兆符自天津奉母南遷，僑金壇，獨身就先生講問凡數年。歲時往來淮、揚，取所得先生經說古文而錄藏之，然亦未暇究切也。
>
> 及康熙癸巳，先生盡室北遷。崟適成進士，謂自是可肆力於經書、古文。而先生給事海淀，崟拘綴部曹，往還甚艱；又公私促促，少有餘暇，惟流觀漢、魏、四唐人詩，與懶性相宜，而先生素不爲詩，所業未敢以請。及雍正五年，崟以老母倚門，告歸侍養，則又欲聞先生之謦咳而不可得矣。端居無事，乃更發所錄藏而討論之，乃知先生之文，循韓、歐之軌迹，而運以《左》、《史》義法，所發揮推闡，皆從檢身之切，觀物之深而得之。不惟解經之文，凡筆墨所涉，莫不有六籍之精華寓焉。而先生學如不及，不知身之既老，每謂儒者著述，生時不宜遽出。〔註 105〕

程崟說其與王兆符皆以成童從學於方苞，以成童爲十五歲推斷，爲康熙四十一年（1702），而程崟說從學方苞時爲「攻舉子業」，程崟爲康熙四十一年舉人，〔註 106〕可知其從學於方苞正在康熙四十一年。方苞爲程崟父作〈程贈君墓誌銘〉則說：

> 君諱增，字維高，徽州府歙縣人也。〔……〕君嘗因吾友吳東巖見余于河干野寺，樸質如老諸生。厥後東巖總其門生所爲文，隱其名，俾余甲乙，所取二篇，皆君叔子崟作也。東巖乃詳述君之生平而使崟從學於金陵。〔註 107〕

〔註 103〕〔清〕方苞撰，劉季高點校：《方苞集》，附錄二，〈諸家評論〉，頁 903，作「程夔震兵部」。或者其又一字夔震。

〔註 104〕可參考王澄主編：《揚州歷史人物辭典》（南京：江蘇古籍出版社，2001 年 1 月），頁 745。

〔註 105〕〔清〕方苞撰，劉季高點校：《方苞集》，附錄三，〈各家序跋・原集三序〉，程崟〈序〉，頁 908。

〔註 106〕可參考王澄主編：《揚州歷史人物辭典》（南京：江蘇古籍出版社，2001 年 1 月），頁 745。

〔註 107〕〔清〕方苞撰，劉季高點校：《方苞集》卷十一，頁 306～307。

程崟從方苞「受古文法」。〔註 108〕康熙五十二年（1713）進士，充武英殿分纂，授兵部職方司主事。雍正年間授會考府左司事，升武選司員外郎，又選福建清吏司郎中。〔註 109〕雍正四年（1726）曾爲方苞刊刻《周官集注》。〔註 110〕乾隆十一年（1746）爲方苞編刻《文集》，詳本章第二節中。著作有《編年詩集》、《二峰文稿》、《二峰詩稿》，〔註 111〕編有《發引集》、《明文偶鈔》、《國朝文偶鈔》〔註 112〕、《漢書讀本》、《望溪刪訂評閱八家文讀本》。〔註 113〕

3、李習仁

李習仁（1698～1721），〔註 114〕字長人，直隸蠡縣人，李塨長子。方苞與李塨交情深厚，康熙五十七年（1718）春，命長子道章（1702～1748）從學於李塨，六十年（1721）春，習仁從學於方苞，兩人易子而教。〔註 115〕

〔註 108〕劉聲木撰，徐天祥點校：《桐城文學淵源考》，《桐城文學淵源考/撰述考》合刊本，卷二，頁 106。

〔註 109〕可參考王澄主編：《揚州歷史人物辭典》（南京：江蘇古籍出版社，2001 年 1 月），頁 745。

〔註 110〕〔清〕方苞撰，劉季高點校：《方苞集》，附錄三，〈各家序跋・原集三序〉，程崟〈序〉，頁 909 說：「二十年前，崟嘗與二三同學刻《周官集注》於吳門」，程崟〈序〉署乾隆十一年，故二十年前爲雍正四年。

〔註 111〕可參考王澄主編：《揚州歷史人物辭典》（南京：江蘇古籍出版社，2001 年 1 月），頁 745。

〔註 112〕劉聲木撰，徐天祥點校：《桐城文學淵源考》，《桐城文學淵源考/撰述考》合刊本，卷二，頁 106 說：「編輯國朝文二百餘篇，名《發引集》□卷，原本爲人攫去。復編《明文偶鈔》一卷、《國朝文偶鈔》一卷。方苞見之欣賞，謂其義法合乎古。」

〔註 113〕劉聲木撰，徐天祥點校：《桐城文學淵源考》，《桐城文學淵源考/撰述考》合刊本，卷二，頁 106。許承堯《歙事閑譚》（合肥：黃山書社，2001 年 5 月），卷二，〈程氏諸人詩〉，頁 50，則有關於有程崟的簡略記載，說：「程崟，字夔州，鑾弟，居江都。康熙癸巳進士。官職方司主事遷刑部郎中。値臺灣朱一貴事，治獄平愼。著《二峰詩集》。」〔清〕方苞撰，劉季高點校：《方苞集》卷十四，〈重建潤州鶴林寺記〉，頁 432 說：「歙州程生崟，少從余遊。生生長素封之家，而倜儻少俗情。早歲成進士，歷官兵部郎中，會世宗憲皇帝董正吏治，創立會考府，擢領司事。時生年方壯，兄弟眾多，母夫人壽始及耆，而告歸色養二十餘年不出，以至母夫人之終而生老矣。生家淮陰，侍母不敢旬月違離。」

〔註 114〕〔清〕方苞撰，劉季高點校：《方苞集》卷十六，〈李伯子哀辭〉，頁 461 說：「卒年二十有四。」李習仁年二十四歲，卒年爲康熙六十年（1721），則生年應爲康熙三十七年（1698）。

〔註 115〕〔清〕方苞撰，劉季高點校：《方苞集》卷十六，〈李伯子哀辭〉，頁 460 說：「李習仁字長人，吾友恕谷長子也。戊戌春，余命子道章就學於恕谷。歸言

習仁從方苞「受古文法」。〔註 116〕方苞因《南山集》案，赦免出獄，被隸旗籍，全家遷往北京。而李塨欲南遷，方苞欲把南方的田宅送給李塨，而李塨也欲以北方的田宅交換。六十年，李塨使習仁先往，途中於天津病卒，年二十四。〔註 117〕著作有《學說庭聞》、《日譜儀功》。〔註 118〕

4、雷　鋐

雷鋐（1697～1760），字貫一，一字翠庭，福建寧化人。關於其從學方苞經過，方苞說：

> 余嘗與漳浦蔡聞之，太息生才之難，計數平生朋好如賓實、滄洲，後生中尚未見堅然可信其幾及者，而況古之人乎？聞之曰：「吾門雷生，即後起之賓實也。」始生見余於聞之齋中，即命請業於余。余固辭，而答以儕輩之稱者凡四三年，至是始受而不辭。〔註 119〕

雷鋐先從學於蔡世遠（1682～1733），後方苞於蔡世遠齋中見到雷鋐，蔡世遠即命雷鋐從學於方苞。方苞起初「固辭」，「而答以儕輩之稱者凡四三年」，後來才不再推辭而接受雷鋐爲其弟子。〔註 120〕雷鋐從方苞「受古文法。其爲文簡要沖夷，平近切實，有作者風；論《禮》多本師說。」〔註 121〕雷鋐，雍正十一年（1733）進士，官至都察院左副都御史。著作有《讀書偶記》、《聞見偶錄》、《自恥錄》、《勵志雜錄》、《校士偶存》、《雷氏族譜》〔註 122〕、《經笥堂

習仁耕且學，孝友信於其家。今年春，恕谷歸自江南，率習仁過余，俾受業。其承親，事師，交友，跬步皆在於禮，而行之甚安。白門翁止園見而嘆曰：『子弟中未見如斯人者也。』」

〔註 116〕劉聲木撰，徐天祥點校：《桐城文學淵源考》，《桐城文學淵源考/撰述考》合刊本，卷二，頁 106。

〔註 117〕詳參〔清〕方苞撰，劉季高點校：《方苞集》卷十六，頁 460～461。

〔註 118〕劉聲木撰，徐天祥點校：《桐城文學淵源考》，《桐城文學淵源考/撰述考》合刊本，卷二，頁 106。

〔註 119〕〔清〕方苞撰，劉季高點校：《方苞集》卷七，〈送雷惕廬歸閩序〉，頁 199。

〔註 120〕〔清〕蘇惇元編：《方苞年譜》將此事繫於雍正八年，詳參〔清〕方苞撰，劉季高點校：《方苞集》，附錄一，〔清〕蘇惇元編：《方苞年譜》，雍正八年庚戌，年六十三歲，頁 880。

〔註 121〕劉聲木撰，徐天祥點校：《桐城文學淵源考》，《桐城文學淵源考/撰述考》合刊本，卷二，頁 108。《補遺》說：「雷鋐以文載道，說理醇正，文境平實，粹然儒者之言，得方苞寬博之一體，詩非所措意，故所傳不多，存者亦鋪寫詳贍。論學宗朱子，論《易》本李光地，論《禮》論文本方苞。」劉聲木撰，徐天祥點校：《桐城文學淵源考》，《桐城文學淵源考/撰述考》合刊本，卷二，頁 108～109。

〔註 122〕劉聲木撰，徐天祥點校：《桐城文學撰述考》，《桐城文學淵源考/撰述考》合

文鈔》、《翠庭詩集》。〔註 123〕

5、劉大櫆

劉大櫆（1698～1779），字才甫，一字耕南，號海峰，安徽桐城人。大櫆早年從同里吳直（？～？）〔註 124〕學，後從方苞學，爲其弟子。〔註 125〕劉大櫆於雍正四年（1726），二十九歲時，爲應舉入京師。大櫆的文章，就受到方苞的賞識，方苞讚歎說：「如苞何足算邪？邑子劉生乃國士爾！」〔註 126〕從學方苞後，方苞說：

> 及門劉生大櫆者，天資超越，所爲古文，頗能去離世俗蹊徑，而命實不猶。〔註 127〕

又說：

> 劉生大櫆不但精於時文，即詩、古文詞，眼中罕見其匹。爲人開爽，不爲非義，爲學幕中最難得之人。〔註 128〕

可知方苞對劉大櫆甚爲推重。大櫆從方苞「受古文法。所爲詩、古文詞，才高筆峻，能包古人之異體，熔以成其體。雄豪奧秘，揮斥出之，其才有獨異，而斟酌經史，未嘗一出於矩矱之外。雖學於方苞，能自成一家，方苞稱爲今世韓、歐。」〔註 129〕大櫆，雍正七年（1729）、十年（1732）兩登順天鄉試副榜貢生。乾隆元年（1736）方苞薦舉應博學鴻詞科，爲張廷玉所黜不第，廷玉後大悔。乾隆十五年（1750）由張廷玉薦舉，乾隆十六年（1751）應經學試，不第。後任黟縣教諭。歙縣問政書院山長。後又主講安慶敬敷書院，〔註 130〕後歸里。〔註

刊本，卷一，〈雷鋐撰述〉，頁 400。

〔註 123〕劉聲木撰，徐天祥點校：《桐城文學淵源考》，《桐城文學淵源考/撰述考》合刊本，卷二，頁 108。

〔註 124〕吳直，字景良，一字生甫，號井邊，安徽桐城人，爲方苞中表。詳參劉聲木撰，徐天祥點校：《桐城文學淵源考》，《桐城文學淵源考/撰述考》合刊本，卷二，〈補遺〉，頁 125。

〔註 125〕可參考孟醒仁撰：《桐城派三祖年譜》，頁 23，頁 54。

〔註 126〕可參考同前註，頁 68。

〔註 127〕〔清〕方苞撰，劉季高點校：《方苞集》，集外文，卷十，〈與魏中丞定國〉，頁 801。

〔註 128〕同前註，集外文，卷十，〈與雙學使慶〉，頁 801。

〔註 129〕劉聲木撰，徐天祥點校：《桐城文學淵源考》，《桐城文學淵源考/撰述考》合刊本，卷二，頁 137。

〔註 130〕可詳參吳孟復撰：《桐城文派述論》，頁 71。

〔註 131〕前所述劉大櫆經歷，可詳參孟醒仁撰：《桐城派三祖年譜》，頁 74，頁 82，頁 90，頁 92～93，頁 122～124，頁 142～149，頁 152～159。

131〕著作有《海峰詩集》、《海峰文集》、《論文偶記》等。〔註132〕

6、沈廷芳

沈廷芳（1702～1772），字畹叔，號椒園，浙江仁和人。初受詩學於查慎行（1650～1727），後受古文法於方苞。〔註133〕於雍正六年（1729）冬，沈廷芳經由劉大櫆介紹，拜訪方苞，請爲弟子。關於其經過，沈廷芳說：

> 雍正戊申冬，余因劉畊南徵士大櫆謁先生，請爲弟子。先生曰：「師所以傳道、授業、解惑也。欲登吾門，當以治經爲務。」某對曰：「某雖不敏，僅受教。」先生手所著《喪禮或問》曰：「喪、祭二禮，事親根本，世罕習者，生其研于斯。」某拜受，翼日雪，先生乘車曳杖，顧某坐良久曰：「昨生退，或言生查詹事外孫文昌君子也。是皆吾故友，故來答。」某感謝，出門扶先生升車，送出隘巷。先生曰：「願生勤厥業。」〔註134〕

方苞要沈廷芳以治經爲務，並授其自著《喪禮或問》。沈廷芳，乾隆元年（1736）中博學鴻詞科，〔註135〕後授翰林院編修。官河南按察使，母老乞退，再補山東按察使，後致仕。〔註136〕著作有《續經義考》、《理學淵源》、《盥蒙雜著》、《隱拙齋集》等。〔註137〕

〔註132〕詳參劉聲木撰，徐天祥點校：《桐城文學淵源考》，《桐城文學淵源考/撰述考》合刊本，卷二，頁137。此外，劉大櫆編纂有《歷代詩約選》、《劉氏族譜》、《歙縣志》、《黄山志》，還有評點諸書與若干詩、文選本。詳參詳參劉聲木撰，徐天祥點校：《桐城文學淵源考》，《桐城文學淵源考/撰述考》合刊本，卷一，頁407～408。

〔註133〕詳參劉聲木撰，徐天祥點校：《桐城文學淵源考》，《桐城文學淵源考/撰述考》合刊本，卷二，頁110。孟醒仁撰：《桐城派三祖年譜》，頁28。

〔註134〕沈廷芳《隱拙齋集》（濟南：齊魯書社，2001年9月，《四庫全書存目叢書補編》第10冊，影印湖北圖書館藏清乾隆刻本），卷四十一，〈方望溪先生傳·書後〉，頁516～517。

〔註135〕可參考孟醒仁撰：《桐城派三祖年譜》，頁90。

〔註136〕詳參同前註，頁28。

〔註137〕詳參同前註。劉聲木撰，徐天祥點校：《桐城文學撰述考》，《桐城文學淵源考/撰述考》合刊本，卷一，〈沈廷芳撰述〉，頁401。還有《十三經注疏正字》一書，世以爲沈廷芳著作，並被收入《四庫全書》。然而〔清〕邵懿辰撰，邵章續錄：《增訂四庫簡明目錄標注》（上海：上海古籍出版社，1959年12月，1979年新1版，2000年7月第2次印刷），卷三，頁134說：「盧云：『嘉善浦鏜原編，仁和沈椒園先生覆加審定。其子南雷禮部世煒上之四庫館。』」可知此書原爲浦鏜著作，沈廷芳覆加審定，後沈廷芳子將此書上呈四庫館，遂以爲沈氏之書。而認爲是浦鏜書的，如阮元等〈尚書注疏校勘記·引據各本

7、官獻瑤

官獻瑤（1703～1783），字瑜卿，號石谿，福建安溪人。關於其從學方苞經過，方苞說：

> 始子扣吾廬欲爲弟子，而吾辭之堅，非相外也。計將爲講誦之師，則衰疾多事，無日力以副所求；將有進於是者，則吾身之無有，而又何師焉。及再三云，則不復辭。以窺子之心神，若誠有志於謀道者，吾身雖不逮，儻誦其所聞而得能者，吾志猶有寄焉。〔註 138〕

官獻瑤欲爲方苞弟子，方苞起初也堅辭，後來官獻瑤再三請求，方苞才不再推辭。〔註 139〕乾隆四年（1739）進士，官至詹事府司經局洗馬。官獻瑤從方苞「受古文法，稱高第弟子。尤邃於經，治經以治身。其所發明皆中郤窾要，於《禮》最密。爲文長於說理。」〔註 140〕乾隆時修三禮義疏，爲纂修。著作有《石谿讀周官》、《讀儀禮》、《石谿文集》、《詩集》等。

第二節　著　作

方苞的著述眾多，〔註 141〕其中部分著述彙集爲《抗希堂十六種》，〔註 142〕

目錄〉於《十三經正字》下說：「嘉善浦鏜撰」，題〔漢〕孔安國傳、〔唐〕孔穎達疏、〔清〕阮元等校勘：《尚書注疏》（臺北：藝文印書館，1997 年 8 月初版第 13 刷，影印清嘉慶二十一年江西南昌府學刊《十三經注疏》本），卷一，頁 14。關於《十三經注疏正字》，可參考胡雙寶〈《十三經注疏正字》作者辨〉，胡雙寶撰：《漢語・漢字・漢文化》（北京：北京大學出版社，1998 年 1 月），頁 383～385。

〔註 138〕〔清〕方苞撰，劉季高點校：《方苞集》卷七，〈送官庶常覲省序〉，頁 200。

〔註 139〕〔清〕蘇惇元編：《方苞年譜》將此事繫於雍正八年，詳參〔清〕方苞撰，劉季高點校：《方苞集》，附錄一，〔清〕蘇惇元編：《方苞年譜》，雍正八年庚戌，年六十三歲，頁 880。

〔註 140〕劉聲木撰，徐天祥點校：《桐城文學淵源考》，《桐城文學淵源考/撰述考》合刊本，卷二，頁 107。《補遺》說：「其文淵凝古邃，道氣最深，與雷鋐文相似。意不欲以文自見，邃於《禮・服》，得經遺意。治經以治身，其教人，欲於經求道。其治經，於《周易》、《詩》主李光地，於《尚書》主宋蔡沈、金履祥，於《周官》、《春秋》主方苞，於《儀禮》主漢鄭玄、宋敖繼公及吳紱。蓋斟酌眾家而擇其精粹；所自發明皆心平氣和，輒中郤窾要，于《禮》尤密。」劉聲木撰，徐天祥點校：《桐城文學淵源考》，《桐城文學淵源考/撰述考》合刊本，卷二，頁 108。

〔註 141〕可參考劉聲木撰，徐天祥點校：《桐城文學撰述考》，《桐城文學淵源考/撰述考》合刊本，卷一，〈方苞撰述〉，頁 395～397。如以其著錄一條算一種

今就其主要者簡介如下，大致分爲自著與編纂、其他。〔註 143〕

一、自　著

（一）《讀易偶筆》

《讀易偶筆》成於方苞年三十以前，〔註 144〕爲其早年研治《周易》之作。方苞自言：「余成童爲科舉之學，即治《周易》」。〔註 145〕此書劉聲木《桐城文學撰述考》卷一，〈方苞撰述〉著錄。〔註 146〕其書已亡佚，僅存一則，收入《方苞集》集外文補遺，卷二，〈讀書筆記〉，〈易〉類中，戴鈞衡識語說：「此條單本標題《讀易偶筆》，先生是書已佚，蓋說《易》之僅存者耳。」〔註 147〕

（二）《讀尚書偶筆》

《讀尚書偶筆》成於方苞年三十以前，〔註 148〕爲其早年研治《尚書》之作。此書劉聲木《桐城文學撰述考》卷一，〈方苞撰述〉著錄。〔註 149〕書應已亡佚。

統計，共五十一種。而許福吉撰：《義法與經世——方苞及其文學研究》，頁 164 也是依《桐城文學撰述考》統計，卻說：「共計三十九種」，不知其所言何據。

〔註 142〕抗希堂十六種，清康熙至嘉慶間（1662～1820）時刊，共收有：(1)《周官集注》十二卷。(2)《周官析疑》三十六卷。(3)《考工記析疑》四卷。(4)《周官辨》一卷。(5)《離騷經正義》一卷。(6)《春秋直解》十二卷。(7)《春秋通論》四卷。(8)《春秋比事目錄》四卷。(9)《禮記析疑》四十八卷。(10)《儀禮析疑》十七卷。(11)《喪禮或問》一卷。(12)《左傳義法舉要》一卷。(13)《史記注補正》一卷。(14)《刪定管子》一卷。(15)《刪定荀子》一卷。(16)《望溪先生文偶鈔》不分卷、《望溪先生文外集》不分卷。

〔註 143〕許福吉撰：《義法與經世——方苞及其文學研究》，頁 164 說方苞著述：「其中有注釋性質、年譜性質、評點性質、編纂性質等，屬於較正統的學術著作。」

〔註 144〕〔清〕方苞撰，劉季高點校：《方苞集》，附錄一，〔清〕蘇惇元編：《方苞年譜》，康熙二十六年丁卯，年二十歲，頁 868。

〔註 145〕同前註，卷六，〈答程起生書〉，頁 166。

〔註 146〕劉聲木撰，徐天祥點校：《桐城文學撰述考》，《桐城文學淵源考/撰述考》合刊本，卷一，〈方苞撰述〉，頁 396。

〔註 147〕〔清〕方苞撰，劉季高點校：《方苞集》，集外文補遺，卷二，頁 837～838。

〔註 148〕〔清〕方苞撰，劉季高點校：《方苞集》，附錄一，〔清〕蘇惇元編：《方苞年譜》，康熙二十六年丁卯，年二十歲，頁 868。

〔註 149〕劉聲木撰，徐天祥點校：《桐城文學撰述考》，《桐城文學淵源考/撰述考》合刊本，卷一，〈方苞撰述〉，頁 396。

（三）《書義補正》八卷〔註150〕

《書義補正》內容，劉聲木《桐城文學撰述考》卷一，〈方苞撰述〉說：

> 爲目有八，曰：正義、曰：考證、曰：考定、曰：辨正、曰：通論、曰：餘論、曰：存異、曰：存疑，皆排比完竣。」〔註151〕

《書義補正》以正義、考證、考定、辨正、通論、餘論、存異、存疑八類編輯諸家說法。此書與方苞的編輯諸家說法條例有密切關係，其完成時間不詳，而書應已亡佚。

（四）《朱子詩義補正》八卷

《朱子詩義補正》成於方苞年三十以前，〔註152〕爲早年的《詩經》學著作。方苞〈再與劉拙修書〉說：

> 僕於朱子《詩》說所以妄爲補正者，乃用朱子說《詩》之意義，以補其所未及，正其所未安，非敢背馳而求以自異也。程子之說，朱子所更定多矣。然所承用，謂非程子之意義可乎？〔註153〕

書名「補正」，方苞雖然尊朱熹，對朱熹《詩集傳》之說，「補其所未及，正其所未安」，不被朱熹說法所限制。此書不解說《詩經》全書，只選錄《詩經》約三分之二部分篇章解說。通常只標詩題，不錄經文。解說不重文字訓詁，重解說大義，也申其己說。〔註154〕

（五）《周官辨》一卷〔註155〕

〔註150〕同前註，有《尚書述》四冊，爲「剪裁《通志堂刻本》而連綴之，各明其去取之由。」又有《書義補正》，爲「馬其昶專錄《尚書述》中方苞案語以名之。」此《書義補正》與本書名同而實不同。

〔註151〕同前註。

〔註152〕〔清〕方苞撰，劉季高點校：《方苞集》，附錄一，〔清〕蘇惇元編：《方苞年譜》，康熙二十六年丁卯，年二十歲，頁868。

〔註153〕〔清〕方苞撰，劉季高點校：《方苞集》卷六，頁175～176。

〔註154〕詳參丁亞傑〈方苞詩經學解經方法〉，《元培科學技術學院第一屆通識教育學術研討會論文集——通識教育的延續與發展》（新竹：元培科學技術學院通識教育中心，2001年7月），頁161～176。

〔註155〕《周官辨》（上海：上海古籍出版社，1995年，《續修四庫全書》第79冊，經部．禮類），版本標示爲據華東師範大學圖書館藏清乾隆刻本影印。《四庫全書存目叢書》，經部，第86冊，禮類（臺南縣：莊嚴文化事業公司，1997年2月），也有收此書，版本標示爲據北京大學圖書館藏清康熙至嘉慶間刻抗希堂十六種本影印。版本標示不同，然而《續修四庫全書》本影印有封面，其字樣爲「望溪講授　周官辨」（原爲直行，由右至左）。而其書前的序文，

《周官辨》成於康熙五十二年（1713）。〔註 156〕關於此書寫作緣起，顧琮（1685～1754）〔註 157〕〈序〉說：

> 及出獄，未兼旬而聖祖特召入南書房，是秋移蒙養齋。徐公蝶園時叩《周官》疑義，方子詳爲辨析，遇館中後生則爲講〈喪服〉，聞而持行者數人。余與河間王振聲謂筆之于書，然後可久，乃出其在獄所作《喪禮或問》，又爲《周官辨》浹月而成。〔註 158〕

方苞以《周官》（今本《周禮》）爲周公所作，但其書經王莽、劉歆增竄，故辨別之。其書共十篇，〈《周官》辨僞〉二篇，主要指出王莽、劉歆增竄之文；〈《周官》辨惑〉八篇主要爲辨正後儒之說。〈《周官》辨僞〉二篇收入《方苞集》卷一。〔註 159〕

（六）《周官集注》十二卷

《周官集注》成於康熙五十九年（1720）。〔註 160〕此書全錄經文，就算無說解處也是。五官與〈考工記〉皆各占二卷，共爲十二卷。其書略於名物訓詁，著重於大義的闡發。方苞說：

> 余嘗析其疑義，以示生徒，猶恐舊說難自別擇，乃並纂錄合爲一編，大指在發其端緒，使學者易求，故凡名物之纖悉，推說之衍蔓者，

依次爲雍正三年龔纓〈序〉、乾隆七年顧琮〈序〉、方苞〈自序〉。《四庫全書存目叢書》則沒印封面，序文依次爲顧琮〈序〉、方苞〈自序〉、〈目錄〉、龔纓〈序〉。除個別序文次序不同之外，內容完全相同。而〔清〕紀昀、陸錫熊、孫士毅等纂修，《四庫全書》研究所整理：《欽定四庫全書總目》〔整理本〕，卷二十三，經部二十三，禮類存目一，〈《周官辨》一卷〉，頁 294 的註釋 4 說：「按：此書收入方苞《方望溪先生經說四種》，合北京、上海等館藏有清乾隆間方觀承刊本。又收入方苞抗希堂十六種，今北大、華東師大等館藏清康熙嘉慶間桐城方氏抗希堂刊本。」因此《續修四庫全書》、《四庫全書存目叢書》爲同一種版本，本文主要皆依據《續修四庫全書》本。

〔註 156〕〔清〕方苞撰，劉季高點校：《方苞集》，附錄一，〔清〕蘇惇元編：《方苞年譜》，康熙五十二年癸巳，年四十六歲，頁 876。

〔註 157〕顧琮，字用方。伊爾根覺羅氏，滿洲鑲黃旗人，爲方苞友人。

〔註 158〕〔清〕方苞《周官辨》（上海：上海古籍出版社，1995 年，《續修四庫全書》第 79 冊，經部．禮類，據華東師範大學圖書館藏清乾隆刻本影印），頁 416。

〔註 159〕〔清〕方苞撰，劉季高點校：《方苞集》卷一，頁 17～21。

〔註 160〕同前註，卷四，〈《周官集注》序〉，頁 83～84，沒有署年月。《周官集注》（臺北：臺灣商務印書館，1983 年景印清乾隆間寫《文淵閣四庫全書》第 101 冊），卷首，頁 2～3，〈序〉後署「康熙庚子冬十有一月，桐城方苞序。」康熙庚子爲康熙五十九年。可參考〔清〕方苞撰，劉季高點校：《方苞集》，附錄一，〔清〕蘇惇元編：《方苞年譜》，康熙五十九年庚子，年五十三歲，頁 877～878。

> 概無取焉。〔……〕其然，則是編所爲發其端緒者，特治經者所假道，而又豈病其過略也哉？〔註 161〕

《周官集注》爲方苞辨析《周禮》疑義，以示其生徒，可是「猶恐舊說難自別擇」，於是「並纂錄合爲一編」。此書乃方苞別擇諸家之說，爲《周官集注》。方苞說過：「愚平生心力所竭，惟在別擇先儒經義。」〔註 162〕而彙集選擇諸家之說，「大指在發其端緒」，使學者容易推求。故對於過於纖悉的名物訓詁，過於蔓衍的推求之說則是不取的。方苞也說《周官集注》一書爲「直指本義」。〔註 163〕其書體例依朱熹《四書集注》之例，如：

> 凡承用注、疏，及掇取諸儒一二語串合己意者，皆不復識別。全述諸儒及時賢語，則標其姓字。正解本文者居前，總論居後，不分世代爲次。
>
> 注、疏及諸儒之說必似是而非者，乃辨正焉。于先鄭及注、疏皆分標之。諸儒舉姓字，若主是說者多則曰「舊說」。
>
> 推極義類，旁見側出者，以圈外別之。或前注通論大體，而中有字句應辨析者，辭義奇零，無可附麗，雖正解本文，亦綴于後，或以圈外別之。〔註 164〕

從以上大致可知在標示引用方面，凡是承用注、疏，與掇取諸儒一二語以串合方苞自己意思者，皆不再另外標識分別。全部引述前代諸儒與當時人語者，則標其姓名字號。於先鄭與注、疏之說皆分別標著。於諸儒舉其姓名字號，如果主是說者多則標「舊說」。在解說方面，正面解說本文者居前，總論則居後。而注、疏，與諸儒之說必似是而非者，乃爲作辨正。而解說「推極義類，

〔註 161〕同前註，卷四，〈《周官集注》序〉，頁 83。「故凡名物之纖悉，推說之衍蔓者，概無取焉。」劉季高誤標點爲「故凡名物之纖，悉推説之，衍蔓者概無取焉。」與文義不合，故改正之。

〔註 162〕同前註，集外文，卷十，〈與陳占咸大受〉，頁 800。

〔註 163〕〔清〕方苞撰：《周官集注》（臺北：臺灣商務印書館，1983 年景印清乾隆間寫《文淵閣四庫全書》第 101 冊），卷首，〈條例〉第六條，頁 5 說：「〔……〕。是編直指本義，〔……〕其深切治體者，略舉數端，以著聖人經理民物之實用，俾學者勿徒以資文學也。」

〔註 164〕同前註，卷首，〈條例〉第三、四、五條，頁 5。〔清〕紀昀、陸錫熊、孫士毅等纂修，《四庫全書》研究所整理：《欽定四庫全書總目》〔整理本〕，卷十九，經部十九，禮類一，〈《周官集注》十二卷〉，頁 246，於上述體例有簡要的概括。〈條例〉第七條則說：「字義已詁者不再見，制度名物之詳見他職及諸經者，曰見某篇。一字具二義，則各詁本文下。」

旁見側出者」，則是「以圈外別之」，即以○號與前說作分別。或是前注解說通論大體，而其中有個別字句應該辨析者，但辭義孤單零落，沒有適當可附著之處，故雖然是正面解說本文，也將其置於後，或是同樣「以圈外別之」。

《周官集注》重大義的闡發，不爲瑣碎繁密的名物考證，也不作過於繁多枝蔓的解說。故《四庫全書總目》說：

> 訓詁簡明，議論醇正，於初學頗爲有裨。〔註 165〕

其書解說大致上如其所說，「訓詁簡明，議論醇正」，由於此緣故，故以其於初學頗爲有裨益。

（七）《周官析疑》三十六卷《考工記析疑》四卷

《周官析疑》三十六卷《考工記析疑》四卷，成書於乾隆六十年（1721）。此書寫作緣起，顧琮的〈序〉說：

> 《周官》爲群儒所疑幾二千年，雖程、朱篤信而無以解眾心之蔽，以其中蔽天理而逆人情者實有數端也。望溪方先生讀〈王莽傳〉忽悟皆莽之亂政，而劉歆增竄聖經，爲之端兆，以惑愚眾，每事摘發，爲《總辨》十篇。然後何休、歐陽修、胡氏父子，凡訾議《周官》者無所開其喙。予與先生供事蒙養齋，徐公蝶園及二三君子公事畢，則就先生叩所疑。每舉一條，先生必貫穿全經，比類以明其義。〔……〕予聞之豁然心開，與二三君子勸先生筆之於書。〔註 166〕

方苞讀《漢書・王莽傳》悟王莽的亂政，爲劉歆增竄於《周禮》中，「爲之端兆，以惑愚眾」，於是「每事摘發」，爲《周官辨》十篇。顧琮與方苞當時任職於蒙養齋，徐元夢與蒙養齋的同僚於公事完畢，則向方苞請教疑問。每舉一條問題，方苞「必貫穿全經，比類以明其義」，爲之解說。顧琮聽其說，「豁然心開」，而與蒙養齋的同僚勸方苞將其寫成書。

《周官析疑》三十六卷《考工記析疑》四卷，各自爲卷。《四庫全書總目》說其原因爲：

〔註 165〕〔清〕紀昀、陸錫熊、孫士毅等纂修，《四庫全書》研究所整理：《欽定四庫全書總目》〔整理本〕，卷十九，經部十九，禮類一，〈《周官集注》十二卷〉，頁 246。

〔註 166〕〔清〕方苞撰：《周官析疑》（上海：上海古籍出版社，1995 年，《續修四庫全書》第 79 冊，經部・禮類，據華東師範大學圖書館藏清康熙六十年陳鵬（原誤爲彭，今逕爲改正）年，雍正九年朱軾，乾隆八年周力堂等遞刻本影印），頁 1～2。

> 是書以《周官》爲一編，《考工記》爲一編，各分篇第，世亦兩本別行。然顧琮〈序〉內稱：合《考工》爲四十卷，則本非兩書，特不欲以河間獻王所補與經相淆，故各爲卷目耳。〔註 167〕

方苞《周官析疑》、《考工記析疑》各自爲卷而不相連，爲其認爲《考工記》非《周禮》原書，不欲混淆而分別之。所以《四庫全書總目》說：「世亦兩本別行」，〔註 168〕而其所引顧琮〈序〉又稱：合《考工》爲四十卷。〔註 169〕則兩者本來非二部書，只是各自爲卷而已，因此應當作一部書來對待。《周官析疑》三十六卷，〈天官〉，卷一至卷七。〈地官〉，卷八至卷十五。〈春官〉，卷十六至卷二十四，〈夏官〉卷二十五至卷三十。〈秋官〉，卷三十一至卷三十六。《考工記析疑》四卷。〔註 170〕此書不全錄經文，只錄要解說的部分。其指出劉歆增竄經文，還有對前人說法的懷疑與反駁，可說是《周官辨》的擴大。〔註 171〕方苞〈《周官

〔註 167〕〔清〕紀昀、陸錫熊、孫士毅等纂修，《四庫全書》研究所整理：《欽定四庫全書總目》〔整理本〕，卷二十三，經部二十三，禮類存目一，〈《周官析疑》三十六卷《考工記析義》四卷〉，頁 293。

〔註 168〕如抗希堂十六種中，《周官析疑》三十六卷、《考工記析疑》四卷，被當作二種。劉聲木撰，徐天祥點校：《桐城文學撰述考》，卷一，〈方苞撰述〉，頁 395，也將其當作二種。

〔註 169〕顧琮〈序〉說：「合《考工記》，凡四十卷。」〔清〕方苞撰：《周官析疑》（上海：上海古籍出版社，1995 年，《續修四庫全書》第 79 冊，經部・禮類，據華東師範大學圖書館藏清康熙六十年陳鵬（原誤爲彭，今逕爲改正）年，雍正九年朱軾，乾隆八年周力堂等遞刻本影印），頁 2。《周官析疑》，《四庫全書存目叢書》經部，第 86 冊，禮類也有收此書，版本標示爲據北京大學圖書館藏清康熙至嘉慶間刻抗希堂十六種本影印。《續修四庫全書》第 79 冊，經部・禮類所收，版本標示爲據華東師範大學圖書館藏清康熙六十年陳鵬（原誤爲彭，今逕爲改正）年，雍正九年朱軾，乾隆八年周力堂等遞刻本影印。版本標示不同，然而《續修四庫全書》本影印有封面，其字樣爲「望溪講授　周官析疑　抗希堂藏板」（原爲直行，由右至左）。而其書前的序文，除原缺乾隆八年顧琮〈序〉，據上海辭書出版社圖書館藏本補配外，依次爲陳世倌〈序〉、雍正十年朱軾〈序〉。《四庫全書存目叢書》則沒印封面，序文依次爲朱軾〈序〉、陳世倌〈序〉。除個別序文次序不同之外，內容完全相同。《續修四庫全書》、《四庫全書存目叢書》爲同一種版本，詳註 32。今因《續修四庫全書》本有補配顧琮〈序〉，故本文主要皆依據《續修四庫全書》本。

〔註 170〕〈《周官析疑》目錄〉，〔清〕方苞撰：《周官析疑》，頁 5。

〔註 171〕〔清〕龔纓〈《周官辨》原序〉，〔清〕方苞撰：《周官辨》（上海：上海古籍出版社，1995 年，《續修四庫全書》第 79 冊，經部・禮類，據華東師範大學圖書館藏清乾隆刻本影印），頁 415 說：「乃謀梓《總辨》十章以先之，且寄語望溪，宜早出其全書，與學者共之，安知不果有興於治教也。」龔纓所期待的全書，可以說即是後來的《周官析疑》。

析疑》序〉說：

> 余初爲是學，所見皆可疑者，及其久也，義理之得，恆出於所疑。〔註172〕

《周官析疑》主要可說是方苞辨駁前人說法可疑之處與提出自己說法的著作。而《儀禮析疑》、《禮記析疑》，其「析疑」之名也是如此。關於《周官析疑》，《四庫全書總目》對說：

> 其書體會經義，頗得大義。然於說有難通者，輒指爲後人增竄，因力詆鄭玄之注。〔……〕。苞乃力詆經文，亦爲勇於自信。蓋苞徒見王莽、王安石之假借經文以行私，故鰓鰓然預杜其源，其立意不爲不善。而不知弊在後人之依託，不在聖人之制作。曹操復古九州以自廣其封域，可因以議〈禹貢〉冀州失之過廣乎？〔註173〕

《四庫全書總目》評價此書，說其「體會經義，頗得大義」。而於其「說有難通者，輒指爲後人增竄，因力詆鄭玄之注」則表示不滿，評論中有褒有貶。

（八）《周官餘論》

方苞以《周禮》爲：

> 蓋是經之作，非若後世雜記制度之書也，其經緯萬端，以盡人物之性，乃周公夜以繼日窮思而後得之者。學者必探其根源，知制可更而道不可異。有或異此，必蔽虧於天理，而人事將有所窮。然後能神而明之，隨在可濟於實用。〔註174〕

方苞注重《周禮》的功用，認爲「隨在可濟於實用」，而特別著有《周官餘論》一書。《周官餘論》共十篇，〔註175〕其內容爲「諸儒取後世政法與《周官》比證，其有所發明者別爲《周官餘論》。」〔註176〕將後代實際制度與《周禮》互相比證，有所發明者則爲此書。方苞也說：「《周官餘論》中欲矯革變易元、

〔註172〕〔清〕方苞撰，劉季高點校：《方苞集》卷四，〈《周官析疑》序〉，頁83。

〔註173〕〔清〕紀昀、陸錫熊、孫士毅等纂修，《四庫全書》研究所整理：《欽定四庫全書總目》〔整理本〕，卷二十三，經部二十三，禮類存目一，〈《周官析疑》三十六卷《考工記析義》四卷〉，頁293～294。

〔註174〕〔清〕方苞撰，劉季高點校：《方苞集》卷四，〈《周官集注》序〉，頁83～84。

〔註175〕同前註，集外文，卷六，〈敘交〉，頁688。

〔註176〕〔清〕方苞撰：《周官集注》卷首，〈條例〉第六條，頁5。亦可參考〈敘交〉，〔清〕方苞撰，劉季高點校：《方苞集》，集外文，卷六，頁688～690。〈答尹元孚書〉，〔清〕方苞撰，徐天祥、陳蕾點校：《方望溪遺集》，〈書牘類〉，頁58～59。

明以來政法。」〔註 177〕方苞友人朱軾（1665～1736）嘗欲將此書上呈，但被方苞阻止，方苞後來〈敘交〉一文中敘述：

余性鈍直，雖平生道義之友，亦多疑其迂遠不適於實用；志同而道合，無若朱公可亭者，而交期則近。雍正元年，公爲冢宰，禮先於余。是年冬，語余曰：「上將用我矣！子尚有以開予？」余曰：「某何知？」公曰：「吾知子乃鄭公孫僑、趙樂毅之匹儔也。子無隱！」次年二月，余請假歸葬，始以《周官餘論》十篇之三示公。及還，相國張公曰：「高安持子《周官論》至上書房手錄，曰：『當吾世有此異人，而上竟不聞知可乎？』我數以子病久痼止之。子將若何？」余急過公，正告曰：「今上信大有爲而士大夫結習未除，凡吾所云，必君相一德，眾賢協心，然後爲之而可成，成之而可久。不然，上求以誠心而下應以苟道，民不見德，反受其殃。公志果大行，異日以告於吾君而次第布之，不必知自僕也。」〔註 178〕

雍正二年（1724），方苞請假歸葬其親，〔註 179〕始以《周官餘論》十篇中的三篇示朱軾，朱軾相當推崇，並說：「當吾世有此異人，而上竟不聞知可乎？」欲將其手錄上呈清世宗，方苞由張廷玉（1672～1755）處得知此事，因而急阻止朱軾。方苞認爲「凡吾所云，必君相一德，眾賢協心，然後爲之而可成，成之而可久」，如果不然，「上求以誠心而下應以苟道，民不見德，反受其殃」，基於此理由，不願將《周官餘論》公布，並說以後如果朱軾此志得大行，將《周官餘論》內容上告於君主而次第公布，也不必需要讓人知道是出於自己。後來，方苞也一直堅持不公布的心意。尹會一（1691～1748）欲刊刻《周官餘論》，使其廣爲流傳，也被方苞拒絕，其〈答尹元孚書〉說：

來示欲刻《周官餘論》，即欲廣其傳，俟僕身後可也。僕以確守經書中語，於君不敢欺，於事不敢詭隨，於言不敢附會，爲三數要人所惡，常欲擠之死地，賴聖主矜憫，尚存不肖軀。《周官餘論》中欲矯革變易元、明以來政法，使刊布之，則惡我者僅此誣枉，以相傾軋，故平生不輕以此書示人。〔……〕世宗時，高安曾持首三篇入上書

〔註 177〕〔清〕方苞撰，徐天祥、陳蕾點校：《方望溪遺集》，〈書牘類〉，〈答尹元孚書〉，頁 59。

〔註 178〕〔清〕方苞撰，劉季高點校：《方苞集》，集外文，卷六，〈敘交〉，頁 688。

〔註 179〕同前註，附錄一，〔清〕蘇惇元編：《方苞年譜》，雍正二年甲辰，年五十七歲，頁 879。

> 房，手錄將進呈，桐城相國告僕，僕立止之。此三篇聖主青宮時必曾見之。蔡聞之曾錄五六篇，未知曾上達否？蓋直達於吾君，尚冀有輔於教治；若早暴於群小，則徒爲僕之禍胎。往時僕爲塞上屯田議，將上之，西林及來司寇學圃曰：「吾輩當面陳，子無以稿示人；使知子爲此議，則廷議必格不行矣。」公無謂天下人之心，皆公之心也。〔註 180〕

方苞《周官餘論》的功用受到其友朱軾、蔡世遠（1682～1733）的推崇，皆曾手錄部分篇章。而朱軾曾欲將其上呈，尹會一曾欲刊刻，均爲方苞所婉拒。方苞所以不願《周官餘論》公布，爲其「確守經書中語，於君不敢欺，於事不敢詭隨，於言不敢附會」，因而「爲三數要人所惡，常欲擠之死地」，而「賴聖主矜憫，尙存不肖軀。」而其《周官餘論》中「欲矯革變易元、明以來政法」，如果刊刻公布，則厭惡其者有此藉口誣枉，以互相傾軋，故方苞「平生不輕以此書示人」，而且爲基於如果不是上下一心欲推行良政，則對人民不但無益，反而有害，也會變成小人忌惡，以互相傾軋的藉口，「蓋直達於吾君，尙冀有輔於教治；若早暴於群小，則徒爲僕之禍胎。」故爲顧全大局與自保其身，阻止《周官餘論》公布於大眾。方苞雖不欲遽爲公開《周官餘論》，然而也願意暫時私下授與人此書，以期對施政有利。〔註 181〕《周官餘論》由於方苞「平生不輕以此書示人」，在其生前也不願意輕易公布與刊刻流傳。故其書名〔註 182〕、主旨大要等，只可由《周官集注》〈條例〉第六條與〈敘交〉、〈答尹元孚書〉等文章中略知。其書詳細的情況與內容已不得而知，而今也已不存。

（九）《儀禮析疑》十七卷

《儀禮析疑》成於乾隆十四年（1749）。方苞晚年嘗十治《儀禮》，至此年乃成書。此書撰作動機，程崟〈儀禮析疑序〉說：

> 惟《儀禮》雖時與朋友生徒講論，而未嘗筆之書，以少苦難讀倍誦，恐不能比類以盡其義，又世所傳《注疏》及元敖繼公《集說》二書，

〔註 180〕〔清〕方苞撰，徐天祥、陳蕾點校：《方望溪遺集》，〈書牘類〉，〈答尹元孚書〉，頁 58～59。

〔註 181〕詳參〔清〕方苞撰，劉季高點校：《方苞集》，集外文，卷六，〈敘交〉，頁 688～689。〔清〕方苞撰，徐天祥、陳蕾點校：《方望溪遺集》，〈書牘類〉，〈答尹元孚書〉，頁 58～59。

〔註 182〕其中篇名，可知者有〈實鐵輔〉一篇，由篇名也可知其注重實用的特色。詳參〔清〕方苞撰，劉季高點校：《方苞集》，集外文，卷六，〈敘交〉，頁 688。

> 故承修《三禮》時，特奏出秘府《永樂大典》錄取宋元人解說十餘種，並膚淺無足觀。國朝惟濟陽張爾岐、安溪李耜卿，各有刪定《注》、《疏》，間附以己意，發明甚少，先生大懼是經精蘊未盡開闡而閉晦以終古也，七十以後，晨興必端坐誦經記本文，設爲身履其地即其事者，而求昔聖人所以制爲此禮、設爲此儀之意，雖疾病偃臥，猶仰而思焉，其有心得，乃稍稍筆記，至乾隆七年，得告歸里，治是經者凡三周矣，先生治諸經皆得海內宿學通人，與之往復議論，至還山而平生故舊無一存者，生徒散在四方，惟雲臺山人翁止園尚存，而病已篤，不能復問辨。春秋賈棹，侍函丈時，舉是經疑義，命思索終不能得，然而發其復，讀禮後所扣質尤多，每有剖析，輒心喻其然，而怪前儒何以習而不察也，自有先生之説，然後聖人之察於人倫而運用天理者，雖婦人孺子聞之，亦梨然有當於心。〔註 183〕

方苞以世所傳《儀禮》解說，如《儀禮注疏》與元代敖繼公（？～？）《儀禮集說》。還有《永樂大典》中「宋、元人解說十餘種」，但是「並膚淺無足觀」。清初，如張爾岐（1612～1678）《儀禮鄭注句讀》、李光坡（1651～1743）《儀禮述注》「刪定《注》、《疏》，間附以己意」，但「發明甚少」。方苞恐懼《儀禮》一經的精蘊未能盡開闡，而其精義將「閉晦以終古」。故自其七十歲之後，「晨興，必端坐誦經文，設爲身履其地，即其事，而求昔聖所以制爲此禮，設爲此儀之意」，十餘年來研治《禮》用力辛勤，十次易稿乃成書。《四庫全書總目》說：「是書大指在舉《儀禮》之可疑者而詳辨之」。〔註 184〕此書不全

〔註 183〕〔清〕方苞《儀禮析疑》（清康熙至嘉慶間刻抗希堂十六種本，第三十二冊），卷首，葉 1 下至葉 2 下。〔清〕方苞撰，劉季高點校：《方苞集》，附錄一，〔清〕蘇惇元編：《方苞年譜》，乾隆十四年己巳，年八十二歲，頁 888 引「程崟〈序〉及劉大櫆〈祭文〉、雷〈狀〉、沈〈傳〉說：「以此經少苦難讀，未經倍誦，恐不能比類以盡其義。又世所傳，惟《注疏》及敖繼公《集說》二書。其《永樂大典》中宋、元人解說十餘種，皆膚淺無足觀。國朝惟張稷若、李耜卿各有刪定《注》、《疏》，間附己意，發明甚少。先生大懼是經精蘊未盡開闡，而閉晦以終古。故七十以後，晨興，必端坐誦經文，設爲身履其地，即其事，而求昔聖人所以制爲此禮，設爲此儀之意，雖臥病猶猶仰思焉。有心得，乃稍稍筆記，十餘年來已九治；猶自謂積疑未祛，乃十治，早夜勤劬，迄今始成。」

〔註 184〕〔清〕紀昀、陸錫熊、孫士毅等纂修，《四庫全書》研究所整理：《欽定四庫全書總目》（整理本），卷二十，經部二十，禮類二，〈《儀禮析疑》十七卷〉，頁 258。

錄經文，只錄要解說的部分。〔註185〕《四庫全書總目》評價此書說：

> 晚年自謂治《儀禮》十一次，〔註186〕用力良勤，然亦頗勇於自信，〔……〕。〔註187〕然其用功既深，發明處亦復不少。〔……〕。〔註188〕皆細心體認，合乎經義，其他稱是者尚夥。檢其全書，要爲瑜多於瑕也。〔註189〕

《四庫全書總目》於其說勇於自信者，不以爲然。然而也肯定其「細心體認，合乎經義」者，認爲其書「瑜多於瑕」。

（十）《禮記析疑》四十八卷

《禮記析疑》著於康熙五十一年（1712），時方苞因戴名世《南山集》案在獄中，切究元代陳澔（1261～1341）《禮記集說》，而成此書。〔註190〕方苞〈《禮記析疑》序〉說：

> 自明以來，傳註列於學官者，於禮即陳氏《集說》，學者弗心饜也。壬辰、癸巳間，余在獄，篋中惟此本，因悉心焉。始視之，若皆可通，及切究其義，則多未審者，因就所疑而辨析焉。〔……〕。余之爲是學也，義得於《記》之本文者十五六，因辨陳說而審詳焉者十三四，是固陳氏之有以發余也。〔註191〕

方苞在獄中，辨析陳澔《禮記集說》疑義，成爲《禮記析疑》一書。此書不全錄經文，只錄要解說的部分。《四庫全書總目》評價此書，認爲有「具有所見，足備禮家一解」者，也有「未免武斷，然無傷於宏旨」者，然而《四庫

〔註185〕同前註，「其無可疑者并經文不錄。」

〔註186〕應爲十次。

〔註187〕省略部分爲舉方苞之說，並加以考辨。詳參〔清〕紀昀、陸錫熊、孫士毅等纂修，《四庫全書》研究所整理：《欽定四庫全書總目》（整理本），卷二十，經部二十，禮類二，〈《儀禮析疑》十七卷〉，頁258。

〔註188〕省略部分爲舉方苞之說。詳參同前註。

〔註189〕〔清〕紀昀、陸錫熊、孫士毅等纂修，《四庫全書》研究所整理：《欽定四庫全書總目》（整理本），卷二十，經部二十，禮類二，〈《儀禮析疑》十七卷〉，頁258。

〔註190〕〔清〕方苞撰，劉季高點校：《方苞集》，附錄一，〔清〕蘇惇元編：《方苞年譜》，康熙五十一年壬辰，年四十五歲，頁875。〔清〕顧琮《周官辨》〈序〉，頁416說：「行刑者即持墨索俟於門外，而方子刪截《注》、《疏》不輟。同繫者厭之，投其書於地，曰：『命在須臾！奈旁人訕笑何？』方子曰：『朝聞道，夕死可矣。』」

〔註191〕〔清〕方苞撰，劉季高點校：《方苞集》卷四，頁81～82。

全書總目》最不滿者則爲：

> 其最不可訓者，莫如別爲考定〈文王世子〉一篇，刪「文王有疾」至「武王九十三而終」一段，又刪「不能莅阼」、「踐阼而治」八字，及「虞、夏、商、周有師保有疑丞」一段，「周公抗世子法于伯禽」一段，「成王幼」至「不可不慎也」一段，末「世子之記」一段。夫《禮記》糅雜先儒言之者不一。然刪定《六經》惟聖人能之。孟子疑〈武成〉不可信，然未聞奮筆刪削也。朱子改《大學》、刊《孝經》，後儒且有異同，王柏、吳澄竄亂古經，則至今爲世詬厲矣。苞在近時，號爲學者，此書亦頗有可採。惟此一節，則不效宋儒之所長，而效其所短，殊病乖方。今錄存其書，而附辨其謬於此，爲後來之炯戒焉。〔註 192〕

《四庫全書總目》對方苞刪《禮記·文王世子》文字，認爲是竄亂經典，予以嚴厲的批評。

（十一）《喪禮或問》一卷〔註 193〕

《喪禮或問》成於康熙五十一年（1712）。康熙四十六年（1707），方苞父卒，居喪準禮。後方苞在獄中，著成此書。〔註 194〕或稱「《喪服或問》」。方苞極注重喪禮，其頻頻強調：「此人道之根源」〔註 195〕、「甚有關於人紀」，〔註 196〕而此書的寫作動機則爲：

〔註 192〕〔清〕紀昀、陸錫熊、孫士毅等纂修，《四庫全書》研究所整理：《欽定四庫全書總目》（整理本），卷二十一，〈《禮記析疑》四十六卷〉，頁 272～273。《禮記析疑》，《四庫全書總目》誤爲四十六卷，《文淵閣四庫全書》爲四十八卷。可參考頁 272 的註釋 1。

〔註 193〕劉聲木撰，徐天祥點校：《桐城文學撰述考》，卷一，〈方苞撰述〉，頁 396 說：「《龍眠叢書》列目二卷。」〈《喪禮或問》目錄〉有「〈喪禮或問〉二十七章」、「〈戴記或問〉五十五章」，《喪禮或問》（清康熙至嘉慶間抗希堂刊本，抗希堂十六種，第四十冊）。〔清〕方苞撰，徐天祥、陳蕾點校：《方望溪遺集》，〈序跋類〉，有〈《喪服或問》補〉，頁 1～2。

〔註 194〕〔清〕方苞撰，劉季高點校：《方苞集》，附錄一，〔清〕蘇惇元編：《方苞年譜》，康熙五十一年壬辰，年四十五歲，頁 875。

〔註 195〕〔清〕方苞撰，劉季高點校：《方苞集》卷六，〈答申謙居書〉，頁 165。方苞〈答徐宜人書〉也說：「已刻經、子八種奉覽。中有《服問》一編，乃人紀根源，賢孫輩《四書》畢，便宜令熟讀講問。餘不贅。」〔清〕方苞撰，徐天祥、陳蕾點校：《方望溪遺集》，〈書牘類〉，頁 70。《服問》應即爲《喪服或問》的簡稱，也就是《喪禮或問》。

〔註 196〕同前註，集外文，卷十，〈與族子觀承〉，頁 804。

> 時人於喪禮，百不一行；非惟不行，亦竟不知。老夫痛之，故為《或問》一書，甚有關於人紀。〔註197〕

喪禮為事奉親人最根本之禮，方苞對當時人於喪禮，不但不依古禮而行，甚至於不知，深感痛惜，故作《喪禮或問》。方苞曾授弟子沈廷芳（1702～1772）《喪禮或問》一書，即說：「喪、祭二禮，事親根本，世罕習者，生其研於斯。」〔註198〕方苞於喪禮研究精微，故《喪禮或問》頗受當時學者推崇。〔註199〕全祖望說：

> 閣下《喪禮或問》，議論之精醇，文筆之雅健，直駕西漢石渠諸公之上，此經學中所僅有也。〔註200〕

全祖望稱讚《喪禮或問》議論精醇，文筆雅健，為經學中僅有之作。時人也多依其書實行喪禮，〔註201〕如尹會一即曾說：「蒙授《喪服或問》，吾母之終，寢處食飲言語得無大悖，成身之德，豈有既乎！」〔註202〕

〔註197〕〔清〕方苞撰，劉季高點校：《方苞集》，集外文，卷十，〈與族子觀承〉，頁804。

〔註198〕沈廷芳〈方望溪先生傳·書後〉，《隱拙齋集》卷四十一，頁516。

〔註199〕〔清〕劉捷〈《喪禮或問》序〉，《喪禮或問》（清康熙至嘉慶間抗希堂刊本，抗希堂十六種，第四十冊），葉二上，說方苞「出其《喪服或問》質余，則獄中所著也。其於先王治制禮之意，有灼知曲盡而非傳、注所能及者。」兄子道希〈跋〉，《喪禮或問》，葉二十六上說：「先生（指劉捷）曰：『撥人心之昏蔽而起其善端，莫近於是書。』」可參考〔清〕方苞撰，劉季高點校：《方苞集》，附錄一，〔清〕蘇惇元編：《方苞年譜》，康熙五十一年壬辰，年四十五歲，頁875引劉古塘（即劉捷）〈序〉及兄子道希〈跋〉。而頁890引《家譜》說：「《三禮》中於《喪禮》尤研究精微；所著《喪禮或問》，學者以為粹然同於七十子之文。」

〔註200〕詳參全祖望〈奉望溪先生論《喪禮或問》劄子〉，〔清〕全祖望撰，朱鑄禹彙校集注：《全祖望集彙校集注》，《鮚埼亭集外編》卷四十一，頁1592～1594。雍正八年（1730）全祖望至北京，「初入京，即上書方靈皐先生，論《喪禮或問》，靈皐大異之，由是聲譽騰起。」同上，《鮚埼亭集內編》卷首，董秉純編：《全謝山年譜》，雍正八年庚戌，二十六歲，頁12。

〔註201〕道希〈跋〉，《喪禮或問》，葉二十六下說：「〔……〕。叔父執喪時，里中有感而相倣效者，族祖姑之子王君愼齋，姑之夫馮丈綏萬。是編出，江介士友服行者漸多，故敬記之。」可參〔清〕方苞撰，劉季高點校：《方苞集》，附錄一，〔清〕蘇惇元編：《方苞年譜》，康熙五十一年壬辰，年四十五歲，頁875，引劉古塘（捷）〈序〉及兄子道希〈跋〉，其約取道希〈跋〉之意，說：「初先生居喪準禮，里中戚友有感而相倣傚者。古塘刊是書示朋友生徒，而江介服行者又漸多也。」

〔註202〕方苞〈尹元孚墓誌銘〉，〔清〕方苞撰，劉季高點校：《方苞集》卷十一，頁300。另方苞於兄嫂之喪，也要兄子「道希兄弟可先取我所著《喪服或問》逐

（十二）《春秋通論》四卷

《春秋通論》成於康熙五十五年（1716）。〔註 203〕《春秋通論》共四十篇。卷一，七篇；卷二，九篇；卷三，九篇；卷四，十五篇。每篇各以類從，共有九十九章。時方苞任職於武英殿書局，此書寫作緣起，方苞說：

> 始余治《春秋》，惟與學者商論，而不敢筆之書。乙未、丙申間，衰病日滋，雁門馮衡南、河間王振聲趣余曰：「凡子所云，皆學者所未前聞也。子老矣，設有不諱，忍使是經之義蔽晦以終古乎？」〔註 204〕

還有記載說：

> 先生在書局，徐公蝶園日請先生講《春秋》疑義，每舉一事，先生必數全經，比類以析其義。顧公用方與二三君子謂：『非筆之於書，則口所傳能幾？且所傳者，遂能一一不失其指意乎？』屢敦促，始成此書。〔註 205〕

方苞研治《春秋》，本來只是與學者討論，沒有要寫成一部書。在書局的同僚鼓勵與催促下，完成了此書。

方苞〈《春秋通論》序〉說：

> 抑嘗考《詩》、《書》之文，作者非一，而篇自爲首尾，雖有不通，無害乎其可通者。若《春秋》則孔子所自作，而義貫於全經，譬諸人身，引其毛髮，則心必覺焉。苟其說有一節之未安，則知全經之義俱未貫也。或筆或削，或詳或略，或同或異，而義出於其間。所以考世變之流極，測聖心之裁制，具在於此，非通全經而論之，末由得其間也。〔註 206〕

方苞認爲孔子作《春秋》義理貫通於全經，故求孔子之義理，要從《春秋》的文字記事本身，筆削、詳略、異同這些表現，回歸經典本身，貫通全經去討論。

> 於是脱去傳者諸儒之説，必義具於經文始用焉，而可通者十四五矣。

條體驗。」〔清〕方苞撰，徐天祥、陳蕾點校：《方望溪遺集》，〈書牘類〉，〈戊申正月示道希〉，頁 72。

〔註 203〕〔清〕方苞撰，劉季高點校：《方苞集》，附錄一，〔清〕蘇惇元編：《方苞年譜》，康熙五十五年丙申，年四十九歲，頁 876～877。

〔註 204〕〔清〕方苞撰，劉季高點校：《方苞集》，集外文，卷四，〈《春秋直解》後序〉，頁 600。

〔註 205〕〔清〕方苞撰，劉季高點校：《方苞集》，附錄一，〔清〕蘇惇元編：《方苞年譜》，康熙五十五年丙申，年四十九歲，頁 877。

〔註 206〕詳參同前註，卷四，頁 84～85。

〔註207〕

不受後儒傳、注之說的影響，直接從經文去探求義理。而方苞認爲以義理爲標準，也可進一步辨別《春秋》的內容，哪些是舊史之文，而哪些是經過孔子的筆削：

> 然後以義理爲權衡，辨其孰爲舊史之文，孰爲孔子所筆削，而可通者十六七矣。〔註208〕

《四庫全書總目》稱許其方法，稱爲以經求經：

> 惟其掃《公》、《穀》穿鑿之談，滌孫、胡鍥薄之見，息心靜氣，以經求經，多有協於情理之平，則實非俗儒所可及。〔註209〕

但對於方苞辨別《春秋》舊史之文，孔子筆削，《四庫全書總目》則頗有微詞：

> 苞乃於二千於載之後，據文臆斷，知其孰爲原書，孰爲聖筆，如親見尼山之操觚，此其說未足爲信。〔註210〕

方苞自信的以義理衡量舊史之文，孔子筆削的作法。到了《四庫全書總目》則認爲《春秋》經文時代久遠，文字簡略，僅僅憑個人的臆測，斷定舊史之文與孔子筆削，是不足爲信的。徐元夢說：「自程、朱而後，未見此等經訓，他日必列於學官」，〔註211〕則不無爲溢美之詞。

（十三）《方望溪先生全集》文集十八卷、集外文十卷、集外文補遺二卷

方苞《文集》的編次，在其生前已開始。雍正元年（1723）秋八月弟子王兆符爲方苞編次《文集》，「手錄《春秋》、《周官》說及《望溪文集》」。〔註212〕雍正五年方苞友顧琮也有編錄方苞之文。〔註213〕乾隆十一年（1746）弟了程崟

〔註207〕同前註，〈《春秋直解》序〉，頁85。

〔註208〕同前註。

〔註209〕〔清〕紀昀、陸錫熊、孫士毅等纂修，《四庫全書》研究所整理：《欽定四庫全書總目》（整理本），卷二十九，經部二十九，春秋類四，〈《春秋通論》四卷〉，頁376。

〔註210〕同前註。

〔註211〕〔清〕方苞撰，劉季高點校：《方苞集》，附錄一，〔清〕蘇惇元編：《方苞年譜》，康熙五十五年丙申，年四十九歲，頁877引顧琮〈《春秋通論》序〉，「徐公每語人曰：『……』。」

〔註212〕〔清〕方苞撰，劉季高點校：《方苞集》，附錄三，〈各家序跋〉，〈原集三序〉，王兆符〈序〉，頁907。

〔註213〕同前註，顧琮〈序〉，頁908說：「方子之文，乃探索於經書，與宅心之實，與人之忠，隨手觸而流焉者也，故生平無不關於道教之文。余共事時，愛而

爲其編刻《文集》。〔註 214〕其時方苞年已七十九。乾隆十二年（1747），年八十的方苞希望能請全祖望（1705～1755）與其長子道章整理其遺文，而說：「吾老未必久於人間，篋中文未出者十之九，願異日與吾兒整頓之。」不料，乾隆十三年（1748）道章去世，十四年（1749）方苞也去世，而全祖望也終「未踐斯約」。〔註 215〕其後，蘇惇元（1801～1857）也有搜錄遺文，並與戴鈞衡商訂《文集》體例。〔註 216〕戴鈞衡合蘇惇元與其多方搜集遺逸之文，於咸豐元年（1851）重刊《文集》十八卷、集外文十卷，〔註 217〕二年（1851）又刊集外文補遺二卷。〔註 218〕《方望溪先生全集》並附蘇惇元所編《方望溪先生年譜》〔註 219〕於後。〔註 220〕1983 年，上海古籍出版社依據《四部叢刊初編》影印戴鈞衡重刊本，

錄之者十之四，郵致者十之二，姑就篋中所存，編而錄之，異日當刊布，以示好方子之文而未知其學者。」

〔註 214〕同前註，程崟〈序〉，頁 909 說：「二十年前，崟嘗與二三同學刻《周官集註》於吳門，劉丈古塘刻《喪禮或問》於浙東，龔丈孝水刻《周官辨》於河北。先生聞之，切戒『可示生徒，不可播書肆』。劉、龔二君子既歿，得其書者益稀；總督漕政御史大夫顧公惜之，復刻於淮南。每與崟言『先生經說，不可使沈沒』，間出所錄先生古文，則其半皆未前見，以兆符早世，而崟久離先生之側也。乾隆壬戌，先生告歸。崟請編定古文，多散在朋友生徒間，失其稿者十且三四。僅就二家所錄及崟所得近稿，先鋟諸版，各從其類，而不敢編次卷數。俾海內同志知先生所作，無一不有補于道教，而苟有存者，不可不公傳於世也。」

〔註 215〕詳參全祖望〈方定思墓志銘〉，〔清〕全祖望撰，朱鑄禹彙校集注：《全祖望集彙校集注》，《鮚埼亭集》卷二十，頁 373～374。另可參蕭穆〈記方望溪先生文集新舊兩刊本〉，〔清〕蕭穆撰，項純文點校：《敬孚類稿》卷九，頁 256。

〔註 216〕詳參〔清〕方苞撰，劉季高點校：《方苞集》，附錄三，〈各家序跋〉，〈蘇跋〉，頁 913。

〔註 217〕同前註，戴鈞衡〈重刻方望溪先生全集序〉。〈序〉後署「咸豐元年辛亥正月，邑後學戴鈞衡謹序於味經山館。」戴鈞衡〈望溪先生集外文跋〉。〈跋〉後署「辛亥五月十二日鈞衡再識。」

〔註 218〕同前註，戴鈞衡〈方望溪先生集外文補遺序〉。〈序〉後署「咸豐二年壬子十月，後學戴鈞衡識。」

〔註 219〕《方望溪先生年譜》，《方苞集》改名爲《方苞年譜》。凡本文所引《年譜》中語，皆依據此《方苞年譜》。在蘇惇元之前，王兆符爲方苞編有《年譜》，但此《年譜》早已不存。戴鈞衡〈望溪先生年譜序〉說：「吾鄉望溪先生，舊傳其門人王兆符編有《年譜》，兆符卒先先生二十餘年，其《譜》缺不備，世亦絕未之見。」蘇惇元〈方望溪先生年譜序〉也說：「惟先生門人王兆符所編《年譜》，及先生幼子道興所撰〈行狀〉，今皆無傳本。」同前註，頁 915、頁 917。

〔註 220〕關於《文集》的源流與編輯，可詳參《方苞集》，附錄三，〈各家序跋〉所收諸〈序〉、〈跋〉，頁 905～920。另可參蕭穆〈記方望溪先生文集新舊兩刊本〉，〔清〕蕭穆撰，項純文點校：《敬孚類稿》卷九，頁 255～257。錢基博撰：《中國文學史》，附錄，〈讀清人集別錄〉，〈望溪先生文集十八卷集外文十卷集外

由劉季高點校，改名爲「《方苞集》」。〔註221〕

（十四）《方望溪遺集》

戴鈞衡重刊《方望溪先生全集》收錄文章五百餘篇。〔註222〕但由於還是有部分遺逸之文未收入，故陸續有人補輯。孫葆田（1840～1911）有《望溪文集續補遺》〔註223〕、劉聲木（1878～1959）有《望溪文集再續補遺》與《望溪文集三續補遺》。〔註224〕徐天祥、陳蕾合孫、劉二人所輯，去其與戴鈞衡重刊本重複者，共有文一百零六篇，詩二十首，斷句二則，〔註225〕約多出戴鈞衡重刊本的四分之一。〔註226〕徐天祥、陳蕾爲這些文章作點校，除校正孫、劉二本自身的訛誤，〔註227〕並以劉文典（1889～1958）舊藏《望溪文稿》校訂，〔註228〕以姚鼐（1732～1815）《古文辭類纂》的分類爲參考，分爲序跋、奏議、書牘、贈序、碑傳、雜記、詩賦七類，〔註229〕以《評點柳文》〔註230〕

文補遺二卷〉，頁948～949。版本方面，可參考柯愈春撰：《清人詩文集總目提要》（北京：北京古籍出版社，2002年2月），卷十六，〈望溪文集十八卷　集外文十卷〉，頁424～425。

〔註221〕凡本文所引方苞《文集》中語，皆依據此《方苞集》。

〔註222〕〔清〕方苞撰，徐天祥、陳蕾點校：《方望溪遺集》，〈後記〉，頁172。《方望溪遺集》，吳孟復〈方望溪先生遺集序〉，頁1。〈方望溪先生遺集序〉收於《方望溪遺集》書前，頁1～6。後也題爲「方望溪遺集序」，收入吳孟復撰：《桐城文派述論》，附錄，頁211～216。

〔註223〕劉聲木撰，徐天祥點校：《桐城文學撰述考》，《桐城文學淵源考/撰述考》合刊本，卷一，〈方苞撰述〉，頁397著錄《望溪文集續補遺》一卷。可參考柯愈春撰：《清人詩文集總目提要》（北京：北京古籍出版社，2002年2月），卷十六，〈望溪文集十八卷　集外文十卷〉，頁424。

〔註224〕劉聲木撰，徐天祥點校：《桐城文學撰述考》，除著錄《望溪文集再續補遺》四卷與《望溪文集三續補遺》四卷外，還有《望溪文集四續補遺》□卷。可參考柯愈春撰：《清人詩文集總目提要》（北京：北京古籍出版社，2002年2月），卷十六，〈望溪文集十八卷　集外文十卷〉，頁424。

〔註225〕依據〔清〕方苞撰，徐天祥、陳蕾點校：《方望溪遺集》，〈後記〉，頁172。《方望溪遺集》，吳孟復〈方望溪先生遺集序〉，頁1則說文「一百餘篇，詩十餘首」。

〔註226〕同前註，《方望溪遺集》，吳孟復〈方望溪先生遺集序〉，頁1說：「此增出四分之一。」

〔註227〕詳參同前註，〈後記〉，頁172。

〔註228〕〔清〕方苞撰，徐天祥、陳蕾點校：《方望溪遺集》，〈後記〉，頁172說：「劉氏《三續補遺》，主要錄自劉叔雅先生（文典）所藏《望溪手稿》，當時僅憑抄胥所錄，誤處尤多（如〈送稚學士蔚文出守西川序〉）誤入〈與執政書〉中，〈史氏傳〉誤題爲〈與劉古塘書〉）今校以原件，誤處皆得訂正。」

〔註229〕詳參同前註，〈後記〉，頁172～173。

與相關記載、〈序〉、〈跋〉等作爲附錄，〔註 231〕定名爲「《方望溪遺集》」。《方望溪遺集》所收多爲方苞晚年之作，〔註 232〕此書於 1990 年 12 月由合肥黃山書社出版。

其他的著作還有《春秋直解》十二卷、《春秋比事目錄》四卷、《左傳義法舉要》一卷〔註 233〕、《史記注補正》一卷、《離騷經正義》一卷等。

二、編　纂

（一）《古文約選》十卷

《古文約選》爲方苞於雍正十一年（1733）奉和碩果親王〔註 234〕命，以果親王名義編選的一部古文選集，以教育在國子監的八旗子弟。〔註 235〕此書編選兩漢及唐、宋八家古文，全書分〈西漢文約選〉四十三篇、〈東漢文約選〉四篇、〈後漢文約選〉二篇〔註 236〕、〈韓退之文約選〉七十二篇、〈柳子厚文約選〉四十六篇、〈歐陽永叔文約選〉五十八篇、〈蘇明允文約選〉三十二篇、〈蘇子瞻文約選〉三十四篇、〈蘇子由文約選〉二十篇、〈曾子固文約選〉二十六篇。〈王介甫文約選〉二十六篇，全書共三百六十三篇。兩漢之文四十九篇；而唐、宋八家，韓愈、柳宗元、歐陽修、蘇洵、蘇軾、蘇轍、曾鞏、王安石之文共三百一十四篇，占了絕大部分。方苞也代果親王作〈古文約選序例〉。〔註 237〕

〔註 230〕同前註，附錄一，頁 129～160。

〔註 231〕同前註，附錄二，頁 161～171。

〔註 232〕同前註，《方望溪遺集》，吳孟復〈方望溪先生遺集序〉，頁 1。

〔註 233〕爲方苞口授，王兆符、程崟傳述。

〔註 234〕允禮，聖祖第十七子。

〔註 235〕〔清〕方苞撰，劉季高點校：《方苞集》，附錄一，〔清〕蘇惇元編：《方苞年譜》，雍正十一年癸丑，年六十六歲，頁 882 說：「春三月，奉果親王教：約選兩漢及唐、宋八家古文，刊授成均諸生。其後於乾隆初詔頒各學官。」〔清〕方苞撰，劉季高點校：《方苞集》，集外文，卷四，〈古文約選序例〉，頁 612～613 說：「我國家稽古典禮，建首善自京師始。博選八旗子弟秀異者，並入於成均。聖上愛育人材，闢學舍，給資糧，俾得專力致勤於所學；而余以非材，實承寵命，以監臨而教督焉。竊惟承學之士必治古文，而近世坊刻，絕無善本。聖祖仁皇帝所定淵鑒古文，閎博深遠，非始學者所能徧觀而切究也。乃約選兩漢書、疏及唐宋八家之文，刊而布之，以爲羣士楷。」

〔註 236〕二篇爲諸葛亮〈前出師表〉、〈後出師表〉。

〔註 237〕〔清〕方苞撰，劉季高點校：《方苞集》，集外文，卷四，頁 612～616。

（二）《欽定三禮義疏》

1、《欽定周官義疏》四十八卷，卷首一卷。

2、《欽定儀禮義疏》四十八卷，卷首二卷。

3、《欽定禮記義疏》八十二卷，卷首一卷。

乾隆元年（1736）高宗詔開三禮館，纂修《三禮義疏》，方苞爲副總裁。《欽定三禮義疏》於乾隆十三年全部纂修完成。關於《欽定三禮義疏》的纂修，詳第三章第二、三節。

（三）《欽定四書文》四十一卷

方苞以工於時文，於乾隆元年六月奉敕選編明清諸家《四書》時文，以作爲士子科舉考試的標準。乾隆四年（1739）四月書成，名爲《欽定四書文》。此書原不分卷，收入《四庫全書》時，四庫館臣分爲四十一卷。〔註238〕《欽定四書文》內容，明代之文分爲四集，爲《欽定化治四書文》六卷；《欽定正嘉四書文》六卷；《欽定隆萬四書文》六卷；《欽定啓禎四書文》九卷，共收文四百八十六篇。清代之文別爲一集，爲《欽定本朝四書文》十四卷，收文二百九十七篇。

三、其　他

（一）《徵君孫先生年譜》二卷

《徵君孫先生年譜》成於康熙五十四年（1715）。〔註239〕孫奇逢（1584～1675），字啓泰，號鍾元，直隸容城人。晚年講學於夏峰，學者稱夏峰先生。奇逢卒後三十九年，〔註240〕其曾孫用楨以舊所編《年譜》，請方苞刪定。〔註241〕

〔註238〕〔清〕紀昀、陸錫熊、孫士毅等纂修，《四庫全書》研究所整理：《欽定四庫全書總目》〔整理本〕，卷一百九十，集部四十三，總集類五，頁2661說：「原本不分卷第，今約其篇帙，分爲四十一卷焉。」

〔註239〕〔清〕方苞撰，劉季高點校：《方苞集》，附錄一，〔清〕蘇惇元編：《方苞年譜》，康熙五十四年乙未，年四十八歲，頁876。

〔註240〕〔清〕方苞〈孫徵君年譜序〉作：「容城孫徵君既歿三十有七年」，〔清〕方苞撰，劉季高點校：《方苞集》卷四，頁88；而《徵君孫先生年譜》（北京：北京圖書館出版社，1999年4月，北京圖書館編：《北京圖書館藏珍本年譜叢刊》第65冊，據清康熙間刻本影印），方苞〈序〉，頁1則作：「容城孫徵君既歿之三十有九年。」孫奇逢卒於康熙十四年（1675），如不計本年，距康熙五十四年（1715），正是三十九年，故從後者。

〔註241〕〔清〕方苞撰，劉季高點校：《方苞集》卷四，頁88。

於是方苞在孫奇逢門人湯斌（1627～1687）、魏一鰲、趙御眾、耿極等編次的《年譜》上，加以刪定而成書。〔註 242〕

（二）《湯文正公年譜定本》二卷〔註 243〕

湯斌（1627～1687），字孔伯，號荊峴，晚號潛庵，卒謚文正，河南睢州人。關於《年譜》的編輯與經過，方苞〈湯文正公年譜序〉說：

> 同年友湯之旭，每言其祖潛菴先生之歿，垂數十年，而編年之譜未就，以所難者，事信而言文。余告之曰：「譜與誌、傳異體，惟事之信，不文可也。」乾隆七年首夏，公之叔子沆以時賢所爲狀誌、傳記，屬余編定且序之。時余告歸，行有日矣，乃以付武進楊椿農先。冬十月，沆使使奉書以譜來，去取詳略，一無所苟。〔註 244〕

方苞受湯斌子湯沆所屬託，編湯斌的《年譜》，時當乾隆七年（1742）四月，方苞告老歸鄉，故將湯斌生平資料交付楊椿（1676～1753），則《年譜》爲楊椿所編。楊椿〈年譜序〉說：

> 今年春，桐城方望溪先生南歸，舉湯文正公遺書示椿曰：「前四十年公門人錢塘王君廷燦爲公《年譜》敘公講學頗悉，於立朝始末則語焉未詳。公子沆大懼不得闡先人德業，令姪孫嘉祥商譜於余。余老矣，旦晚作歸計，嘉祥今有謁於君也，願先一言爲介。」椿謝不敏，嘉祥踵門者數四，椿不敢辭。〔……〕然則公何嘗以講學名，而其事上行已養民使民之實事，亦何一不自學出者哉！昔朱子爲伊川程子作譜，詳於出處而論心性諸説則畧焉。公學本程、朱，遭際則大過之。椿謹仿其例，謹仿舊譜并行畧、墓志及他書之可據者，詳譜之如右。其講學諸語有公遺書在，玆不錄云。〔註 245〕

《湯文正公年譜定本》署「桐城後學方苞考訂。武進後學楊椿重輯。」

〔註 242〕可詳參謝巍編撰：《中國歷代人物年譜考錄》（北京：中華書局，1992 年 11 月），正編，卷九，清代，頁 343～344。

〔註 243〕所依據爲《湯文正公年譜定本》（北京：北京圖書館出版社，1999 年 4 月，北京圖書館編：《北京圖書館藏珍本年譜叢刊》第 77 冊，據清乾隆八年重刻本影印）。此本二卷，一卷爲附錄。可詳參謝巍編撰：《中國歷代人物年譜考錄》（北京：中華書局，1992 年 11 月），正編，卷九，清代，頁 381～382。

〔註 244〕〔清〕方苞撰，劉季高點校：《方苞集》，集外文，卷四，頁 601。

〔註 245〕《湯文正公年譜定本》（北京：北京圖書館出版社，1999 年 4 月，北京圖書館編：《北京圖書館藏珍本年譜叢刊》第 77 冊，據清乾隆八年重刻本影印），頁 113～116。

來新夏認為：

是此譜有題方苞編者，或當時借重望溪之盛名，實即楊椿所增編。〔註 246〕

來新夏此說，也不是沒有可能。然而方苞與湯斌《年譜》頗有關係，雖以自己年老，交付楊椿編輯，方苞應該多少也有參與和影響，〔註 247〕茲存疑以待考。

此外，方苞還有評點諸書，有《左傳評點》二卷、《評點大戴禮記》□□卷、《史記評點》四卷、《評點漢書》□□卷、《評點韓文》、《評點柳文》〔註 248〕、《評點莊子》□□卷、《評點古詩箋》□□卷、《批點史記》□□卷、《批點朱子韓文考異》□卷等。〔註 249〕

〔註 246〕來新夏撰：《近三百年人物年譜知見錄》（上海：上海人民出版社，1983 年 4 月），頁 42。

〔註 247〕〔清〕方苞撰，劉季高點校：《方苞集》，附錄一，〔清〕蘇惇元編：《方苞年譜》，乾隆七年壬戌，年七十五歲，頁 886 說：「同武進楊農先椿考訂輯補《湯文正公年譜》，十月成，序之。」

〔註 248〕〔清〕方苞撰，徐天祥、陳蕾點校：《方望溪遺集》，附錄一，頁 129～160，收有〈評點柳文〉。

〔註 249〕劉聲木撰，徐天祥點校：《桐城文學撰述考》，《桐城文學淵源考/撰述考》合刊本，卷一，〈方苞撰述〉，頁 397。

第三章　方苞與《三禮義疏》的纂修

第一節　方苞研治禮學的經過

一、研習諸經

錢基博曾頗爲精確的概括方苞爲學：

> 觀其論學，於明之王守仁，平時之顏元、李塨，皆思有以矯其枉而折衷於程、朱。治經深於《禮》、《春秋》。治史深於《史記》。治子深《管》、《荀》二子。〔註 1〕

而方苞的學術是以經學爲根本。對方苞經學風格的評論，如：

> 論學一以宋儒爲宗，說經之書，大抵推衍宋儒之學而多心得，名物訓詁皆所略云。〔註 2〕

> 望溪學宗宋儒，於宋、元人經說，薈萃折衷其義理，名物訓詁則略之。〔註 3〕

> 其專宗漢學以詆程、朱之隙者，毛西河、惠定宇、戴東原諸先生也；其義理宗程、朱，仍博稽漢、唐注疏者，李安溪、方望溪、姚姬傳

〔註 1〕 錢基博撰：《中國文學史》（北京：中華書局，1993 年 4 月），附錄，〈讀清人集別錄〉，〈望溪先生文集十八卷集外文十卷集外文補遺二卷〉，頁 949。

〔註 2〕 〔清〕方苞撰，劉季高點校：《方苞集》，附錄一，〔清〕蘇惇元編：《方苞年譜》，乾隆十四年己巳，年八十二歲，頁 890，引《江寧府志》。

〔註 3〕 徐世昌編：《清儒學案》（臺北：世界書局，1979 年 4 月第 3 版），卷五十一，葉一上。

> 諸先生也。〔註4〕
>
> 公論學一以宋儒爲宗，其說經皆推衍程、朱之學，所尤致力者，《春秋》、《三禮》也。〔註5〕

其大多皆以方苞宗宋儒程、朱義理，解說經注重推闡義理，而略於名物訓詁。而以下則略述方苞研習諸經典與其研治禮學的經過。

方苞的開始研習學問，自幼爲受其父與兄的教導影響甚大。方苞〈台拱岡墓碣〉說：

> 五歲課章句，稍長治經書、古文，吾父口授指畫焉。〔註6〕

〈與呂宗華書〉說：

> 僕幸童稚時，先君子口授經文；少長，先兄爲講《注疏大全》，擇其是而辨其疑。凡《易》之體象，《春秋》之義例，《詩》之諷喻，《尚書》、《周官》、《禮記》之訓詁，先儒所已云者，皆粗能記憶。〔註7〕

方苞幼時接受父、兄的教導，研習諸經，兄方舟爲其講授《五經大全》，「擇其是而辨其疑」。於是凡是《周易》之體象，《春秋》之義例，《詩經》之諷喻，《尚書》、《周官》、《禮記》之訓詁，對於先儒的說法，「皆粗能記憶」。其後更多次刪定《五經大全》〔註8〕、三次刪定《通志堂經解》歷時二十餘年，〔註9〕爲其經學以至於禮學的研究，奠定了基礎。方苞自述其刪定《通志堂經解》的經過：

> 僕始從事於斯，以爲一家之說未徧，則理或有遺而心未有弗能饜也，雖至膚庸，甚者支離謬悠，而一語未詳，終不敢決棄焉。及徧一經，

〔註4〕〔清〕李元度編：《清朝先正事略》〈凡例〉，周駿富輯：《清代傳記叢刊》（臺北：明文書局，1985年5月），第192冊，頁10。

〔註5〕同前註，卷十四，頁519。

〔註6〕〔清〕方苞撰，劉季高點校：《方苞集》（上海：上海古籍出版社，1983年9月），卷十七，頁491。

〔註7〕同前註，卷六，頁159。

〔註8〕同前註，附錄一，〔清〕蘇惇元編：《方苞年譜》，康熙二十六年丁卯，年二十歲，頁868說：「循覽《五經大全》，以諸色筆別之，用功少者亦三四周。」〔清〕程廷祚撰：《大易擇言》（臺北：商務印書館，1983年景印清乾隆間寫《文淵閣四庫全書》第52冊），〈例畧〉，〈論求《易》之比例〉五條後則說：「《大全》以硃墨五色別之者，凡七周」，頁455。劉聲木撰，徐天祥點校：《桐城文學撰述考》，《桐城文學淵源考/撰述考》合刊本（合肥：黃山書社，1989年12月），卷一，〈方苞撰述〉，頁397有「刪取《五經大全》□卷。」

〔註9〕可參考〔清〕方苞撰，劉季高點校：《方苞集》，附錄一，〔清〕蘇惇元編：《方苞年譜》，康熙二十六年丁卯，年二十歲，頁868。刪定《五經大全》、刪定《通志堂經解》未刊，無傳本流傳下來。

> 然後知三數大儒而外，學有條理者，不過數家，而就此數家之中，實能脫去舊說，而與聖人之心相接者，蓋亦無幾。因復自惜，假而用此日力，以玩索經之本文，其所得必有過此者；然積疑之義，未安之詁，發書終卷，必一二得焉，則又治經者所不可廢也。自惟取道之艱，思竭不肖之心力，以爲後學資藉，俾得參伍眾說，而深探其本源，遂過不自量而妄刪焉。矻矻於車船奔迫、人事叢雜中，蓋二十餘年，而後諸經之說初畢。〔註10〕

方苞自言開始從事研習諸經時，於諸家的說法，以爲如果一家之說未徧，則義理或有所遺失，而其心裡也不能得到滿足，故諸家說法，或有「雖至膚庸，甚者支離謬悠」的，沒有詳細考知其說，也不敢決然遺棄。等到讀徧一經後，然後知道除了少數大儒外，學問有條理者，也不過數家而已，而在此數家之中，眞的能脫去舊說，跟聖人之心相接者，也是很少。因此自己惋惜，如果用此時間與精力，好好去玩索經典的本文，所得到的必有超過讀徧諸家之說的。然而「積疑之義，未安之詁，發書終卷，必一二得焉，則又治經者所不可廢也」，也肯定了考索解經諸家說法的好處。故其秉持「自惟取道之艱，思竭不肖之心力，以爲後學資藉」的心，「俾得參伍眾說，而深探其本源」，於「矻矻於車船奔迫、人事叢雜中」，經過二十餘年，勤勉刪取諸家之說的過程，而諸經的說法初爲研習完畢。

而方苞早年研治《易經》、《尚書》、《詩經》等，皆有專著。三十歲前已經有《讀尚書偶筆》、《讀易偶筆》、《朱子詩義補正》等，〔註11〕詳第二章中敘述。關於其研習經典歷程，與後來的學術轉向《三禮》與《春秋》的原因。方苞〈答程起生書〉曾自述：

> 余成童爲科舉之學，即治《周易》，自漢、唐至元明，言理、言象數之書，未有不經於目者。就其近正者，不過據聖人所繫之辭，隨文解意，而謂其理如是，其取象如是。至所以取是象，繫是辭，確乎能見其根源者，百一不一二得焉。故學之幾二十年，於前儒所已言，一一皆能記憶，而反之於心，則概乎未有所明。乃舍是而治《春秋》、《周官》。以《春秋》比事屬辭，五官各有倫序。可依類而求，而互

〔註10〕同前註，卷六，〈與呂宗華書〉，頁160。

〔註11〕同前註，附錄一，〔清〕蘇惇元編：《方苞年譜》，康熙二十六年丁卯，年二十歲，頁868。

相證也。〔註 12〕

方苞自成童從事科舉之學，即研治《周易》，自漢、唐至元明，言理、言象數之書，皆有研讀。方苞自言諸家「就其近正者，不過據聖人所繫之辭，隨文解意，而謂其理如是，其取象如是」，至於所以取是象、繫是辭的原因，確能得其根源者，「百一不一二得焉」。故方苞學習《周易》近二十年，於前儒說法，「一一皆能記憶」，然而「反之於心，則概乎未有所明」。後來因此捨棄研治《周易》轉而研究《春秋》、《周禮》。原因是《春秋》比事屬辭，《周禮》五官各有倫序。可以依類而求，而從內容互相取證。而基於此理由，方苞後來治經，就轉而致力於《三禮》與《春秋》。

二、研治《三禮》

方苞致力於研治《三禮》，則在康熙五十年（1711）之後，「是年以後，潛心《三禮》，因以貫徹諸經。」〔註 13〕顧琮說：「方子望溪中歲六經皆有述，而治《周官》、《儀禮》則在獄始開通。」〔註 14〕劉大櫆也說：「其治《三禮》半在囚拘，死而後已，其生不虛。」〔註 15〕康熙五十年，方苞因戴名世《南山集》案牽連下獄。五十一年（1712），在獄中作《禮記析疑》、《喪禮或問》。五十二年（1713）出獄後作《周官辨》。五十九年（1720），《周官集注》成。六十年（1721），《周官析疑》成。雍正二年（1724）或之前，作《周官餘論》。方苞的《三禮》學著作，從作於獄中的《禮記析疑》、《喪禮或問》開始，至《周官辨》、《周官集注》、《周官析疑》、《周官餘論》，集中在康熙五十一到雍正二年。此十二年間，共有六部著作，範圍包括《禮記》、喪禮、《周禮》。其中關於《周禮》最多，有四部。而之後方苞致力研治《儀禮》，共十次易稿，而於乾隆十四年（1749），《儀禮析疑》成，之後不久，方苞卒。從康熙五十一年至乾隆十四年，三十七年間，方苞致力於《三禮》的研治，共有《禮記析疑》、《喪禮或問》、《周官辨》、《周官集注》、《周官析疑》、《周官餘論》、《儀禮析疑》等七部著作。其於方苞經學

〔註 12〕同前註，卷六，頁 166～167。

〔註 13〕同前註，附錄一，〔清〕蘇惇元編：《方苞年譜》，康熙五十年辛卯，年四十四歲，頁 874。

〔註 14〕〔清〕方苞撰：《周官辨》（上海：上海古籍出版社，1995 年，《續修四庫全書》第 79 冊，經部．禮類，據華東師範大學藏清乾隆刻本），顧琮〈序〉，頁 416。

〔註 15〕劉大櫆〈祭望溪先生文〉，〔清〕劉大櫆撰，吳孟復選注：《劉大櫆文選》（合肥：黃山書社，1985 年 7 月），頁 165。

著作中，也占最多。而方苞的《三禮》研治，主要有下列幾個方向：

（一）辨　偽

方苞〈辭禮部侍郎箚子〉：

> 竊思《三禮》之書，自前世未經釐正，而《周官》之翳蝕尤多，雖經程、朱論定，以爲非聖人不能作，而莽、歆所增竄未嘗辨明，羣儒所交攻未嘗駁正。聖經深遠，眾說混淆，折衷義理，信今傳後，事實不易。臣用功四十餘年，尚未得其會通。〔註 16〕

而方苞除認爲劉歆增竄《周禮》外，還擴大到《儀禮》、《禮記》、《書傳》、《詩序》、《荀子》、《史記》、《漢書》，〔註 17〕甚至《大戴禮記》、《孔子家語》、賈誼（B.C.200～B.C.168）《新書》等，〔註 18〕範圍廣泛，遍布經、史、子三類。如《儀禮・喪服》，方苞說：

> 余少讀《儀禮・喪服傳》，即疑非卜氏所手訂，乃一再傳後門人記述而閒雜於己意者；而於經文，則未敢致疑焉。惟尊同者不降，時憯然不得於余心。乃試取《傳》之云爾者刪而去之，而經之義無不即乎人心：然後知是亦歆所增竄也。蓋喪服之有厭降，見於子思、孟子之書；惟尊同不降，則秦、周以前載籍更無及此者。而於莽之過禮竭情以侍鳳疾，及稱供養太皇太后，義不得服功顯君事尤切近，故假是以爲比類焉。
>
> 嗚呼！先王制禮，有迹若相違而理歸於一者，以物之則各異，而所以爲則者，無不同也。尊同而不降，物之則無是也，曾是可厚誣先聖而終蔽人心之同然者乎？夫莽誦六藝，以文姦言，其於《易》、《春秋》間有稱引，皆自爲之說而謬其指，《書》之《傳》、《詩》之《序》雖有假託，而經文則未嘗增易焉。然則公孫祿所謂「顛倒五經，使學士疑惑」者，〈喪服經傳〉之文尤顯見於當時，而爲老師宿儒所指斥者歟？時《周官》始出，《戴記》尚未列於學官。〔註 19〕

〔註 16〕〔清〕方苞撰，劉季高點校：《方苞集》，集外文，卷二，頁 578。

〔註 17〕可詳參同前註，卷一，〈書考定《儀禮・喪服》後〉，頁 24～25。卷一，〈辨明堂位〉，頁 26～27。〈書考定文王世子後〉，頁 28～30。〈成王立在襁褓之中辨〉，頁 31～32。〈書辨正《周官》《戴記》《尚書》後〉，頁 34。

〔註 18〕可詳參同前註，卷一，〈文王十三生伯邑考辨〉，頁 31。〈成王立在襁褓之中辨〉，頁 31～32。

〔註 19〕同前註，卷一，〈書考定《儀禮・喪服》後〉，頁 24～25。

方苞以《儀禮・喪服傳》有劉歆所增竄，「乃試取《傳》之云爾者剟而去之，而經之義無不即乎人心：然後知是亦歆所增竄也。」而如《禮記》〈明堂位〉爲劉歆所僞作、〈文王世子〉爲劉歆所增竄。〔註 20〕方苞說：

> 嘗考《周官》顯悖於聖道者，實有數端，而察之莫不與莽事相應。故公孫祿謂歆「顛倒五經，使學士疑惑，其罪當誅」。意其當時，老師宿儒，必具見《周官》、《禮記》本文，而憤其僞亂，故祿亦疾焉。余於《周官》之不類者，既辨而削之；乃并芟薙是篇，稍移其節次，而發其所以然之義。孟子曰：「予豈好辨哉？予不得已也。」之數者，乃禮義之大閑，自前世或疑而未決，或習而不知其非，故不自揆，刊而正之，以俟後之君子。
>
> 莽之亂政，皆託於《周官》，而僭端逆節，一徵以《禮記》。其引他經，特遷其說，謬其指，而未敢易其本文。其受九錫奏稱：謹以六藝通義，經文所見《周官》、《禮記》宜於今者，爲九命之錫。蓋他經則遷就其義，而《周官》、《禮記》則增竄其文之徵也。蓋武帝時，五經雖並列於學官，而《易》、《詩》、《書》、《春秋》傳誦者多，故說可遷，指可謬，其本文不可得而易也。《儀禮》孤學，自高堂生而外，學者徒習其容而不能通其義，故於〈喪服〉微竄經文，附以〈傳〉語。至《戴記》則後出而未顯，《周官》自莽與歆發，故恣爲僞亂。然恐海內學士或聞見《周官》之書，而傳《儀禮》、《戴記》者，能辨其所增竄；故特徵天下有《逸禮》、《古書》、《毛詩》、《周官》、《爾雅》、天文、圖讖、鍾律、《月令》、《史篇》文字者，並詣公車；至者以千數，皆令記說廷中，而又使歆卒父業，典校羣書而頒布之。使前見《周官》、《儀禮》、《戴記》之本文者，亦謂歆所增竄，雜出於廷中記說，而疑古書所傳或有同異。其巧自蓋者，可謂曲備矣。〔註 21〕

方苞認爲王莽的亂政，皆託於《周禮》，而其僭端逆節，也皆託於《禮記》。於其他的經典，如《周易》、《尚書》、《詩經》、《春秋》等，多「遷其說，謬其指」，而於其本文則不改易，是因爲其流布傳授較廣，不容易改易的關係。

〔註 20〕可詳參同前註，卷一，〈辨明堂位〉，頁 26～27。〈書考定文王世子後〉，頁 28～30。

〔註 21〕同前註，卷一，〈書考定文王世子後〉，頁 28～29。因文長不具引，可直接參考其本文。

而《周禮》、《禮記》因爲傳授不顯，而且後出的關係，故劉歆得以藉典校祕書，增竄改易。而王莽又藉「特徵天下有《逸禮》、《古書》、《毛詩》、《周官》、《爾雅》、天文、圖讖、鍾律、《月令》、《史篇》文字者，並詣公車；至者以千數，皆令記說廷中」，〔註22〕使學者「亦謂歆所增竄，雜出於廷中記說，而疑古書所傳或有同異。」而「其巧自蓋者，可謂曲備矣。」方苞又說：

> 余以〈王莽傳〉辨《周官》所僞亂，循是以考《戴記》、《尚書》及子、史、傳、注，然後知舍莽政之符驗，《周官》無可疵者。舍莽事之比類，古聖無見誣者，循是以討去之，然後諸經之賊蝕。一但而廓然。〔註23〕

方苞辨劉歆僞竄以《周禮》、《禮記》爲主，而擴大至史書、子書，範圍廣泛，而可以說只要其認爲不合聖人之意，或與王莽事蹟相關，皆指爲劉歆增竄。而如楊向奎、錢基博等皆認爲是啓發康有爲《新學僞經考》的源頭。〔註24〕楊向奎說：

> 在以上著作中最引人注目的論點是漢劉歆僞竄古經說以翼成王莽之篡漢。此說開一代學風，今文學派興起後，自劉逢祿以至康有爲，莫不以此爲法寶而抨擊古文經，凡古文經說及先秦諸子書以及《史記》記載不合己意或有助於王莽政權者莫不視爲歆竄。濫用此說而無法取證，遂有康有爲之《新學僞經考》，時已處清代晚年。〔註25〕

而不管是以《周官辨》爲其源頭，第一章，所述的錢穆、顧頡剛等人，還是從《周禮》、《禮記》擴大認爲史書、子書都有劉歆增竄痕跡，皆認爲其與康

〔註22〕〔漢〕班固撰、〔唐〕顏師古注：《漢書》（北京：中華書局，1962年6月，1987年12月第五次印刷），卷九十九上，〈王莽傳〉第六十九上，頁4069說：「徵天下通一藝教授十一人以上，及有《逸禮》、《古書》、《毛詩》、《周官》、《爾雅》、天文、圖讖、鍾律、《月令》、兵法、《史篇》文字，通知其意者，皆詣公車。網羅天下異能之士，至者前後千數，皆令記說廷中，將令正乖繆，壹異說云。」

〔註23〕〔清〕方苞撰，劉季高點校：《方苞集》卷一，〈書辨正《周官》《戴記》《尚書》後〉，頁34。集外文補遺，卷二，〈讀書筆記・禮記〉說：「今證以《家語》、《尚書》、《荀子》，宜出〈明堂位〉於《禮記》，而凡言周公踐阼者，皆薙芟焉可也。」

〔註24〕可參考楊向奎〈方苞「望溪學案」〉，楊向奎、冒懷辛等撰：《清儒學案新編》（第3卷），頁33。錢基博撰：《中國文學史》，附錄，〈讀清人集別錄〉，〈望溪先生文集十八卷集外文十卷集外文補遺二卷〉，頁949。

〔註25〕楊向奎〈方苞「望溪學案」〉，楊向奎、冒懷辛等撰：《清儒學案新編》（第3卷），頁33。

有為等今文經學家有方法上的關聯。而從方法上，如認為不合聖人之意，或與王莽事蹟相關的記載，皆指為劉歆增竄，可說以方苞為開端。但其出發點卻是不同，方苞指出《周禮》為劉歆增竄，是為了要維護《周禮》，方苞還是認為《周禮》為周公所作。只要剔除劉歆增竄的部分，《周禮》還是聖人之經。而康有為等今文經學家則認為古文經皆為劉歆所偽造，其是為了攻擊古文經學，而維護今文經學。〔註 26〕

（二）義理解經

方苞治經崇尚義理，而不專泥於名物訓詁。其研治《三禮》也是如此。〔註 27〕以《周禮》為例，方苞說：

> 凡義理必載於文字，惟《春秋》、《周官》，則文字所不載，而義理寓焉。蓋二書乃聖人一心所營度，故其條理精密如此也。嘗考諸職所列，有彼此互見，而偏載其一端者，有一事而每職必詳者，有舉其大以該細者，有即其細以見大者，有事同辭同而而倒其文者，始視之若樊然淆亂，而空曲交會之中義理寓焉。〔註 28〕

又說：

> 其設官分職之精意，半寓於空曲交會之中，而為文字所不載。迫而求之，誠有茫然不見其端緒者，及久而相說以解，然後知其首尾皆備而脈絡自相灌輸，故歎其徧布而周密也。〔註 29〕

方苞義理寓於空曲交會之中，而《周禮》「條理精密」、「徧布而周密」，而首尾脈絡自相灌輸。

（三）貫通《三禮》，參互以證

方苞治《三禮》意在貫通，以《三禮》參互以證。方苞說：

> 注、疏之學，莫善於《三禮》，其參伍倫類，彼此互證，用心與力，

〔註 26〕可參考朱維錚〈重評《新學偽經考》〉，《中國經學史十講》（上海：復旦大學出版社，2002 年 10 月，2003 年 3 月第 2 次印刷），頁 192～210。錢穆撰：《劉向歆父子年譜》，《兩漢經學今古文平議》（臺北：東大圖書公司，1971 年 8 月，1983 年 9 月臺 3 版），頁 1～163。

〔註 27〕其與下貫通《三禮》，參互取證。可參考林存陽撰：《清初三禮學》（北京：社會科學文獻出版社，2002 年 12 月），第四章〈儒臣對三禮學的倡導與撰著〉，第三節〈方苞的三禮學成就〉，頁 259。

〔註 28〕〔清〕方苞撰，劉季高點校：《方苞集》卷四，〈《周官析疑》序〉，頁 82。

〔註 29〕同前註，卷四，〈《周官集注》序〉，頁 83。

可謂艱矣。〔註 30〕

方苞以「注、疏之學，莫善於《三禮》」，其爲「參伍倫類，彼此互證。」又說：

河間獻王所得《邦國禮》，自漢不能用，至唐而亡。孔、賈作《疏》，惟宗鄭《注》，後儒遵守，於喪禮之大經，承誤而不知其非者，約有數端；猶幸其綱領尚存於〈春官・司服〉，而散見諸官者，一一可徵，參以《儀禮》、《戴記》，其謬悠可得而正也。〔註 31〕

方苞以「喪禮之大經，承誤而不知其非者，約有數端」，而其「綱領尚存於〈春官・司服〉，而散見諸官者，一一可徵」，而再參證以《儀禮》、《禮記》，「其謬悠可得而正也。」以《周禮》、《儀禮》、《禮記》的記載互證，以求得正確的解說。

第二節　參與纂修《三禮義疏》（上）

一、《欽定三禮義疏》的纂修動機

清高宗（1711～1799）於乾隆元年（1736）詔開三禮館，開始《欽定三禮義疏》的纂修。高宗的動機是清聖祖（1654～1722）康熙（1661～1722）時曾重修諸經義疏，於《周易》、《尚書》、《詩經》、《春秋》四經皆有成書，唯獨《三禮》未成。高宗說：

我皇祖聖祖仁皇帝表章羣經，既御纂《周易折衷》，而《詩》、《書》、《春秋》則以分授儒臣纂輯義疏，頒布海內，惟《三禮》未就。朕御極之初，儒臣上言今當經學昌明，禮備樂和之會，宜纂輯《三禮》，以蕆五經之全。爰允其請，開館編校。〔註 32〕

〔註 30〕同前註，卷四，〈《禮記析疑》序〉，頁 81。

〔註 31〕同前註，卷六，〈與鄂少保論喪服注疏之誤書〉，頁 155～156。此語也載於《周官析疑》（上海：上海古籍出版社，1995 年，《續修四庫全書》第 79 冊，經部・禮類，據華東師範大學圖書館藏清康熙六十年陳鵬（原誤爲彭，今逕爲改正）年，雍正九年朱軾，乾隆八年周力堂等遞刻本影印），卷二十，〈春官・司服〉，頁 205，末段作：「猶幸其綱領尚存於此職者，一一可徵，參以《儀禮》、《戴記》，其舛誤可辨而正也。」

〔註 32〕清高宗〈《欽定三禮義疏》序〉，清高宗撰：《御製文初集》（臺北：國立故宮博物院，1976 年 7 月，《清高宗御製詩文全集》第 1 冊），卷十一，葉五。此〈序〉亦題作〈《御製三禮義疏》序〉，收入《欽定周官義疏》（臺北：臺灣商務印書館 1983 年景印清乾隆間寫《文淵閣四庫全書》第 98 冊），頁 1～2。另

因此高宗決定纂修《三禮義疏》，以完成重新纂修諸經的任務。清高宗命纂《三禮義疏》的上諭說：

> 朕思五經乃政教之原，而《禮經》更切於人倫日用。《傳》所謂「經緯萬端，規矩無所不貫」者也。〔註 33〕

高宗以爲五經是政教之原，而其中《禮經》更切於人倫日用。高宗還認爲禮的功用與性質是：

> 夫禮之所爲，本於天，殽於地，達之人倫日用，行於君臣、父子、兄弟、夫婦、朋友之間，斯須不可去者。天不變，道亦不變，此其本也。其制度、品節、服物、采章，隨時損益，屢變以適其宜者，禮之文也。三代去今，數千年矣。修其教而教明，循其道而道行，謂三代至今存，可也。何則？其本得也。若其用之，朝廷、邦國、名物、器數之具，周旋進退之儀，雖先王處此，必將變通，以適其宜，而不泥於其跡，故言禮者，惟言其修道設教之由，以得夫禮之意而已。顧其教之不泯，道之所由傳，未嘗不賴於經。〔註 34〕

禮，從人倫日用，以至於政教之行，皆本之於此。典章制度隨著時代而有所損益，以適應時代的需要，不必拘泥於外在的形式。然而最終不變是禮的本質，而禮教的不滅與傳續，則是靠著《禮經》的紀錄，其重要性如此。於是就展開了《欽定三禮義疏》的纂修。

《欽定三禮義疏》中的《周官義疏》於乾隆六年（1741）纂成。〔註 35〕

可參考清高宗命纂《三禮義疏》的上諭，〔清〕慶桂等奉敕修：《大清高宗純（乾隆）皇帝實錄》（臺北：華聯出版社，1964 年 10 月），卷二十一，乾隆元年丙辰六月己卯，頁 523。

〔註 33〕〔清〕慶桂等奉敕修：《大清高宗純（乾隆）皇帝實錄》卷二十一，乾隆元年丙辰六月己卯，頁 523。

〔註 34〕清高宗〈《欽定三禮義疏》序〉，清高宗撰：《御製文初集》，卷十一，葉五下至葉六上。

〔註 35〕〔清〕雷鋐〈方望溪先生行狀〉說：「乾隆四年落職，獨纂修三禮。辛酉，進《周官義疏》。上留閱兼旬，命發刻，一無所更」，雷鋐《經笥堂文鈔》（清嘉慶十六年（1811）伊秉綬校訂刊本），卷下，葉三十四下。〔清〕沈廷芳〈方望溪先生傳〉也說：「四年，以讒落職，仍修《三禮》。越三年，進《周禮義疏》。上留覽兼旬，命發刻，一無所更」，〔清〕沈廷芳撰：《隱拙齋集》（濟南：齊魯書社，2001 年 9 月，《四庫全書存目叢書補編》第 10 冊，據湖北圖書館藏清乾隆刻本影印），卷四十一，頁 516。參考〔清〕蘇惇元編：《方苞年譜》，〔清〕方苞撰，劉季高點校：《方苞集》（上海：上海古籍出版社，1983 年 5 月），附錄一，乾隆六年辛酉，年七十四歲，頁 885～886。

《儀禮義疏》、《禮記義疏》則在陸續纂修中：

大學士鄂爾泰等，議准內閣學士秦蕙田條奏內稱，教官月課，宜重經史。請將已經頒發之《周易折中》、《書》、《詩》、《春秋傳說彙纂》及《性理》、《通鑑綱目》，併將次告成之《三禮義疏》諸書。令各省督撫藩臬多行刷印，給發每學二部，以供士子抄誦。〔註36〕

還有《周官義疏》等三書內容的互相校正：

大學士張廷玉等奏，本月二十四日，三禮館恭進《儀禮》、《禮記義疏》，奉旨交臣等閱看。但查該館奏內，據稱《三禮義疏》卷帙浩繁。開館迄今，總裁屢易。前進《周禮義疏》中有牴牾駁雜之處，尚須重加釐正。該館既有此奏，則此《儀禮》、《禮記》，與《周禮》恐有異同，應請并發該館，互加校正。校畢，遵旨詳加閱看，以歸畫一。得旨，著張廷玉、高斌，會同該館辦理。〔註37〕

其於乾隆九（1744）、十年（1745）間進行。到乾隆十三年（1748）全部纂修完成，〔註38〕並於乾隆十九年（1754）由武英殿刊行。〔註39〕後收入《四庫

〔註36〕〔清〕慶桂等奉敕修：《大清高宗純（乾隆）皇帝實錄》卷二百二十六，乾隆九年甲子冬十月甲寅，頁3316。

〔註37〕同前註，卷二百五十五，乾隆十年乙丑十二月甲子，頁3700說：「大學士張廷玉等奏，本月二十四日，三禮館恭進《儀禮》、《禮記義疏》，奉旨交臣等閱看。但查該館奏內，據稱《三禮義疏》卷帙浩繁。開館迄今，總裁屢易。前進《周禮義疏》中有牴牾駁雜之處，尚須重加釐正。該館既有此奏，則此《儀禮》、《禮記》，與《周禮》恐有異同，應請并發該館，互加校正。校畢，遵旨詳加閱看，以歸畫一。得旨，著張廷玉、高斌，會同該館辦理。」

〔註38〕清高宗〈《欽定三禮義疏》序〉，清高宗撰：《御製文初集》，卷十一，葉五說：「越十有一年冬告竣。」〈《欽定三禮義疏》序〉後無署年月。《欽定周官義疏》〈《御製三禮義疏》序〉後署「乾隆十三年冬十月朔」，《欽定周官義疏》（臺北：臺灣商務印書館1983年景印清乾隆間寫《文淵閣四庫全書》第98冊），頁2。由乾隆元年（1736）「越十有一年冬」，爲乾隆十三年（1748）冬。而乾隆十二年（1747）續修《大清會典》時，部議有「又《三禮》及《律呂正義》二書已成，校對將竣」等語，〔清〕慶桂等奉敕修：《大清高宗純（乾隆）皇帝實錄》卷二百八十二，乾隆十二年丁卯正月丙申，頁4095。可知乾隆十二年（1747），《三禮義疏》「已成，校對將竣」，而眞正全部完成，則爲乾隆十三年。林存陽撰：《清初三禮學》（北京：社會科學文獻出版社，2002年12月），頁306說：「自乾隆元年經始此事，至乾隆十一年（1746）冬初成」，其說恐誤，應是誤解「越十有一年冬」文意所致。

〔註39〕故宮博物院圖書館，遼寧省圖書館編著：《清代內府刻書目錄解題》（北京：紫禁城出版社，1995年9月），頁42～43。

全書》中。

關於高宗命纂《三禮義疏》的問題，張壽安於《十八世紀禮學考證的思想活力—禮教論爭與禮秩重省》一書中認爲高宗最初的構想「只是要編纂一部類似家禮、或簡明律令之類的御用儀書，所以上諭中所列的參照資料都是歷代注疏、本朝律令、家禮書儀之屬」，後來因群臣「熱烈迴響，議論四起，遂將此一家禮式的修禮工作導入了正式的『禮經義疏』式的經注形態。」〔註 40〕

按：張氏此說誤。《欽定三禮義疏》的纂修形式，高宗於乾隆元年丙辰六月己卯的「命纂修《三禮義疏》」諭即說：「應取漢唐宋元以來註疏詮解，精研詳訂，發其義蘊，編輯成書。」〔註 41〕其一開始就是如張氏所稱『禮經義疏』式的經注形態，而未曾是由家禮式修禮形式轉變來的。且張氏所引的上諭並非乾隆元年丙辰六月己卯「命纂修《三禮義疏》」諭，而是其頒布七日後，復頒的「命纂修禮書」諭。〔註 42〕張氏誤將「命纂修禮書」諭當作「命纂修《三禮義疏》」諭，故有此說。〔註 43〕

二、《欽定三禮義疏》的纂修人

乾隆元年開三禮館，最初任命鄂爾泰（1677～1745）、張廷玉（1672～1755）、朱軾（1665～1736）、甘汝來（1684～1739）等爲總裁；楊名時（1660～1736）、徐元夢（1655～1741）、方苞（1668～1749）、王蘭生（1679～1737）等爲副總裁。〔註 44〕後來李紱（1673～1750）〔註 45〕、尹繼善（1696～1771）、

〔註 40〕張壽安撰：《十八世紀禮學考證的思想活力——禮教論爭與禮秩重省》（臺北：中央研究院近代史研究所，2001 年 12 月），第一章〈明清禮學轉型與清代禮學之特色〉，第二節〈從私家儀注的「家禮學」到以經典爲法式的「儀禮學」〉，一、〈「三禮館」與學風初變〉，頁 56。

〔註 41〕〔清〕慶桂等奉敕修：《大清高宗純（乾隆）皇帝實錄》卷二十一，乾隆元年丙辰六月己卯，頁 523。

〔註 42〕詳〔清〕慶桂等奉敕修：《大清高宗純（乾隆）皇帝實錄》卷二十一，乾隆元年丙辰六月丙戌，頁 529。此諭命纂修的禮書，即《大清通禮》。乾隆元年（1736）始修，乾隆二十一年（1756）修成五十卷。嘉慶二十三年（1818）續修，道光四年（1824）修成，增加爲五十四卷。

〔註 43〕此爲張氏偶誤。張氏此書對清代禮學問題討論深入，舉證充足，有頗多可取資之處。

〔註 44〕〔清〕慶桂等奉敕修：《大清高宗純（乾隆）皇帝實錄》卷二十二，乾隆元年丙辰秋七月辛丑，頁 552 說：「命大學士鄂爾泰、張廷玉、朱軾、兵部尚書甘汝來爲三禮館總裁。禮部尚書楊名時、禮部左侍郎徐元夢、內閣學士方苞、王蘭生爲副總裁。」

陳大受（1702～1751）〔註 46〕、周學健（？～1748）〔註 47〕、李清植（1690～1744）〔註 48〕、任啓運（1670～1744）〔註 49〕、彭維新（1679～1769）、汪由敦（1692～1758）〔註 50〕等先後補任副總裁。〔註 51〕

《欽定三禮義疏》纂修諸臣，根據《欽定周官義疏》前開列的〈乾隆十九年閏四月二十五日奉旨開列《欽定三禮義疏》監理、總裁、校對、分修、校刊諸臣職名〉包括監理、總裁、副總裁、提調、纂修、收掌、武英殿監造，共八十五人。〔註 52〕另外依其他記載補列二人，分別是：副總裁爲周學健〔註 53〕、

〔註 45〕李紱，乾隆元年（1736）十二月，「詹事李紱，充《三禮義疏》館副總裁官」，同前註，卷三十三，乾隆元年丙辰十二月，頁 680。

〔註 46〕尹繼善、陳大受，乾隆四年（1739）八月，「以刑部尚書尹繼善、吏部侍郎陳大受爲三禮館副總裁官」，同前註，卷九十九，乾隆四年己未八月甲午，頁 1540。

〔註 47〕周學健，〈乾隆十九年閏四月二十五日奉旨開列《欽定三禮義疏》監理、總裁、校對、分修、校刊諸臣職名〉的〈副總裁〉職名部分沒有列其名，《欽定周官義疏》（臺北：臺灣商務印書館 1983 年景印清乾隆間寫《文淵閣四庫全書》第 98 冊），頁 2～3。而〔清〕慶桂等奉敕修：《大清高宗純（乾隆）皇帝實錄》卷一百三十二，乾隆五年庚申十二月癸卯，頁 1988 說：「以內閣學士周學健，充三禮館副總裁。」依此，知周學健於乾隆五年（1740）十二月補任副總裁，故補列其名。

〔註 48〕李清植，乾隆八年（1743）閏四月，「諭，李清植著爲三禮館副總裁」，〔清〕慶桂等奉敕修：《大清高宗純（乾隆）皇帝實錄》卷一百九十，乾隆八年癸亥閏四月己未，頁 2808。

〔註 49〕任啓運，乾隆八年五月，「又諭，任啓運著充三禮館副總裁官」，同前註，卷一百九十三，乾隆八年癸亥五月己亥，頁 2840。

〔註 50〕彭維新、汪由敦，乾隆九年（1744）三月，「以兵部尚書彭維新、工部尚書汪由敦充三禮館副總裁」，同前註，卷二百十三，乾隆九年甲子三月辛丑，頁 3115。

〔註 51〕林存陽撰：《清初三禮學》，頁 306 提及的初任總裁、副總裁與其後補任的副總裁，除未有周學健外，餘皆與本文同。

〔註 52〕〈乾隆十九年閏四月二十五日奉旨開列《欽定三禮義疏》監理、總裁、校對、分修、校刊諸臣職名〉，《欽定周官義疏》，頁 2～5。包括監理有二人，總裁有四人，副總裁有十一人，提調有七人，纂修有四十六人，收掌有十二人，武英殿監造三人。

〔註 53〕根據〔清〕慶桂等奉敕修：《大清高宗純（乾隆）皇帝實錄》卷一百三十二，乾隆五年庚申十二月癸卯，頁 1988。可參考註 23。周學健，《清史稿》卷三百三十八列傳一百二十五，〈塞楞額傳，周學健附傳〉，頁 11058～11059 說：「學健，江西新健人。雍正元年進士，改庶吉士，散館授編修。五遷至户部侍郎。命如山東按事，兩詣上下江會督撫治災賑、水利，出署福建巡撫、浙閩總督。加太子少保，授江南河道總督，坐違制薙髮，奪官，命江西巡撫開泰籍其家。開泰發其往來私書，中有丁憂兗沂曹道吳同仁行賕學健，乞舉以自代。上爲罷陳舉自代例，詔曰：『朕令大臣舉可以自代之人，凡以拔茅茹、

纂修則爲沈彤（1688～1745）。〔註 54〕纂修諸臣合計共八十七人。而總裁、副總裁與纂修共六十五人。〔註 55〕

而關於《欽定三禮義疏》的纂修人，全祖望說：

> 目今與纂修之任者，人人自以跨鄭、王而過之，其中原有素曾究心於此者，亦有并未嘗讀四十九篇、十七篇及《五官》之文，而居然高坐其上者。〔註 56〕

《欽定三禮義疏》的纂修人，雖然或許有如全祖望所說，參差不齊的情形。但也確實聚集一批專精禮學之學者，〔註 57〕而其也多有關於禮學的著作，如諸錦

顯俊乂之意也。今同仁囑學健許以兩千，朕不解焉。問之錢陳群，始知爲賕。夫考績黜陟，何可爲苞苴之門，豈朕若渴之誠尚未喻於二三大臣耶？朕甚悉焉！其罷之。』別詔又謂：『學健卞急剛愎，不料其不勵名檢竟至於此！』下兩江總督策楞覆勘，具得學健營私受贓、縱戚屬奴僕骫法狀，刑部引塞楞額及前步軍統領鄂善例論斬決。上謂學健違制罪已貫，婪贓鬻破薦舉事視鄂善尤重，賜自盡。」或許因其獲罪，故〈乾隆十九年閏四月二十五日奉旨開列《欽定三禮義疏》監理、總裁、校對、分修、校刊諸臣職名〉沒有列其名。

〔註 54〕沈彤，乾隆元年（1736）由内閣學士吳家騏薦舉應博學鴻詞科，未錄取，可參考〔清〕李富孫輯：《鶴徵後錄》（北京：北京出版社，2000 年 1 月，《四庫未收書輯刊》第 2 輯第 23 冊，據清嘉慶十五年漾葭老屋刻本影印），卷九，頁 738。方苞將沈彤薦入三禮館修書。書成，授九品官，不就。可參考〔清〕沈廷芳〈文孝先生墓誌銘〉說：「雍正間至京師。望溪方公見其所疏三經，謂得聖人精奧。讀其文，又謂氣格直似韓子。乾隆初元，方輯《三禮義疏》，遂薦入館，名動輦下」，《隱拙齋集》（濟南：齊魯書社，2001 年 9 月，《四庫全書存目叢書補編》第 10 冊，據湖北圖書館藏清乾隆刻本影印），卷四十八，頁 562。〔清〕陳黄中〈沈徵君彤傳〉說：「中年兩抵京師，一預禮館編纂，一舉博學鴻詞科，以親老南歸」，《東莊遺集》（北京：北京出版社，2000 年 1 月，《四庫未收書輯刊》第 10 輯第 21 冊，據清乾隆大樹齋刻本影印），卷三，頁 450。沈德潛〈果堂傳略〉說：「君總角能文，有聲庠序，屢入棘闈，不售。舉鴻詞，召試保和殿，不遇。薦修《一統志》、《三禮》，書成，授九品官，不就，以諸生終。」轉引自〔清〕李富孫輯：《鶴徵後錄》（北京：北京出版社，2000 年 1 月，《四庫未收書輯刊》第 2 輯第 23 冊，據清嘉慶十五年漾葭老屋刻本影印），卷九，頁 738。趙爾巽等撰：《清史稿》（北京：中華書局，1998 年 1 月），卷四百八十一，列傳二百六十八，儒林傳二，〈沈彤傳〉，頁 13187 也說：「乾隆元年，薦舉博學鴻詞，報罷。與修《三禮》及《一統志》，書成，授九品官，以親老歸。」沈彤或許因爲沒有就官，故也沒有列其名。

〔註 55〕可參考附表一。

〔註 56〕全祖望〈奉方望溪先生辭薦書〉，〔清〕全祖望撰，朱鑄禹彙校集注：《全祖望集彙校集注》（上海：上海古籍出版社，2000 年 12 月），《鮚埼亭集外編》卷四十六，頁 1753。

〔註 57〕林存陽撰：《清初三禮學》，頁 306。

《饗禮補亡》〔註 58〕、《夏小正詁》；惠士奇（1671～1741）《禮說》；官獻瑤（1703～1783）《石谿讀周官》；杭世駿（1696～1772）《續禮記集說》、《禮經質疑》；蔡德晉《禮經本義》、《禮傳本義》、《敬齋禮說》；吳廷華（1682～1755）《儀禮章句》、《周禮疑義》、《儀禮疑義》、《禮記疑義》；王士讓（1687～1751）《儀禮紃解》；姜兆錫（1666～1745）《周禮輯義》、《禮記章義》、《儀禮經傳內編》、《外編》；任啓運（1670～1744）《田賦考》、《朝廟宮室考》、《肆獻祼饋食禮》、《禮記章句》、《夏小正傳》；李清植（1690～1744）《儀禮纂錄》等。

三、《欽定三禮義疏》的內容與纂修方式

（一）《欽定三禮義疏》的內容

1、《周官義疏》的內容

《周官義疏》稱《周官》，《欽定周官義疏・凡例》第一條說：

> 《春秋傳》云：「先君周公作《周禮》」，其所稱引，則此經中無有也。蓋《周禮》指當時上下所行五禮之經曲，以別於夏、殷之禮。此則分職命官之籍，故揭於篇首曰：治典、教典、禮典、政典、刑典、事典。《漢志》本稱《周官經》、《周官傳》，至唐以後乃更名《周禮》。朱子及鄭樵輩曾辨之。
>
> 今仍曰《周官》，從其始稱，且按以五官之職事，於義爲當也。〔註 59〕

《左傳》文公十八年說：

> 先君周公制《周禮》曰：「則以觀德，德以處事，事以度功，功以食民。」〔註 60〕

《左傳》所引「先君周公制《周禮》曰」，今本《周禮》沒有。周公作的《周禮》是記禮的書，今本《周禮》是「分職命官之籍。」而且《漢書・藝文志》著錄「《周官經》」，故從「《周官》」的舊名。關於《周官義疏》之名，其說法與方苞相同，此應爲依方苞的說法，詳下第四章，第一節。

〔註 58〕一名《補饗禮》。

〔註 59〕《欽定周官義疏》（臺北：臺灣商務印書館 1983 年景印清乾隆間寫《文淵閣四庫全書》第 98 冊），頁 5。

〔註 60〕〔周〕左丘明傳、〔晉〕杜預注、〔唐〕孔穎達等疏、〔清〕阮元等校勘：《春秋左傳注疏》（臺北：臺灣商務印書館，1997 年 8 月初版第 13 刷，影印清嘉慶二十一年江西南昌府學刊《十三經注疏》本），卷二十，頁 352。

《周官義疏》四十八卷，卷首一卷。卷前有乾隆十三年〈御製三禮義疏序〉、〈乾隆十九年閏四月二十五日奉旨開列《欽定三禮義疏》監理、總裁、校對、分修、校刊諸臣職名〉、《欽定周官義疏・凡例》十二條、〈引用姓氏〉，從漢代司馬遷至《官制》，共一百七十四家。〔註 61〕卷首有〈聖制〉、〈綱領〉、〈擬周官總辨〉八條。五官與〈考工記〉正文解說共四十四卷，〈考工記〉不冠〈冬官〉之名，《欽定周官義疏・凡例》第五條說：

> 漢武帝求遺書得〈周官〉五篇，司空職亡，漢人以〈考工記〉附之，名曰〈冬官〉，非其實也，茲稱〈考工記〉以從其朔。〔註 62〕

方苞也有相同之說，《周官義疏》爲依其說法，詳第四章，第一節。卷四十五至卷四十八，爲〈周官圖〉（禮器圖）四卷。《周官義疏》每節經文後以正義、辨正、通論、餘論、存疑、存異、總論等七類編排漢代至明代諸家的解說，案語各隨類附七類之後。如果詞義連貫，難以分析，則附於最後一類之後。〔註 63〕經文後不一定皆有七類，隨解說情況而定，正義則是通常每節經文皆有。〔註 64〕

例如：卷二十六，〈春官・宗伯〉「大史掌建邦之六典，以逆邦國之治。掌灋以逆官府之治，掌則以逆都鄙之治。」

> 正義：鄭氏康成曰：典則亦法也。賈疏〈大宰〉注，典、法、則所用異，異其名，其實典則與法一也。逆，迎也。六典、八法、八則，冢宰所建以治百官，大史又建焉以爲王迎受其治也。大史，日官也。
>
> 案曰：建者廢舉損益得與大宰酌定也。法則不言建，該於六典也。〔……〕。
>
> 餘論：王氏應電曰：大史非治事之官，何以逆邦國、官府、都鄙之治。蓋史臣據事實錄，漢郡國上計亦先送大史也。
>
> 存疑：鄭氏康成曰：《春秋傳》：「天子有日官，諸侯有日御。日官居

〔註 61〕《周官義疏》及以下《儀禮義疏》、《禮記義疏》引用諸家姓氏，可參考附表二。

〔註 62〕《欽定周官義疏》（臺北：臺灣商務印書館 1983 年景印清乾隆間寫《文淵閣四庫全書》第 98 冊），頁 6。

〔註 63〕《欽定周官義疏・凡例》第三條，頁 6。《欽定禮記義疏・凡例》說：「每經文下，釋詁辨析，互引旁連，說或兼存，義有總括。先正義、次通論、餘論、次存疑、存異、次辨正、次案、次總論。如案繫辨正，則列在存疑、存異後，若但發明經義，則列在存疑、存異前。七十七卷，統歸畫一。」

〔註 64〕詳參故宮博物院圖書館，遼寧省圖書館編著：《清代內府刻書目錄解題》（北京：紫禁城出版社，1995 年 9 月），頁 43～44。

> 卿以底日，禮也。日御不失日，以授百官於朝。」賈《疏》：桓十七年左傳居猶處也，言建六典以處六卿之職。賈《疏》：《左傳》服注：「日官、日御典歷數者也。」《堯典》「乃命義、和，欽若昊天，歷象日月星辰。」是卿掌歷數，帝王異世，設官不同，周雖以下大夫爲之，然建邦之六典，猶處六卿之職。〔註65〕

在此條經文後，正義，引鄭玄《注》、賈公彥《疏》說。正義後有案語。餘論引王應電說。存疑引鄭玄《注》、賈公彥疏《說》。

方苞自乾隆四年落職，專在三禮館修書，七年進《周官義疏》，雷鋐〈方望溪先生行狀〉、沈廷芳〈方望溪先生傳〉皆說：「上留閱兼旬，命發刻，一無所更。」胡玉縉因而認爲「據此，則是書爲苞一人所撰。」〔註66〕以《周官義疏》爲方苞個人撰寫的著作。萬建清〈學古所以爲今，學經所以爲用—記桐城開山之祖方苞〉也以《周官義疏》爲方苞著作，〔註67〕但是並未說依據爲何？大概也是從胡氏之說。方苞於《周官義疏》用力獨多，也頗有影響，是不可否認的事。方苞提及纂修時的情形說：

> 夫《周官注疏》及《訂義》、《刪翼》諸本，皆僕所點定也；其未定者，獨《永樂大典》中所錄取耳。分纂二三君子皆用功多年，私心竊謂：庶幾乎可晝一矣。及各成數冊，比類而參校之，雖大體不失，而去取詳略，意見多殊；分剟屬聯，措注亦異。僕與鍾君晼反覆討論，以求其貫通，所費日力，幾與特著一書等。〔註68〕

纂修過程中，《周禮注疏》與《周禮訂義》、《周禮注疏刪翼》等，皆是方苞所點定。方苞也說：「以求其貫通，所費日力，幾與特著一書等」，但其是與纂修鍾晼（1694～1772）反覆討論。也有不詳姓名的「分纂二三君子」，而其纂修《周禮》詳細人數，雖然不知是幾人，而人數應該不會太少，從上所提到「皆用功多年」等語，可知也有實際參與纂修過程。〔註69〕方苞雖是總理其

〔註65〕《欽定周官義疏》（臺北：臺灣商務印書館 1983 年景印清乾隆間寫《文淵閣四庫全書》第 99 冊），卷二十六，頁 22～23。

〔註66〕胡玉縉撰，王欣夫輯：《四庫全書總目提要補正》（上海：上海書店出版社，1998 年 1 月），卷六，頁 127。

〔註67〕陳鳴鐘主編：《清代南京學術人物傳》（南京：南京大學出版社，2003 年 10 月），頁 144。

〔註68〕方苞〈與鄂少保論修《三禮》書〉，〔清〕方苞撰，劉季高點校：《方苞集》卷六，頁 154。

〔註69〕如下面所提到分修《周禮》〈地〉、〈秋〉二官的官獻瑤。

事的主要角色，但是與《周官義疏》是方苞一人所作，兩者之間還是有所差距。故還是從一般的認定，以《周官義疏》爲官方纂修的書籍，而不以爲是方苞一人的著作。

《周官義疏》卷首有〈擬周官總辨〉八條，第一條指出劉歆增竄《周禮・地官》〈載師〉、〈廛人〉、〈司市〉、〈媒氏〉《夏官・方相氏》、《秋官》〈硩蔟氏〉、〈壺涿氏〉、〈庭氏〉、〈條狼氏〉之文。第二條辨〈冬官〉未亡說。第三條辨鄭玄《注》。第四條辨後儒對《周禮》詳於關市山澤之政的懷疑。第五條辨後儒對《周禮・秋官・大司寇》訟獄束矢、鈞金之入，〈司盟〉獄訟盟詛的懷疑。第六條辨魏了翁論《周禮》兵賦之說。第七條辨歐陽修關於《周禮》設官太多之說。第八條辨馬端臨關於賒貸之說。〔註 70〕〈擬周官總辨〉八條第一條是指出劉歆增竄之文。第二條至第八條辨後代學者之說。

以〈擬周官總辨八條〉與方苞《周官辨》（〈周官辨僞〉二篇、〈周官辨惑〉八篇）比較。第一條大抵與方苞《周官辨》〈周官辨僞一〉、〈周官辨僞二〉、〈周官辨惑一〉指劉歆增竄《地官・泉府》「凡民之貸者，與其有司辨而授之，以國服爲之息」、〈周官辨惑四〉指劉歆增竄《秋官・條狼氏》「誓邦之大史曰殺，誓小史曰墨」的部分相同。第二條辨〈冬官〉未亡說，大抵與〈周官辨惑八〉相同。第三條辨鄭玄《注》，大抵與〈周官辨惑一、二〉相同。第四條與〈周官辨惑三〉大抵相同。第五條大抵與〈周官辨惑四〉辨《周禮・秋官・大司寇》訟獄束矢、鈞金之入、〈司盟〉獄訟盟詛的懷疑的部分相同。第六條大抵與〈周官辨惑五〉。第七條大抵與〈周官辨惑六〉相同。第八條大抵與〈周官辨惑七〉相同，可知〈擬周官總辨八條〉出自方苞。不過〈擬周官總辨〉八條辨僞的部分集中於第一條，《周官辨》則是分布於〈周官辨僞一〉、〈周官辨僞二〉與〈周官辨惑一〉、〈周官辨惑四〉的一部分。

〈擬周官總辨〉八條所指出劉歆增竄之文，在書內相應各官職條文後多有說。如：〈地官・媒氏〉「中春之月，令會男女，於是時也，奔者不禁，若無故而不用令者罰之。司男女之無夫家者而會之。」

> 案：自仲春下三十七字，蓋莽、歆所增竄。莽法私鑄者，伍坐沒入奴婢以十萬數，至則易其夫婦，民人駭痛，故歆竄此以示周官之法，官會男女而聽其自奔，則以罪沒而易其夫婦，猶未爲已甚也。夫無

〔註 70〕詳參《欽定周官義疏》（臺北：臺灣商務印書館 1983 年景印清乾隆間寫《文淵閣四庫全書》第 98 冊），卷首，〈擬周官總辨八條〉，頁 33～40。

夫家兒曾其自奔，雖亂國污吏不能布憲令，及以爲所會者爲鰥寡，亦非一與之齊，終身不改之義，故知《周官》必無是法也。且以文義求之，於奔者不禁，後承以無故而不用令者罰之，則所謂不用令者，未知其何指。既曰大會男女，又曰司男女之無夫家者而會之，重見贅設，亦無此文義。康成之説害義傷教，羣儒求其故而不得強爲之辭皆不足辨也。〔註 71〕

〈秋官・條狼氏〉「誓邦之大史曰殺，誓小史曰墨。」

案：大史之職，「大師，大史抱天時，與大師同車。」小史之職，「大軍旅，佐大史。」夫大史即在軍中，有何所犯而至於殺乎？若夫祭祀之誓，不過共失其敬愼小心，執事有恪耳，要無大刑也。此二句蓋劉歆所增竄也。詳見總辨。〔註 72〕

〈秋官・庭氏〉「若神也，則以太陰之弓與枉矢射之。」

案：夭鳥可射，太陰、太陽豈可射乎？救日月陳五方之兵弓矢，非用以射也。

若神也以下劉歆所增竄。〔註 73〕

或如〈秋官・哲蔟氏〉「以方書十日之號，十有二辰之號，十有二月之號，十有二歲之號，二十有八星之號，縣其巢上，則去之。」〈秋官・壺涿氏〉「若欲殺其神，則以牡橭午貫象齒而沈之，則其神死，淵爲陵。」只說：「案：此劉歆所增竄，詳見〈總辨〉。」〔註 74〕

《周官義疏》案語中也時有方苞之說，如〈地官・泉府〉「泉府掌以市之征布、斂布之不售貨之滯于民用者，以其賈買之。物楬而書之，以待不時而買者，買者各從其抵。」

案：於此見聖人愛民之實，而後世平準均輸藉以浚民者，不得假託也。〔註 75〕

〈夏官・節服氏〉「節服氏掌祭祀朝覲袞冕，六人維王之大常，諸侯則四人，

〔註 71〕同前註，卷十三，頁 378～379。

〔註 72〕《欽定周官義疏》（臺北：臺灣商務印書館 1983 年景印清乾隆間寫《文淵閣四庫全書》第 99 冊），卷三十七，頁 305。

〔註 73〕同前註，頁 311。

〔註 74〕同前註，頁 310，頁 311。

〔註 75〕《欽定周官義疏》（臺北：臺灣商務印書館 1983 年景印清乾隆間寫《文淵閣四庫全書》第 98 冊），卷十四，頁 394～395。

其服亦如之。」

> 案：〔……〕。其服亦如之，疑注語而誤錄爲經文也。蓋注家誤以衮冕六人爲句，而疑諸侯四人何以不言所服，妄綴此語，而不知義不可通。衮冕惟上公加命乃有之，諸侯不得服也，況以諸侯之下士而服之乎？古者常朝則君臣同服，蓋尊可以兼卑，而卑不可以干尊也。若祭祀朝覲而亂法服之常，義何取哉！〔註 76〕

從《周官義疏》書名、〈考工記〉題名、〈擬周官總辨〉八條與《周官辨》的關係，還有書中關於劉歆增竄《周禮》文字與案語時有方苞之說，可知《周官義疏》深受方苞的影響。《周官義疏》是官方纂修的書，後來收入《四庫全書》。而方苞的《周官辨》、《周官析疑》則主要因有指出劉歆增竄經文，而被《四庫全書》列入存目。這種情形，應如胡玉縉所說：「此書與《析疑》相出入，〈提要〉於彼書議之，此不言者欽定故也。」〔註 77〕

2、《儀禮義疏》的內容

《儀禮義疏》四十八卷，卷首二卷。卷前有《欽定儀禮義疏・凡例》十二條、引用姓氏從周代荀況至明代黃叔暘，共一百九十五家。卷首有〈聖制〉、〈綱領〉一卷，朱熹點定李如圭〈儀禮釋宮〉一卷。《儀禮》正文解說共四十卷。卷四十一至四十四爲〈禮器圖〉，卷四十五至四十八爲〈禮節圖〉，共八卷。

《儀禮義疏》同樣以正義、辨正、通論、餘論、存疑、存異、總論等七類編排漢代至明代諸家的解說，案語各隨類附於七類之後。如果詞義連貫，難以分析，則附於最後一類之後。經文後不一定皆有七類，隨解說情況而定，正義則是通常每節經文皆有。

《儀禮義疏》並不依朱熹《儀禮經傳通解》混合割裂經傳的作法，《欽定儀禮義疏・凡例》第二條說：

> 朱子《儀禮通傳通解》，以《儀禮》爲主，而取《周官》、《禮記》及他經傳記之言禮者，以類相從。其門人黃氏榦、楊氏復亦遵其例，續成喪、祭二禮，茲屬三禮分治，故於《儀禮》經、記之外，概無附益。〔註 78〕

〔註 76〕《欽定周官義疏》（臺北：臺灣商務印書館 1983 年景印清乾隆間寫《文淵閣四庫全書》第 99 冊），卷三十一，頁 143。

〔註 77〕胡玉縉撰，王欣夫輯：《四庫全書總目提要補正》，卷六，頁 127。

〔註 78〕《欽定儀禮義疏》（臺北：臺灣商務印書館 1983 年景印清乾隆間寫《文淵閣四庫全書》第 106 冊），頁 1。

朱熹《儀禮經傳通解》「以《儀禮》爲主，而取《周官》、《禮記》及他經傳記之言禮者，以類相從」，黃榦、楊復也遵從其例，「續成喪、祭二禮」，爲《儀禮經傳通解續》。

而《儀禮義疏》與《周官義疏》、《禮記義疏》各爲一書，故於《儀禮》經、記之外，一概沒有附益。而其內容分章，《欽定儀禮義疏・凡例》第三條說：

> 朱子謂《儀禮》經不分章，所以難讀。每篇俱案行禮之節次，分爲章段，以後楊復作《儀禮圖》，敖氏繼公著《儀禮集說》，俱分章段，而與朱子本微有異同。茲所分章，大概遵用朱子，而於楊、敖兩家亦參取其長者。〔註79〕

《儀禮》文字的分章分段，則大概遵用自朱熹《儀禮經傳通解》，而以南宋楊復（？～？）、元代敖繼公（？～？）之說互相參考，以取其長者。《四庫全書總目》綜合其說：

> 《儀禮》至難讀。鄭注文句古奧，亦不易解。又全爲名物、度數之學，不可空言騁辨。故宋儒諱其所短，多避之不講。即偶有論述，亦爲數無多。惟元敖繼公《儀禮集說》疏通鄭注而正其失，號爲善本。故是編大旨以繼公所説爲宗，而參核諸家補正其外漏，至今文、古文之同異，則全採鄭注，而移附音切之下。經文、記文之次第，則一從古本，而不用割附之說。所分章段，則多採朱子《儀禮經傳通解》，而以楊復、敖繼公之説互相參考。〔註80〕

而《儀禮義疏》也對敖繼公頗爲推崇，《欽定儀禮義疏・凡例》第九條說：

> 《儀禮》自注、疏而外，前人解詁頗少，即經籍藝文，偶有其目，而書或不傳，間見一二，亦多摭取注、疏，刪改成文，罕有自出心裁者。惟元儒敖繼公《集說》細心密理，抉摘闡發，頗能得經之曲折，其偶駁正注、疏，亦詞氣安和，茲編所採特多，其有未是者，仍加駁論。〔註81〕

以敖繼公《儀禮集說》「細心密理，抉摘闡發，頗能得經之曲折，其偶駁正注、

〔註79〕同前註。

〔註80〕〔清〕紀昀、陸錫熊、孫士毅等纂修，《四庫全書》研究所整理：《欽定四庫全書總目》〔整理本〕，（北京：中華書局，1997年1月），卷二十，經部二十，禮類二，〈《欽定儀禮義疏》四十八卷〉，頁255。

〔註81〕《欽定儀禮義疏》（臺北：臺灣商務印書館1983年景印清乾隆間寫《文淵閣四庫全書》第106冊），頁3。

疏，亦詞氣安和」，《儀禮義疏》採取敖繼公《儀禮集說》特別多，而於其說以為未是者，仍然加以反駁議論。

3、《禮記義疏》的內容

《禮記義疏》八十二卷，卷首一卷。卷前有《欽定禮記義疏・凡例》十七條、引用姓氏從荀況至許氏共二百四十四家。卷首有〈聖制〉、〈綱領〉。《禮記》正文解說共七十七卷。卷七十八至八十二為〈禮記圖〉（禮器圖）五卷。

除了〈中庸〉、〈大學〉之外，《禮記義疏》同樣皆以正義、辨正、通論、餘論、存疑、存異、總論等七類編排漢代至明代諸家的解說，案語各隨類附於七類之後。如果詞義連貫，難以分析，則附於最後一類之後。經文後不一定皆有七類，隨解說情況而定，正義則是通常每節經文皆有。

〈中庸〉、〈大學〉的特殊情形，是由於朱熹將〈中庸〉、〈大學〉從《禮記》抽出，與《論語》、《孟子》合編，稱為《四書》，並作《四書章句集注》。因而後來的《禮記》注解，或全錄「朱子《章句》」，而不另加解說；或缺〈中庸〉、〈大學〉文字不載，而只在篇題下，標「朱子《章句》」字樣，如元代陳澔（1261～1341）《禮記集說》即是如此。吳澄（1249～1333）的《禮記纂言》改編《禮記》，也以〈中庸〉、〈大學〉已入《四書》而不收。〔註 82〕明代胡廣（1370～1418）等奉敕編的《禮記集說大全》與清聖祖敕編，乾隆元年敕校之《日講禮記解義》二書，於〈中庸〉、〈大學〉也只在篇題下，標「朱子《章句》」。對於此種情形，《欽定禮記義疏・凡例》第六條說：

> 〈中庸〉、〈大學〉二篇，自宋大儒編為《四書》，其後俗本《禮記》遂有止載其目，而不列其文者，茲仍曲臺之舊，以尊全經，以存古本，兼輯朱註，以示準繩，而正義等條概置勿用。〔註 83〕

對於俗本《禮記》因〈中庸〉、〈大學〉編入《四書》，而缺〈中庸〉、〈大學〉不載。《欽定禮記義疏》基於尊經的立場，維護經典的原貌與完整性，仍舊收〈中庸〉、〈大學〉二篇，而且不用正義等七類條例編輯解說。此在全書中是個例外：

> 《戴記》四十九篇，其四十七篇並用正義等六條編纂之例，獨〈大

〔註 82〕可參考姜廣輝〈評元代吳澄對《禮記》的改編〉，楊晉龍主編：《元代經學國際研討會論文集》（臺北：中央研究院中國文哲研究所籌備處，2000 年 10 月），頁 559～578。

〔註 83〕《欽定禮記義疏》（臺北：臺灣商務印書館 1983 年景印清乾隆間寫《文淵閣四庫全書》第 124 冊），頁 3。

學〉、〈中庸〉二篇不拘諸例，但全錄《注》、《疏》於前，編次朱注於後者，一以示不遺古本之源，一以示特尊朱子之義。全錄《注》、《疏》古本，方識鄭、孔羽翼聖籍之功，方見朱子之精心邃密而《注》、《疏》之是非得失，讀者自一目瞭然，故不拘諸例。〔註 84〕

《禮記義疏》其他篇章皆用正義等七例，〈中庸〉、〈大學〉的解說，以鄭玄《注》、孔穎達《疏》與朱熹《章句》編排，不拘限於條例。於尊崇程、朱之外，也對漢、唐《注》、《疏》的地位加以肯定。此爲保存《禮記注疏》古本與尊崇朱熹的變通作法。《四庫全書總目》說：

其〈中庸〉、〈大學〉二篇，陳澔《集說》以朱子編入《四書》，遂刪除不載，殊爲妄削古經。今仍錄前文，以存舊本。惟《章句》改從朱子，不立異同，以消門户之爭。〔註 85〕

宋、元以來的〈大學〉、〈中庸〉解說也不少，只錄鄭玄《注》、孔穎達《疏》與朱熹《章句》，雖說有不立異同，以消門戶之爭立場的作法。然而此也可以說是尊崇程、朱與漢、唐《注》、《疏》的受到肯定，詳下節所述。

另外，如之前康熙朝所編的《周易折中》以朱熹《周易本義》、程頤《易傳》說爲主；《書經傳說彙纂》以蔡沈《書集傳》說爲主；《詩》以朱熹《詩集傳》說爲主；《春秋傳說彙纂》以《左傳》、《公羊傳》、《穀梁傳》、胡安國《春秋傳》說爲主，說詳本節，纂修體例部分。而《禮記》一書，明成祖永樂年間，胡廣等奉敕編的《禮記集說大全》以元代陳澔《禮記集說》爲宗主。〔註 86〕而《禮記義疏》則不以陳澔爲宗主，使其列雜於諸儒之中。《四庫全書總目》說：

至於御纂諸經，《易》不全用程《傳》、《本義》，而仍以程《傳》、《本義》居先；《書》不全用蔡《傳》，而仍以蔡《傳》居先；《詩》不全用朱《傳》，而仍以朱《傳》居先；《春秋》於胡《傳》尤多所駁正刊除，而尚以胡《傳》標題，列三傳之次；惟《禮記》一經，於陳

〔註 84〕《欽定禮記義疏》（臺北：臺灣商務印書館 1983 年景印清乾隆間寫《文淵閣四庫全書》第 126 冊），卷六十六，〈中庸〉第三十一之一，案語，頁 164～165。

〔註 85〕〔清〕紀昀、陸錫熊、孫士毅等纂修，《四庫全書》研究所整理：《欽定四庫全書總目》〔整理本〕，卷二十一，〈《欽定禮記義疏》八十二卷〉，頁 270。

〔註 86〕陳恆嵩〈《禮記集說大全》修纂取材來源探究〉指出《禮記集說大全》是以南宋衛湜的《禮記集說》爲本來纂修，而所宗主則爲元代陳澔《禮記集說》。說詳陳恆嵩撰：〈《禮記集說大全》修纂取材來源探究〉，《東吳中文研究集刊》第 4 期，頁 1～24，1997 年 5 月。

> 澔《集說》僅棄瑕錄瑜，雜列諸儒之中，不以冠篇。仰見睿裁精審，務協是非之公，尤足正胡廣《禮記大全》依附門墻隨聲標榜之謬矣。〔註87〕

《禮記》一書，由於陳澔《禮記集說》並不能眞正可爲後人所信服，故陳澔之說也只好雜於諸家說法之列。

（二）《欽定三禮義疏》的纂修方式

1、採用主修、分修方式

關於《欽定三禮義疏》的纂修方式，方苞曾提出建議，《與鄂少保論修三禮書》說：

> 《三禮》自《注》、《疏》而外，羣儒解說無多。所難者，辨《注》之誤，刪《疏》之繁，抉《經》、《記》所以云之意，以發前儒未發之覆耳。故僕始議人刪三經《注》、《疏》各一篇；擇其用功深者各一人，主刪一經《注》、《疏》，一人佐之，餘人分採各家之說，交錯以徧，然後眾說無匿美，而去取詳略可通貫於全經。〔註88〕

方苞認爲《三禮》除了《注》、《疏》之外，羣儒的解說不多。而難的是辨別《注》的錯誤，刪去《疏》的繁瑣，發掘出《經》、《記》所要說的意思，「以發前儒未發之覆耳。」所以方苞建議刪《三禮》的《注》、《疏》各爲一篇。挑選「用功深者各一人」，負責刪一經的《注》、《疏》，一人從旁佐助，剩下的人再分別採取其他各家的解說，「交錯以徧，然後眾說無匿美，而去取詳略可通貫於全經。」

方苞建議的纂修方式，立意良好，符合《三禮》的特殊情況。而且考慮到經典與《注》、《疏》及其他各家說法的整體性，使其能通貫於全經。方苞的建議，當時三禮館臣的反應是：

> 爾時，公（鄂爾泰）即手書以示諸君子，而應者甚稀。〔註89〕

其建議並沒有得到三禮館臣的支持。

後來，三禮館採用的方式是《三禮》各設主修，《三禮》各書中篇章則用

〔註87〕〔清〕紀昀、陸錫熊、孫士毅等纂修，《四庫全書》研究所整理：《欽定四庫全書總目》〔整理本〕，卷二十一，〈《欽定禮記義疏》八十二卷〉，頁270～271。

〔註88〕方苞〈與鄂少保論修《三禮》書〉，〔清〕方苞撰，劉季高點校：《方苞集》卷六，頁154。

〔註89〕同前註。

分修的方式，「其後王學士分主《儀禮》，甘司馬主《戴記》，更立條例，計人數，俾各纂數篇。」〔註 90〕對於這種方式，方苞提出了批評：

> 僕爲言：「人之意見各殊，所學深淺亦異，分操割裂，則一經中脈絡且不能流通，而況三經之參互相抵者乎？去取詳略之大凡且不能畫一，而況別擇之精粗，刪剟之當否乎？」眾皆默然。僕曾以告公，未見宣布。退而思曰：「豈謂吾不宜越畔而耘哉？」用是不敢固爭。〔註 91〕

方苞所說，可謂切中要害。纂修諸臣中，每人的意見不盡相同，而其所學深淺也各有差異。採用分篇纂修方式的缺點是：割裂全經，使全經脈絡不能貫通，更何況《三禮》本身還有「參互相抵」之處。去取詳略的體例不能畫一，更何況「別擇之精粗，刪剟之當否乎？」三禮館臣對於方苞的批評，並不能反駁，只能默然以對。而方苞也考慮到所言似乎超越自己的職權，因此不敢再堅持。其建議終究沒有被採納，而未能夠施行。

在此情形下，主修、分修的纂修方式已然確定。〔註 92〕主修，如方苞曾主《周禮》；〔註 93〕王蘭生〔註 94〕、方苞〔註 95〕、李清植〔註 96〕曾先後主《儀

〔註 90〕同前註。

〔註 91〕同前註，頁 154～155。

〔註 92〕同前註，頁 155 方苞說：「今更以《儀禮》相屬，雖已成之例，難以改更，而後此規模豈可更不早定。」

〔註 93〕官獻瑤〈《讀周官》序〉說：「獻瑤曩歲從吾師望溪方先生學《周官》，恭逢我皇上命儒臣纂修《三禮》，先生實董《周官》書」，〔清〕官獻瑤撰：《石谿讀周官》（上海：上海古籍出版社，1995 年，《續修四庫全書》第 79 冊，經部・禮類，據中國科學院圖書館藏清道光二十五年刊本影印），頁 556。另可參考方苞〈與鄂少保論修《三禮》書〉，〔清〕方苞撰，劉季高點校：《方苞集》卷六，頁 155。

〔註 94〕方苞〈與鄂少保論修《三禮》書〉提到：「其後王學士分主《儀禮》，甘司馬主《戴記》」，〔清〕方苞撰，劉季高點校：《方苞集》卷六，頁 154。王學士即王蘭生，時爲內閣學士。可參考〔清〕慶桂等奉敕修：《大清高宗純（乾隆）皇帝實錄》卷二十二，乾隆元年丙辰秋七月辛丑，頁 552。

〔註 95〕同前註，頁 155 說：「今更以《儀禮》相屬」，前文提到：「其後王學士分主《儀禮》，甘司馬主《戴記》」，故知方苞於王蘭生之後主《儀禮》事。王蘭生卒於乾隆二年（1737）。乾隆六年（1741）《周官義疏》纂成；七年（1742），方苞回鄉。故知方苞主《儀禮》事，應大致在乾隆二年到乾隆六年之間。

〔註 96〕官獻瑤〈刻《儀禮紃解》序〉說：「壬戌（乾隆七年，1742），……。無何，上復命穆亭宗伯總《儀禮》事」，〔清〕王士讓撰：《儀禮紃解》（上海：上海古籍出版社，1995 年，《續修四庫全書》第 88 冊，經部・禮類，據北京圖書

禮》、甘汝來曾主《禮記》纂修事。〔註97〕分修，如官獻瑤分修《周禮》中的〈地官〉與〈秋官〉；〔註98〕諸錦分修《儀禮》中的〈公食大夫禮〉、〈覲禮〉、〈喪服〉；〔註99〕杭世駿分修《禮記》中的〈學記〉、〈樂記〉、〈喪大記〉、〈玉藻〉等篇。〔註100〕

2、纂修體例

《欽定三禮義疏》的纂修條例是由方苞擬定。方苞認爲康熙時纂修的《周易折中》、《書經傳說彙纂》、《詩經傳說彙纂》、《春秋傳說彙纂》各有其所宗主之說。如《周易折中》以朱熹《周易本義》、程頤《易傳》說爲主；《書經傳說彙纂》以蔡沈《書集傳》說爲主；《詩》以朱熹《詩集傳》說爲主；《春秋傳說彙纂》以《左傳》、《公羊傳》、《穀梁傳》、胡安國《春秋傳》說爲主。《周易折中》、《詩經》、《尚書》、《春秋傳說彙纂》各有其宗主之說，而《三禮》的情況較爲特殊。方苞〈擬定纂修三禮條例劄子〉說：

> 而《三禮》之修，視四經尤難。蓋《易》、《詩》、《書》有周、張、二程以開其先，而朱子實手訂之；《典》、《謨》以下，亦抽引端緒，

館分館藏清乾隆三十五年張源義刻本影印），頁5。穆亭爲李清植之號。李清植於乾隆八年（1743）爲三禮館副總裁，故知其於方苞之後主《儀禮》事。

〔註97〕方苞〈與鄂少保論修《三禮》書〉提到：「其後王學士分主《儀禮》，甘司馬主《戴記》」，〔清〕方苞撰，劉季高點校：《方苞集》卷六，頁154。甘司馬即甘汝來，時爲兵部尚書。可參考〔清〕慶桂等奉敕修：《大清高宗純（乾隆）皇帝實錄》卷二十二，乾隆元年丙辰秋七月辛丑，頁552。

〔註98〕官獻瑤在〈《讀周官》序〉中說其：「又分修《地》、《秋》二官」，〔清〕官獻瑤《石谿讀周官》，頁557。

〔註99〕王欣夫撰，鮑正鵠、徐鵬標點整理：《蛾術軒篋存善本書錄》（上海：上海古籍出版社，2002年12月），庚辛稿，卷一，頁21～22，記有諸錦纂修的「《儀禮義疏稿》不分卷七冊」。王氏說：「此〈公食大夫禮〉第九、〈覲禮〉第十、〈喪服〉第十一三篇，即其所修手稿。」書中所黏修訂夾籤鈐印而有紀年者，最後爲乾隆二十三年。王氏說：「案最後紀年戊寅，時草盧年已七十又三，髦而好學，孜孜不倦。今內府刊本，斷自十三年戊辰，惜未用其稿。而草盧仍不以已有定本而自止。此後十年，所造益邃密，可謂忠于其職，自可獨成一書，與刊本並行也。」草盧爲諸錦之號。

〔註100〕〔清〕杭世駿《續禮記集說》（上海：上海古籍出版社，1995年，《續修四庫全書》第101冊，經部・禮類，據華東師範大學圖書館藏清光緒三十年浙江書局刻本影印），卷首，〈自序〉，頁1。此序即收入杭世駿《道古堂文集》（上海：上海古籍出版社，2002年，《續修四庫全書》第1426冊，集部・別集類，據清乾隆四十一年刻，光緒十四年汪曾唯增修本影印），卷四，〈《續禮記集說》序〉，頁235～236。

> 親授其徒。胡氏《春秋傳》雖不免穿鑿，而趙、啖、二陸、劉、孫、胡、程之精言，採錄實多，諸經大義，已昭然顯著。故《折衷》、《彙纂》但依時代編次先儒之言，而不慮其無所歸宿也。〔註101〕

故方苞認爲《周易折中》、《詩經》、《尚書》、《春秋傳說彙纂》只要依時代編次諸家說法即可，「而不慮其無所歸宿也」。至於《三禮》的情況，方苞說：

> 陳澔《禮記〔註102〕說》，自始出即不饜眾心，詆議紛起。《周官》、《儀禮》，則周、程、張、朱數子，皆有志而未逮，乃未經墾闢之經；欲從《大全》之例，則無一人之說以爲之宗；欲如《折衷》、《彙纂》，但依時代編次羣言，則漫無統紀，學者終茫然莫知其指要。必特起凡例，俾大義分明，而後兼綜眾說，始可以信今而傳後。〔註103〕

程、朱等人於《周禮》、《儀禮》、《禮記》並無專書，《禮記》雖有作爲朱熹後學的陳澔《禮記集說》，但其「自始出即不饜眾心，詆議紛起」。因此《三禮》「乃未經墾闢之經」，欲從《五經大全》之例，也無一人之說可爲宗主；欲如《折衷》、《彙纂》，只依時代編次諸家說法的話，「則漫無統紀，學者終茫然莫知其指要。」因此纂修《三禮》必須要有新的體例。方苞提出纂修《三禮》的條例：

> 擬分爲六類，各注本節、本注之下。一曰正義：乃直詁經義，確然無疑者。二曰辨正：乃後儒駁正舊說，至當不易者。三曰通論：或以本節本句參證他篇；或引他經與此經互相發明。四曰餘論：雖非正解，而依附經義，於事物之理有所發明，如程子《易傳》、胡氏《春秋傳》之類。五曰存疑：各持一說，義皆可通，不宜偏廢。六曰存異：如《易》之取象，《詩》之比興，後儒務爲新奇而可欺惑愚眾者，存而駁之，使學者不迷於所從。庶幾經之大義，開卷了然，而又可旁推交通，以曲盡其義類。〔註104〕

方苞擬定六類條例，一是正義：「乃直詁經義，確然無疑者。」二是辨正：「乃後儒駁正舊說，至當不易者。」三是通論：「或以本節本句參證他篇；或引他經與此經互相發明。」四是餘論：「雖非正解，而依附經義，於事物之理有所發明，如程子《易傳》、胡氏《春秋傳》之類。」五是存疑：「各持一說，義

〔註101〕〔清〕方苞撰，劉季高點校：《方苞集》，集外文，卷二，頁564。

〔註102〕同前註，點校者劉季高按語：「『記』字下據陳澔原書脫『集』字。」

〔註103〕同前註，頁564～565。

〔註104〕同前註，頁565。

皆可通，不宜偏廢。」六曰存異：「如《易》之取象，《詩》之比興，後儒務爲新奇而可欺惑愚眾者，存而駁之，使學者不迷於所從。」此條例的好處爲「庶幾經之大義，開卷了然，而又可旁推交通，以曲盡其義類。」方苞所擬六類條例，由總裁鄂爾泰等於乾隆元年十一月奏上，高宗下旨同意實行，確定了《欽定三禮義疏》的基本體例。〔註 105〕而後加上總論一類，成爲七類。其與方苞〈擬定纂修三禮條例劄子〉大抵相同。而《欽定三禮義疏》的「存異」爲「名物、象數，久遠無傳，難得其眞。或創立一說，雖未即愜人心，而不得不姑存之，以資考辨。」「總論」爲「本節之義，已經訓解，又合數節而論之，合一職而論之。」〔註 106〕

3、纂修取材

方苞〈與鄂少保論修《三禮》書〉說：

> 夫《周官注疏》及《訂義》、《刪翼》諸本，皆僕所點定也；其未定者，獨《永樂大典》中所錄取耳。〔註 107〕

可知《周官義疏》的纂修取材來源，主要有《周禮注疏》、南宋王與之（？～？）的《周禮訂義》、明代王志長（？～？）的《周禮注疏刪翼》等書，以及從《永樂大典》所輯出的已亡佚經說，以宋、元人說爲居多。

《周禮訂義》，方苞與纂修鍾晼（1694～1772）刪訂稿本，後爲丁杰（1738～1807）所收藏。盧文弨（1717～1795）有〈方望溪、鍾蔗經兩先生刪訂《周禮訂義》書後〉一文記此書說：

> 今上登極之初，纂修《三禮》。望溪先生爲總裁，選通禮學者爲纂脩。大興鍾蔗經與焉名晼，字勵暇。官至禮部儀制司郎中，蔗經其晚年自號也。此《周禮訂義》乃宋樂清王與之次點所著，其用朱筆點勘

〔註 105〕〔清〕慶桂等奉敕修：《大清高宗純（乾隆）皇帝實錄》卷三十一，乾隆元年丙辰十一月己未，頁 658 說：「是月，三禮館總裁鄂爾泰等奏，擬定纂修《三禮》條例：一曰〔……〕。二曰〔……〕。三曰〔……〕。四曰〔……〕。五曰〔……〕。六曰〔……〕。然後別加案語，遵爲《折衷》、《彙纂》之例。庶幾經之大義，開卷了然，而又可旁推交通，以曲盡其義類。得旨。此所定六類，斟酌允當，著照所奏行。」

〔註 106〕可參考《欽定周官義疏・凡例》（臺北：臺灣商務印書館 1983 年景印清乾隆間寫《文淵閣四庫全書》第 98 冊），第三條，頁 6。《欽定儀禮義疏・凡例》（臺北：臺灣商務印書館 1983 年景印清乾隆間寫《文淵閣四庫全書》第 106 冊），第五條，頁 2。

〔註 107〕〔清〕方苞撰，劉季高點校：《方苞集》卷六，頁 155。

> 者蔗經也；用綠筆審正者望溪也。別其是非，擇所去取，蔗經先之，望溪成之，閒亦有異同焉，此正脩《三禮》時所相與衡校之底本也。計凡舊人禮說皆當有望溪點定者，而蔗經所刊脩，亦不止此。而此一書適爲烏程丁小疋所得，出以示余，皆二公眞跡也。〔註 108〕

由此鍾晼點勘而後由方苞審正的《周禮訂義》，可知南宋王與之的《周禮訂義》爲纂修主要材料之一。王與之《周禮訂義》，其書共徵引五十一家之說，宋代之前有六家、宋代則有四十五家。其徵引的宋代諸家說法，只有少數留存，大多都已亡佚，因此其爲保存宋代《周禮》經說資料的重要書籍。〔註 109〕

而從《永樂大典》輯出已亡佚《三禮》經說，來自李紱、全祖望等的建議。李紱建議從《永樂大典》中鈔輯有關《三禮》之書，李紱〈荅方閣學問《三禮》書目〉說：

> 今國家欲崇重經學，務必用朱子貢舉私議之法。而後人知窮經，而宋、元以前解經之書。自科舉俗學既行，其書置之無用，漸就銷亡。如荊公《周禮義》，徐健庵先生懸千金購之而不可得。現在尚存什之二三者，惟《永樂大典》一書，此書現存翰林院，儘可采用。禮局初開，謄錄生監與供事書吏，一無所事，若令纂修等官於永樂大典中，檢出關繫《三禮》之書，逐一鈔寫，各以類從，重加編次。兩月即可鈔完，一月即可編定。不過三閱月，而宋、元以前《三禮》逸書，復見於天下。其功之大，當與編纂《三禮》等。在總裁諸公，不過一開口，派令辦理。無奏請之煩，無心力之費。固無所可憚而

〔註 108〕〔清〕盧文弨《抱經堂文集》（上海：上海古籍出版社，2002 年，《續修四庫全書》第 1432 冊，集部·別集類，據清乾隆六十年刻本影印），卷八，頁 622。〔清〕邵懿辰撰，邵章續錄：《增訂四庫簡明目錄標注》（上海：上海古籍出版社，1959 年 12 月，1979 年 7 月新 1 版，2000 年 7 月第 2 次印刷），卷二，頁 76 也說：「丁小疋藏有方望溪、鍾蔗經兩先生刪定本，乃三禮館點勘稿本。鍾爲纂修，用朱筆，方用綠筆審正。」

〔註 109〕〔清〕紀昀、陸錫熊、孫士毅等纂修，《四庫全書》研究所整理：《欽定四庫全書總目》〔整理本〕，卷十九，經部十九，禮類一，〈《周禮訂義》八十卷〉，頁 239～240 說：「所採舊說，凡五十一家。然唐以前僅杜子春、鄭興、鄭眾、鄭玄、崔靈恩、賈公彥等六家，其餘四十五家則皆宋人。凡《文集》、《語錄》無不搜採。蓋以當代諸儒爲主，古義特附存而已。〔……〕蓋以義理爲本，典制爲末，故所取宋人獨多矣。〔……〕惟是四十五家之書，今佚其十之八九，僅賴是編以傳。」〔宋〕王與之《周禮訂義》（臺北：臺灣商印書館，1983 年景印清乾隆間寫《文淵閣四庫全書》第 93 冊），〈《周禮訂義》序目〉，頁 17～19。

不爲者也。《永樂大典》二萬八千八百餘卷，余所閱者，尚未及千，然宋、元三禮義疏，如唐成伯瑜《禮記外傳》、宋王荊公《周禮義》、易祓《周禮總義》、王昭禹《周禮詳解》、毛應龍《周禮集傳》、項安世《周禮家說》、鄭宗顏《周禮新講義》。今世所逸之書咸在，而鄭鍔、歐陽謙之等諸名家之說，附見者尤多。擇其精義，集爲成書，豈不勝於購求世俗講章之一無可采者哉！其事簡，其功大。敢以此爲禮局獻焉。〔註 110〕

實際輯出的有哪些書，不得確知。然就李紱舉出的書，可知其大概，宋、元以前的書，有唐代成伯瑜《禮記外傳》、宋代王安石《周禮新義》、王昭禹《周禮詳解》、項安世《周禮家說》、易祓《周禮總義》、鄭宗顏《周禮新講義》、元代毛應龍《周禮集傳》等書，與鄭鍔、歐陽謙之等諸家的經說。實際上應不止於此，然由此可知其大概。全祖望〈鈔永樂大典記〉則說：

會逢今上纂修《三禮》，予始語總裁方公鈔其《三禮》之不傳者，惜乎其闕失幾二千冊。予嘗欲奏之今上，發宮中正本以補足之，而未遂也。夫求儲藏於秘府，更番迭易，往復維艱，而吾輩力不能多畜寫官，自從事於是書，每日夜漏三下而寢，可盡二十卷。而以所簽分令四人鈔之，或至浹旬未畢，則欲卒業於此，非易事也。然以是書之沉屈，忽得人讀之，不必問其卒業與否，要足爲之吐氣。〔註 111〕

李紱、全祖望建議，從《永樂大典》輯出宋、元《三禮》經說。杭世駿也說：

京師經學之書絕少，從《永樂大典》中有關於《三禮》者悉皆錄出。《二禮》吾不得寓目，《禮記》則肄業及之。《禮記外傳》一書，唐人成伯璵所撰，海宇藏 書家未之有也，然止於標列名目，如郊社封禪之類，開葉文康《禮經會元》之先，較量長樂陳氏《禮書》，則長樂心精而辭綺矣。他無不經見之書，至元人之經疑迂緩庸腐，無一語可以入經解，而《大典》中至有數千篇，益信經窟中可以樹一幟者之難也。〔註 112〕

〔註 110〕〔清〕李紱〈荅方閣學問《三禮》書目〉，《穆堂初稿》（上海：上海古籍出版社，2002 年，《續修四庫全書》第 1422 冊，集部．別集類，據上海圖書館藏清道光十一年奉國堂刻本影印），卷四十三，頁 87。

〔註 111〕〔清〕全祖望〈鈔永樂大典記〉，朱鑄禹彙校集注：《全祖望集彙校集注》，《鮚埼亭集外編》，卷十七，頁 1072。

〔註 112〕〔清〕杭世駿《續禮記集說》卷首，〈自序〉，頁 1。

而方苞也奏請輯《永樂大典》宋、元人經說，得到同意。〔註 113〕而《周官義疏》中宋、元人的解說，應大半自《永樂大典》輯出，《永樂大典》也爲纂修重要材料之一，《儀禮義疏》、《禮記義疏》也是如此。此可說爲後來纂修《四庫全書》，從《永樂大典》輯出書籍，開了先河。〔註 114〕

還有王志長《周禮注疏刪翼》，《欽定周官義疏》，〈引用姓氏〉說：

> 以上三書，王志長《刪翼》所採，未著作者姓名，又《刪翼》中多有有氏無名者。〔註 115〕

指《周官義疏》所引《雜說》、《周禮菁華》、《官制》三書，可知其採自《周禮注疏刪翼》，而其他採自《周禮注疏刪翼》者應還多有。

《儀禮義疏》的纂修材料來源知者大致主要有《儀禮注疏》、朱熹《儀禮經傳通解》、元代敖繼公《儀禮集說》以及由《永樂大典》所輯出的已亡佚經說，以宋、元人說爲居多。

《禮記義疏》的纂修材料來源知者大致主要有《禮記注疏》、南宋衛湜《禮記集說》，杭世駿說：

> 通籍後與修《三禮》，館吏以《禮記》中《學記》、《樂記》、《喪大記》、《玉藻》諸篇相屬，條例既定，所取資者，則衛氏之書也。〔註 116〕

《四庫全書總目》說衛湜《禮記集說》：

> 自鄭注而下，所取凡一百四十四家，其他書之涉於《禮記》者，所採錄不在此數焉。今自鄭注、孔疏而外，原書無一存者。朱彝尊《經義考》採摭最爲繁富，而不知其書與不知其人者，凡四十九家，皆賴此書以傳，亦可云禮家之淵海矣。明初定制，乃以陳澔注立於學，

〔註 113〕程崟〈《儀禮析疑》序〉，〔清〕方苞撰：《儀禮析疑》（清康熙至嘉慶間刊抗希堂十六種本，第三十二冊），卷首，葉 1 下說：「惟《儀禮》雖時與朋友生徒講論，而未嘗筆之書，以少苦難讀倍誦，恐不能比類以盡其義，又世所傳《注疏》及元敖繼公《集說》二書，故承修《三禮》時，特奏出秘府《永樂大典》錄取宋元人解說十餘種，並膚淺無足觀。」〔清〕方苞撰，劉季高點校：《方苞集》，附錄一，〔清〕蘇惇元編：《方苞年譜》，乾隆元年丙辰，年六十九歲，頁 883。

〔註 114〕可參考曹書杰〈《四庫全書》所輯「永樂大典本」之數量辨〉，《古籍整理與研究》第四期（北京：中華書局，1989 年 3 月），頁 77～81。顧力仁《永樂大典及其輯佚書研究》（臺北：文史哲出版社，1985 年 7 月），頁 281～288。

〔註 115〕《欽定周官義疏》（臺北：臺灣商務印書館 1983 年景印清乾隆間寫《文淵閣四庫全書》第 98 冊），頁 13。

〔註 116〕〔清〕杭世駿《續禮記集說》卷首，〈自序〉，頁 1。

而湜注在若隱若顯間。今聖朝《欽定禮記義疏》，取於湜書者特多，豈非是非之公，久必論定乎！〔註 117〕

《欽定禮記義疏》取材於衛湜《禮記集說》特別多。還有由《永樂大典》所輯出的已亡佚經說，以宋、元人說爲居多。而有些著作尚單行流傳的，也儘量採取，如杭世駿說：

京師經學之書絕少，從《永樂大典》中有關於《三禮》者悉皆錄出。《二禮》吾不得寓目，《禮記》則肄業及之。《禮記外傳》一書，唐人成伯璵所撰，海宇藏書家未之有也，然止於標列名目，如郊社封禪之類，開葉文康《禮經會元》之先，較量長樂陳氏《禮書》，則長樂心精而辭綺矣。他無不經見之書，至元人之經疑迂緩庸腐，無一語可以入經解，而《大典》中至有數千篇，益信經窟中可以樹一幟者之難也。明年，奉兩師相命，詣文淵閣搜撿遺書，惟宋刻陳氏《禮書》差爲完善，餘皆殘闕無可取攜。珠林玉府之藏，至是亦稍得其崖略已。〔註 118〕

雖然「京師經學之書絕少」，從《永樂大典》輯錄有關《三禮》的解說，而其也至文淵閣搜撿遺書。而《周官義疏》、《儀禮義疏》應也是如此。另外，如《欽定禮記義疏・凡例》第三條所說：

《三禮》同爲聖典，而《戴記》旨非一端，必博徵羣籍，以求精解確證，故自竹書汲冢、周秦諸子、《帝王世紀》及《史》、《漢》等皆在採錄。其諸儒猶鄭氏而下至本朝儒家專訓戴經外，或註他經，或在別說，義有當引，咸採擇以入案中，不另標姓氏。其宋、元以來或剿說雷同，蕪蔓冗陋，無足發明者，皆屏汰不錄。〔註 119〕

《欽定禮記義疏》還採用如汲冢竹書與周秦諸子、《帝王世紀》、《史記》、《漢書》，可知其除了經說之外，也廣採史、子類著作。諸儒則自鄭玄以下至清代學者專門訓解《禮記》的說法之外，或註解其他經，或在別處有說法，其意義有應當引用的，皆採取選擇以入案語之中。

〔註 117〕〔清〕紀昀、陸錫熊、孫士毅等纂修，《四庫全書》研究所整理：《欽定四庫全書總目》〔整理本〕，卷二十一，經部二十一，禮類三，〈《禮記集說》一百六十卷〉，頁 266。

〔註 118〕〔清〕杭世駿《續禮記集說》卷首，〈自序〉，頁 1。

〔註 119〕《欽定禮記義疏》（臺北：臺灣商務印書館 1983 年景印清乾隆間寫《文淵閣四庫全書》第 124 冊），頁 3。

而纂修《三禮義疏》時，也徵求當時各地學者的著述，以供參訂之用。知者如張怡（1608～1695）《三禮合纂》、張爾岐（1612～1678）《儀禮鄭注句讀》〔註 120〕、李光坡（1651～1743）《周禮述注》、《儀禮述注》、《禮記述注》、〔註 121〕朱軾（1665～1736）手註《周禮》〔註 122〕、江永《禮書綱目》等。〔註 123〕而其中張怡較少為人知，茲略為介紹如下：

張怡（1608～1695），江蘇上元（今南京）人。原名鹿徵，字瑤星。明亡，改名遺，字薇庵。後又改名怡，字自怡，號白雲道者、白雲山人等。父可大，崇禎元年（1628）為登萊總兵官。崇禎四年（1631）孔有德叛變，可大與登萊巡撫孫元化合兵攻之。崇禎五年（1632）城陷，可大自縊殉國，〔註 124〕張怡以諸生授錦衣衛千戶。崇禎十七年（1644），李自成攻占北京，被執不屈。清軍入北京，張怡遁於寺廟，後來返回故里。〔註 125〕南明福王弘光朝覆亡（1645），張怡出家作道士，先後隱居於雨花臺松風閣、秣陵關外邵家邊村、攝山〔註 126〕（又名棲霞山）〔註 127〕白雲庵，近五十年不入城市，人稱白雲先

〔註 120〕〔清〕慶桂等奉敕修：《大清高宗純（乾隆）皇帝實錄》卷一百六十二，乾隆七年壬戌三月壬戌，頁 2381～2382 說：「山東巡撫朱定元進呈濟陽縣貢生張爾岐《儀禮鄭注句讀》。得旨，此書交與三禮總裁官閱看，如有可採擇者。留於該館，以備採擇。」

〔註 121〕林存陽撰：《清初三禮學》，頁 208 說：「不僅乾隆初官修《三禮義疏》曾移文福建索取其（李光坡）著述。」

〔註 122〕〔清〕慶桂等奉敕修：《大清高宗純（乾隆）皇帝實錄》卷三十五，乾隆二年丁巳正月丁巳，頁 691 說：「丁巳，原任通政使司右通政朱必堦，恭進其父原任大學士朱軾手註《周禮》二卷。得旨，著交三禮館。」

〔註 123〕〔清〕戴震《東原文集》，張岱年主編：《戴震全書》（合肥：黃山書社，1995 年 10 月），第 6 冊，卷十二，〈江慎修先生事略狀〉，頁 409 說：「先生以朱子晚年治《禮》，為《儀禮經傳通解》，書未就，雖黃氏、楊氏相繼纂續，猶多闕漏，其書非完，乃為之廣摭博討，一從《周官・大宗伯》吉、凶、軍、嘉、賓五禮舊次，使三代禮儀之盛，大綱細目，井然可睹，於今題曰《禮經綱目》，凡數易稿而後定。值朝廷開館定《三禮義疏》，纂修諸臣聞先生是書，檄下郡縣，錄送以備參訂，知者亦稍稍傳寫。」

〔註 124〕詳〔清〕張廷玉等撰：《明史》（北京：中華書局，1974 年 4 月，1987 年 11 月湖北第 3 次印刷），卷二百七十，列傳第一百五十八，〈張可大傳〉，頁 6939～6941。

〔註 125〕詳參張怡撰：《謏聞續筆》，《中國野史集成》編委會、四川大學圖書館編：《中國野史集成》（成都：巴蜀書社，1993 年 11 月），第 37 冊，卷一，頁 595，頁 598。此書作者原不題姓名，因而〈《中國野史集成》總目〉，《中國野史集成》第 1 冊，頁 37，為〔清〕□□撰。詳下註 81。

〔註 126〕攝山，六朝時因山中多藥草，可以攝生（養生），故名攝山。山在今南京東北。

生。〔註 128〕張怡隱居後，潛心著述。其著作甚多，〔註 129〕但少有流傳。方苞〈白雲先生傳〉提到其父方仲舒（1638～1707）曾拜訪張怡：

> 先君子與余處士公佩歲時問起居，入其室，架上書數十百卷，皆所述經說及論述史事。請貳之，弗許，曰：「吾以盡吾年耳。已市二甕，下棺則并藏焉」卒年八十有八。〔……〕或曰：「書已入壙。」或曰：「經說有貳，尚存其家。」〔註 130〕

張怡長期隱居，著作又爲未刊稿本，應是其著作少有流傳的原因。〔註 131〕其著作下落也不確定，或說書已經陪葬，或說經說錄有副本，尚保存於其家。

後來三禮館開，纂修《三禮義疏》，徵求遺書。方苞〈白雲先生傳〉說：

> 乾隆三年，詔修《三禮》，求遺書。其從孫某以書詣郡，太守命學官集諸生繕寫，久之未就。〔註 132〕

參考國家文物事業管理局主編：《中國名勝詞典》第三版（上海：上海辭書出版社，1997 年 7 月，1998 年 2 月第 2 次印刷），頁 232，〈棲霞山〉條。

〔註 127〕棲霞山，南朝齊時明僧紹在此隱居，捨宅改建爲寺。明僧紹號棲霞，故寺名棲霞寺，山因寺而爲名棲霞山。參考同前註。

〔註 128〕張怡生平，可詳參方苞〈白雲先生傳〉，〔清〕方苞撰，劉季高點校：《方苞集》卷八，頁 215～216。華樂雲撰：〈一自白雲人去後，紅葉清泉到如今——記白雲道者張怡〉，陳鳴鐘主編：《清代南京學術人物傳》（南京：南京大學出版社，2003 年 10 月），頁 31～39。

〔註 129〕張怡七十歲時（康熙十六年，1677）作了題爲〈白雲道者自述〉的自傳，其中列舉自撰與編輯的書籍，共有四十三種，三百餘卷。不計在其內的著作還有數種。詳參華樂雲撰：〈一自白雲人去後，紅葉清泉到如今——記白雲道者張怡〉，陳鳴鐘主編：《清代南京學術人物傳》，頁 38～39。

〔註 130〕方苞〈白雲先生傳〉，〔清〕方苞撰，劉季高點校：《方苞集》卷八，頁 215。

〔註 131〕張怡著作有傳本可知者，如謝國禎《江浙訪書記》載有張怡記明代一代遺聞掌故的《玉光劍氣集》不分卷，爲「上海古籍書店收得舊鈔本」。還有張怡輯其曾祖、祖、父三世遺著的《張氏一家言》不分卷，爲「稿本」。詳參謝國禎撰：《江浙訪書記》（上海：上海書店出版社，2004 年 1 月），〈上海圖書館藏書〉，頁 104～105。〈浙江圖書館藏書〉，頁 112。《玉光劍氣集》收入《四庫禁毀書叢刊》（北京：北京出版社，2000 年 1 月），子部，第 30 冊，爲影印天津圖書館藏清鈔本。張怡記明末遺聞軼事的《謏聞續筆》四卷，收入《中國野史集成》編委會、四川大學圖書館編：《中國野史集成》（成都：巴蜀書社，1993 年 11 月），第 37 冊，爲影印上海進步書局《筆記小說大觀》本。其書封面題「明遺民著」，書內每卷前題「明末遺民著」。書前〈提要〉說：「明遺民著，姓氏不可考。」實則此書爲張怡所撰，而不題姓名。張怡著作的書目，可參考華樂雲撰：〈一自白雲人去後，紅葉清泉到如今——記白雲道者張怡〉，陳鳴鐘主編：《清代南京學術人物傳》（南京：南京大學出版社，2003 年 10 月），頁 38～39。

〔註 132〕方苞〈白雲先生傳〉，〔清〕方苞撰，劉季高點校：《方苞集》卷八，頁 216。

張怡有關經學的著作大致有《讀易私鈔》、《大學古本鈔》、《中庸通一解》、《春秋四傳會通》、《尚書策取》、《白雲言詩》、《三禮合纂》等。〔註 133〕所徵求的書或即是《三禮合纂》，〔註 134〕其內容，《四庫全書總目》說：

> 其書大體仿《儀禮經傳通解》，而敘次微有不同。首〈通禮〉，次〈祭禮〉，次〈王朝之禮〉，次〈喪禮〉。其〈通禮〉以《大學》、《中庸》爲首，《大學》從王守仁所解「古本」，不用朱子改定之本，次〈王朝之禮〉則首《周官》，而以《儀禮》覲、聘、燕、射諸篇附焉。〔註 135〕

《三禮合纂》大體仿《儀禮經傳通解》而體例略有不同。其書已亡佚。

第三節　參與纂修《三禮義疏》（下）

四、《欽定三禮義疏》的影響

（一）纂修條例的實踐

方苞於纂修《三禮義疏》時，訂定了纂修條例。編輯歷代經說的條例，分以「正義」、「辨正」、「通論」、「餘論」、「存疑」、「存異」各類編輯，與以往經解彙編諸書，只是匯集排列諸家經說不同。它對歷代經說加以選擇，依其性質歸入各類。歷代經說各有特色，紛然錯綜，複雜萬分。經過如此編輯過後，如方苞所說：「庶幾經之大義，開卷了然，而又可旁推交通，以曲盡其義類。」〔註 136〕於經書各章各句下，分以其說性質類別編排諸經說，使學者對經義的基本意義，與歷代說法的異同得失，能夠較有通盤的了解；也可免於被紛然的說法所迷惑，而不知所從；同時也能免去翻檢之勞。此即方

〔註 133〕華樂雲撰：〈一自白雲人去後，紅葉清泉到如今——記白雲道者張怡〉，陳鳴鐘主編：《清代南京學術人物傳》（南京：南京大學出版社，2003 年 10 月），頁 38～39。

〔註 134〕《三禮合纂》二十八卷，《四庫全書總目》列入〈存目〉，爲「江蘇巡撫採進本」。

〔註 135〕〔清〕紀昀、陸錫熊、孫士毅等纂修，《四庫全書》研究所整理：《欽定四庫全書總目》〔整理本〕，卷二十五，經部二十五，禮類存目三，〈《三禮合纂》二十八卷〉，頁 317。

〔註 136〕方苞《擬定纂修三禮條例劄子》，〔清〕方苞撰，劉季高點校：《方苞集》，集外文，卷二，頁 565。

苞所說：「以省後學心力，而使無歧趨」，〔註 137〕及其「嘉惠後學」〔註 138〕之意。

方苞晚年嘗試將此類纂修條例擴及到重新編纂諸經義疏的計畫上，〈答翁止園書〉說：

> 僕嘗欲每經匯漢、宋至元、明義疏爲一書，其通論大體最要者爲綱領，其次爲總論。章解句釋者，則分八類：首正義，次辨正，次通論，次考定，次考證，次餘論，次存疑，次存異，存異則加辨斥焉。〔……〕若正義尚多，則總論別編，不必標綱領。敘列八類於章句每條之下，不復以時代爲次，亦可使覽者開卷了然。自今先編《春秋》，次《尚書》，望切究之！不宣。〔註 139〕

〈答單生〉也說：

> 《易》、《詩》、《書》、《春秋》、《三禮》，凡已行于世之書，愚皆別擇，欲各爲一編，以省後學心力，而使無歧趨。鍾君勵暇已編定《春秋義疏》，今嗣事於戴《記》，三年而未成，以在京師日力分於外務也。餘經若賢能自任，則老夫餘生可優游以卒歲矣。但其規模條理必面講乃可定。未審衰殘之軀尚能逮否？不宣。〔註 140〕

方苞欲重新編纂諸經義疏，以《周易》、《詩經》、《尚書》、《春秋》、《三禮》，每經爲一書，分以「正義」、「辨正」、「通論」、「考定」、「考證」、「餘論」、「存疑」、「存異」等八類於每條章句之下，編輯由漢、宋至元、明諸家解說。

《周易》部分，方苞首先以《周易》屬付程廷祚（1691～1767）。程廷祚〈《大易擇言》自序〉說：

> 乾隆壬戌望溪方先生南歸，慨然欲以六條編纂五經集解，嘉惠後學，而首以《易》屬廷祚，曰：子之研精於《易》久矣。夫廷祚豈知《易》者，聞先生言，退而悚息者累月，乃敢承命而爲之。閱十年　而書成，命曰：《大易擇言》。〔註 141〕

〔註 137〕方苞〈答單生〉，〔清〕方苞撰，徐天祥、陳蕾點校：《方望溪遺集》（合肥：黃山書社，1990 年 12 月），〈書牘類〉，頁 69。

〔註 138〕〔清〕程廷祚〈《大易擇言》自序〉，《大易擇言》（臺北：臺灣商印書館，1983 年景印清乾隆間寫《文淵閣四庫全書》第 52 冊），頁 454。

〔註 139〕〔清〕方苞撰，劉季高點校：《方苞集》，集外文補遺，卷一，頁 814～815。

〔註 140〕方苞〈答單生〉，〔清〕方苞撰，徐天祥、陳蕾點校：《方望溪遺集》，〈書牘類〉，頁 69。

〔註 141〕〔清〕程廷祚〈《大易擇言》自序〉，《大易擇言》（臺北：臺灣商印書館，1983

程廷祚從方苞之論，分以「正義」、「辨正」、「通論」、「餘論」、「存疑」、「存異」等六類編輯諸家解說。〔註 142〕乾隆壬戌爲乾隆七年（1742），從此年開始編纂，歷時十年，乾隆十七年（1752）書成，時已在方苞身後（方苞卒於乾隆十四年，1749）。程廷祚命名其書爲《大易擇言》。〔註 143〕《大易擇言》的六類條例較方苞主張重新編纂諸經義疏計畫的八類條例，少了「考定」、「考證」兩類，其餘六類內容順序完全相同。

《尚書》部分，方苞有《書義補正》一書，也以「正義」、「考證」、「考定」、「辨正」、「通論」、「餘論」、「存異」、「存疑」等八類編輯諸家解說。〔註 144〕《書義補正》的八類條例與其主張重新編纂諸經義疏計畫的八類條例完全相同，只有個別的順序不同。《書義補正》應即是其諸經新義疏計畫中的《尚書》部分。《書義補正》今未有傳本行世，應已亡佚。

至於其他各經，《春秋》、《禮記》部分。〈答翁止園書〉說：

> 自今先編《春秋》，次《尚書》，望切究之！不宣。〔註 145〕

〈答單生〉又說：

> 鍾君勵暇已編定《春秋義疏》，今嗣事於戴《記》，三年而未成，以在京師日力分於外務也。餘經若賢能自任，則老夫餘生可優游以卒歲矣。但其規模條理必面講乃可定。未審衰殘之軀尚能逮否？不宣。〔註 146〕

年景印清乾隆間寫《文淵閣四庫全書》第 52 冊），頁 454。

〔註 142〕同前註，〈例畧〉，〈論以六條編書〉，頁 456 說：「一曰『正義』當乎經義者，謂之正義。經義之當否，雖未敢定，而必擇其近正者。首列之，尊先儒也。二曰『辨正』辨正者，前人有所異同，辨而得其正者也。今或正義闕如，而以纂書者所見補之，亦附于此條。三曰『通論』所論在此而連類以及于彼，曰『通論』。今于舊說未協正義，而理可通者，亦入焉，故通有二義。四曰『餘論』一言之有當，而可資於發明，亦所錄也。五曰『存疑』，六曰『存異』理无兩是，其非已見矣。恐人從而是之，則曰『存疑』。又其甚者，則曰『存異』。以上六條乃望溪先生所授以論次先儒之說，若纂書者之論，隨條附見者，皆以愚案別之。廷祚識。」

〔註 143〕傳本有乾隆十九年道寧堂刊本與四庫全書本等。道寧堂刊本，〔清〕邵懿辰撰，邵章續錄《增訂四庫簡明目錄標注》（上海：上海古籍出版社，1959 年 12 月，1979 年 7 月新 1 版，2000 年 7 月第 2 次印刷），卷一，「續錄」，頁 36。

〔註 144〕劉聲木撰，徐天祥點校：《桐城文學撰述考》，《桐城文學淵源考/撰述考》合刊本（合肥：黃山書社，1989 年 12 月），卷一，頁 396，今未見。

〔註 145〕〔清〕方苞撰，劉季高點校：《方苞集》，集外文補遺，卷一，頁 815。

〔註 146〕〔清〕方苞撰，徐天祥、陳蕾點校：《方望溪遺集》（合肥：黃山書社，1990

知《春秋義疏》已編定。接下來的《禮記》部分，則不知有無編纂成書。《春秋》、《禮記》部分是否有流傳，與《詩經》、《周禮》、《儀禮》部分的實際情況，皆不得而知。

另外，沈淑（1702～1730）也從方苞之說，〔註 147〕分以「正義」、「通論」、「辨正」、「餘論」、「存異」等五類編輯諸家之說，〔註 148〕爲《周官翼疏》，〔註 149〕書成於雍正五年（1727）。〔註 150〕

方苞主張重編諸經義疏的條例，與纂修《三禮義疏》的條例，於實踐上，項數、次序，或各有些許差異，但其基本體例則是相同的。方苞擬定《三禮義疏》的條例爲「正義」、「辨正」、「通論」、「餘論」、「存疑」、「存異」六類，《欽定三禮義疏》的條例與方苞所擬定條例同，唯於後加一「總論」爲七類。

方苞主張重新編纂諸經義疏計畫的條例則於「通論」後增「考定」、「考證」二類。而程廷祚《大易擇言》則無「考定」、「考證」，與方苞擬定《三禮義疏》的條例全同，方苞《書義補正》則有「考證」、「考定」於「正義」後，彼此互有異同。然而「正義」、「辨正」、「通論」、「餘論」、「存疑」、「存異」六類的基本體例皆是相同的。至於沈淑《周官翼疏》則無「存疑」一類。

「考定」、「考證」具體內容不得而知。從名稱來說，性質應該相近，屬於考訂辯證一類。「辨正」的內容，爲「乃後儒駁正舊說，至當不易者」〔註 151〕、

年 12 月），〈書牘類〉，頁 69。

〔註 147〕方苞〈沈編修墓誌銘〉，〔清〕方苞撰，劉季高點校：《方苞集》卷十，頁 269 說：「常熟沈立夫與余同給事武英殿書館。雍正四年秋，揖余曰：『吾告歸，行有日矣！吾母安吾鄉；古之人耕且養，三年而窮一經，四十而仕。吾齒與學皆未也。吾少好柳文，自先生別其瑕瑜，然後粗見古人之義法；及聞《周官》之説，而又知此其可後者也。故奉吾母以歸，將畢其餘力於斯。』」可知其説得自方苞。

〔註 148〕〔清〕紀昀、陸錫熊、孫士毅等纂修，《四庫全書》研究所整理：《欽定四庫全書總目》〔整理本〕，卷二十三，經部二十三，禮類存目一，〈《周官翼疏》三十卷〉，頁 295 說：「是書匯輯漢、唐、宋、明以來及國朝李光地、顧炎武、方苞之説，分爲五部，凡疏解經義者，曰『正義』。於本義引申旁通者，曰『通論』。考訂注疏之失者，曰『辨正』。綜列後世事迹，援史証經，曰『餘論』。別著新義以備參考者，曰『存異』。」

〔註 149〕《周官翼疏》，《四庫全書總目》〈存目〉爲「山西巡撫採進本」。今未有傳本，應已亡佚。

〔註 150〕同前註，「書成於雍正丁未。」雍正丁未爲雍正五年（1727）。

〔註 151〕方苞《擬定纂修三禮條例劄子》，〔清〕方苞撰，劉季高點校：《方苞集》，集外文，卷二，頁 565。

「前人有所異同，辨而得其正者也」〔註152〕、「考訂注疏之失者」。〔註153〕「考定」、「考證」或可歸併於「辨正」。

「存異」的內容，「如《易》之取象，《詩》之比興，後儒務爲新奇而可欺惑愚眾者，存而駁之，使學者不迷於所從」〔註154〕、「理无兩是，其非已見矣。恐人從而是之，則曰『存疑』。又其甚者，則曰『存異』。」〔註155〕而「存疑」爲「各持一說，義皆可通，不宜偏廢」。「存疑」與「存異」性質相近，而有程度上的區別。《周官翼疏》「存異」爲「別著新義以備參考者」。或許因爲如此，「存疑」可併入「存異」爲一類。

下以表格列出其異同，以資參考。

方苞主張的條例	條　例　類　別	出　　處
1、方苞擬定《三禮義疏》的條例	（1）正義（2）辨正（3）通論（4）餘論（5）存疑（6）存異	方苞〈擬定纂修三禮條例〉，《方苞集》，集外文，卷二。
《欽定三禮義疏》的條例	（1）正義（2）辨正（3）通論（4）餘論（5）存疑（6）存異（7）總論	《欽定周官義疏・凡例》第三條、《欽定儀禮義疏・凡例》第五條、《欽定禮記義疏・凡例》第九條。
2、方苞主張重新編纂諸經義疏計畫的條例	（1）正義（2）辨正（3）通論（4）考定（5）考證（6）餘論（7）存疑（8）存異	方苞〈答翁止園書〉，《方苞集》，集外文補遺，卷一。
（1）程廷祚《大易擇言》的條例	（1）正義（2）辨正（3）通論（4）餘論（5）存疑（6）存異	程廷祚《大易擇言》，〈例畧〉，〈論以六條編書〉。
（2）方苞《書義補正》的條例	（1）正義（2）考證（3）考定（4）辨正（5）通論（6）餘論（7）存異（8）存疑	劉聲木《桐城文學撰述考》，卷一。

〔註152〕〔清〕程廷祚〈例畧〉，〈論以六條編書〉，《大易擇言》（臺北：臺灣商印書館，1983年景印清乾隆間寫《文淵閣四庫全書》第52冊），頁456。

〔註153〕〔清〕紀昀、陸錫熊、孫士毅等纂修，《四庫全書》研究所整理：《欽定四庫全書總目》〔整理本〕（北京：中華書局，1997年1月），卷二十三，經部二十三，禮類存目一，〈《周官翼疏》三十卷〉，頁295。

〔註154〕方苞《擬定纂修三禮條例箚子》，〔清〕方苞撰，劉季高點校：《方苞集》，集外文，卷二，頁565。

〔註155〕〔清〕程廷祚〈《大易擇言》自序〉，《大易擇言》，〈例畧〉，〈論以六條編書〉，頁456。

3、其他人從方苞主張條例：沈淑《周官翼疏》的條例	（1）正義（2）通論（3）辨正（4）餘論（5）存異	《欽定四庫全書總目》，卷二十三，經部二十三，禮類存目一。

（二）促進禮學研究的風氣

乾隆時纂修《三禮義疏》，聚集一批學者，致力於纂修之事。値此朝廷表彰三禮之學之時，許多學者紛紛對此投入心力，期許能貢獻一己之力，以發揚三禮之學，闡揚經典中聖人之精意，進而影響當時的禮學研究的風氣。因此，纂修《三禮義疏》，被學者們認爲是當代的盛事。方苞〈擬定纂修三禮條例〉說：「我皇上躬履至道，重念先聖遺經，未盡闡揚，詔修《三禮》，乃漢、唐以來未有之盛事。」〔註 156〕方苞認爲此「乃漢、唐以來未有之盛事。」而王士讓也說：「今天子修曠古以來未舉之盛典。鉅儒鴻生雲集闕下。」〔註 157〕雖然其言略爲嫌誇大，但是也充分的表示當時學者普遍的心態。

而歷來關於《三禮》，眾說紛紜。因爲纂修的需要，也時常討論，加上各人持論不同。因此，也造成熱烈討論三禮的風潮。如方苞有〈答禮館諸君子書〉討論「殷同饗燕之說」、〈答禮館纂修書〉討論喪服服制等。〔註 158〕又如李清植（1690～1744）的設「禮會」，延請諸學者討論禮學問題。官獻瑤在爲王士讓的《儀禮紃解》作〈刻《儀禮紃解》序〉中曾提及「禮會」討論禮學的情形，說：

> 穆亭宗伯嫻于禮，性好問，旬日輒延諸名士爲「禮會」。先生亦在會中，遇節目疑難之處，彼此各持一見，辨論轟起，如風聲波湧。〔註 159〕

可知「禮會」中學者討論禮學，各持己見，來往辯論的盛況。

而學者透過與諸人的討論禮學，與纂修時接觸的新材料，也或直接，或間接的促成其與禮學相關的著作。其直接者，如官獻瑤的《石谿讀周官》，其〈《讀周官》序〉說：

> 獻瑤曩歲從吾師望溪方先生學《周官》，恭逢我皇上命儒臣纂修《三禮》，先生實董《周官》書。獻瑤亦承之編校，因得繙閱歷代講家名

〔註 156〕〔清〕方苞撰，劉季高點校：《方苞集》，集外文，卷二，頁 564。

〔註 157〕〔清〕官獻瑤〈刻《儀禮紃解》序〉，〔清〕王士讓撰：《儀禮紃解》（上海：上海古籍出版社，1995 年，《續修四庫全書》第 88 冊，經部・禮類，據北京圖書館分館藏清乾隆三十五年張源義刻本影印），頁 4。

〔註 158〕〔清〕方苞撰，劉季高點校：《方苞集》卷六，頁 176～178，頁 179。

〔註 159〕〔清〕官獻瑤〈刻《儀禮紃解》序〉，〔清〕王士讓撰：《儀禮紃解》，頁 5。

> 本，擇其醇者錄正，然後奏御裁決，書成，刊布學官多年矣。老年溫經，於《易》、《書》、《詩》、《春秋》、《儀禮》，凡數過。是書從先生講貫最久，又分修〈地〉、〈秋〉二官，用心最劬，功最勤。居間尋繹前聞，偶有觸發，得若干條，并舊章草藁，繕爲六冊。〔註 160〕

官獻瑤爲方苞弟子，早歲從方苞學《周禮》。而後來朝廷開三禮館，纂修《三禮義疏》，方苞主《周禮》，官獻瑤也承纂修之任，從事編校，因而得以翻閱「歷代講家名本」，「擇其醇者錄正」。官獻瑤透過纂修的機會，接觸歷代諸家有關的解說，爲其後撰《石谿讀周官》奠下基礎。其晚年溫習經典，以《周禮》從其師方苞「講貫最久」，於纂修《三禮義疏》時，官獻瑤又是分修《周禮》中的〈地〉、〈秋〉二官，而其「用心最劬，功最勤」。故「居間尋繹前聞，偶有觸發，得若干條，并舊章草藁，繕爲六冊」，此即爲《石谿讀周官》。

王士讓的《儀禮紃解》，《儀禮紃解》初稿成於乾隆五年（1740），定稿成於乾隆十三年（1748），六易其稿。王士讓卒於乾隆十六年（1751），其卒之後二十年，其書由張源義（？～1771）於乾隆三十五年（1770）刊行。〔註 161〕官獻瑤〈刻《儀禮紃解》序〉詳述其經過爲：

> 南陽先生詮《儀禮》，凡六易稿乃成書，歿二十年孝廉張君世文爲鋟之木以行遠，世文於先生蓋未識面也。當乾隆元年丙辰，余備官纂修《三禮》。先生適舉博學宏詞科，同寓于李穆亭宗伯邸中。詞科試詩賦，先生獨入書肆，貿朱子《儀禮經傳通解》，手披口誦，漏數下，矻矻不休。余私詫之，先生曰：「吾非習于禮者，念是經自鄭、賈《注》、《疏》後，罕有聞人。今天子修曠古以來未舉之盛典。鉅儒鴻生雲集闕下。賤無能爲役，猶願卒業是經，以爲求益之資，請從今日始。詞科之遇不遇，非所計也。」未幾，先生應詞科試，報罷。手攜《儀禮》書出都門，無慍色。乾隆庚申，余請假將母歸，訪先生于家，問無恙外。先生即曰：「《儀禮》十七篇均有稿，可漸修改矣。子能爲書介我于方望溪宗伯乎？」望溪宗伯，時總裁三禮經者也。余爲書送先生入都。壬戌，余至都，都下籍籍，南陽先生習《儀禮》。望

〔註 160〕〔清〕官獻瑤〈《讀周官》序〉，〔清〕官獻瑤《石谿讀周官》（上海：上海古籍出版社，1995 年，《續修四庫全書》第 79 冊，經部・禮類，據中國科學院圖書館藏清道光二十五年刊本影印），頁 556～557。

〔註 161〕同前註，頁 4～7。

溪宗伯暨同館先輩以聞之鄂、張二相國，合奏于朝，命先生以明經傑然厠名編纂中，異數也。而是時吳泊邨編修亦奉詔入禮館，泊邨夙以《儀禮》名家者。無何，上復命穆亭宗伯總《儀禮》事。穆亭宗伯嫺于禮，性好問，旬日輒延諸名士爲禮會。先生亦在會中，遇節目疑難之處，彼此各持一見，辨論轟起，如風生波湧。先生正襟肅聽，有得則躍然，持片紙細書不少停。夜歸，亟錄之於策，日增月益，而先生舊稿，又數數變矣。會余銜命視學粵西，將行。別先生曰：「勉之，是經非千周不可。」先生曰：「諾。」先生師資自望溪、穆亭二宗伯外，宜興則吳泊邨，無錫則蔡辰錫，休寧則程慓也，長沙則王九溪，錢塘則諸襄七，吳東壁，皆名宿也。而泊邨交最密，獲益最多。於是乾隆戊辰，先生分修書成，荷恩敘一等出判蘄州。而余復奉使秦中，行至武昌，得先生報書曰：「走不敢負吾君，不忍忘吾子要言。幸官修書成，吾私鈔以便諷習者，亦略就緒。計自初元自今，天星一周，稿已六易矣。」〔註162〕

王士讓因朝廷開館纂修《三禮義疏》，僅管以自己「非習于禮」，也「念是經自鄭、賈《注》、《疏》後，罕有聞人」，而欲致力於《儀禮》，後撰有稿本，因請官獻瑤介於方苞，遂入三禮館，爲纂修，分修《儀禮》。而王士讓也入李清植所設禮會，諸人「遇節目疑難之處，彼此各持一見，辨論轟起，如風生波湧。」王士讓細心傾聽討論，如有所得則將其紀錄下來，其稿則「日增月益」，「又數數變矣。」而王士讓也與同館纂修以《儀禮》聞名的吳紱與蔡德晉、程慓〔註163〕、王文清（1688～1779）、諸錦、吳廷華〔註164〕等禮學學者結交，獲益良多。而其《儀禮紃解》則於乾隆十三年成書。

杭世駿的《續禮記集說》，纂修《三禮義疏》，杭世駿爲纂修，其說：

余成童後，始從先師沈似裴先生受禮經，知有陳澔，不知有衛湜也。又十年，始得交鄭太史筠谷。筠谷贈以衛氏《集說》，窮日夜觀之，采葺雖廣，大約章句訓詁之學爲多，卓然敢與古人抗論者，惟陸農師一人而已。通籍後與修《三禮》，館吏以《禮記》中《學記》、《樂記》、《喪大記》、《玉藻》諸篇相屬，條例既定，所取資者，則衛氏

〔註162〕同前註，頁4～6。

〔註163〕疑應爲程恂，爲《三禮義疏》纂修。可參考附表一。

〔註164〕可參考附表一。

> 之書也。京師經學之書絕少，從《永樂大典》中有關於《三禮》者悉皆錄出。《二禮》吾不得寓目，《禮記》則肄業及之。《禮記外傳》一書，唐人成伯璵所撰，海宇藏書家未之有也，然止於標列名目，如郊社封禪之類，開葉文康《禮經會元》之先，較量長樂陳氏《禮書》，則長樂心精而辭綺矣。他無不經見之書，至元人之經疑迂緩庸腐，無一語可以入經解，而《大典》中至有數千篇，益信經窟中可以樹一幟者之難也。明年，奉兩師相命，詣文淵閣搜撿遺書，惟宋刻陳氏《禮書》差爲完善，餘皆殘闕無可取擕。珠林玉府之藏，至是亦稍得其崖略已。在衛氏後者，宋儒莫如黃東發，《日鈔》中諸經皆本先儒，東發無特解也。元儒莫如吳草廬，《纂言》變亂篇次，罔分名目，乃經學之駢枝，非鄭、孔之正嫡也。廣陵宋氏，有意駁經，京山郝氏，居心難鄭，姑存其說，爲迂儒化拘墟之見，而不能除文吏深刻之習。宋、元以後，千喙雷同，得一岸然自露頭角者，如空谷之足音，跫然喜矣。國朝文教覃敷。安溪、高安兩元老，潛心《三禮》，高安尤爲傑出，《纂言》中所附解者，非草廬所能頡頏，館中同事編晝者，丹陽姜孝廉上均，宜興任宗丞啓運，仁和吳通守廷華皆有撰述，悉取而備錄之。賢于勝國諸儒遠矣。書成，比于衛氏少三分之二，不施論斷，仍衛例也。〔註165〕

杭世駿分修《禮記》中的《學記》、《樂記》、《喪大記》、《玉藻》等篇，取資於衛湜的《禮記集說》，還有從《永樂大典》中輯出有關《三禮》的解說。而其尤致力於《禮記》，而纂修時接觸的材料，還有與當時同館學者的討論，其《續禮記集說》〈姓氏〉後，說：

> 已上諸家有全書備錄者，猶衛氏之於嚴陵方氏，廬陵胡氏之例也。其餘多從節取，有與先儒複者，概從刪削，有別出新義者，雖稍未醇，亦存備一解。又嘗備員詞館，與修《三禮》，日與同館諸公，往復商榷，存其說於篋，衍及主講粵秀，諸生亦有執經問難者，錄爲《質疑》一編，不忍棄置，悉附於各條之末，衰耋侵尋，舊雨零落，廞門著書，自謂未經論定，祕不示人者，則采錄所未到，均有俟諸異日。〔註166〕

〔註165〕〔清〕杭世駿《續禮記集說》卷首，〈自序〉，頁1～2。

〔註166〕同前註，〈姓氏〉，頁8。

其也成爲《續禮記集說》的重要資源。〔註 167〕

其間接者，如江永（1681～1762）的《周禮疑義舉要》，戴震〈江慎修先生事略狀〉說：

> 先生嘗一遊京師，以同郡程編修恂延之至也。三禮館總裁桐城方侍郎苞素負其學，及聞先生，願得見，見則以所疑《士冠禮》、《士昏禮》中數事爲問，先生從容置答，乃大折服。而荊溪吳編修紱，自其少於禮儀功深，及交於先生，質以《周禮》中疑義，先生是以有《周禮疑義舉要》一書。此乾隆庚申、辛酉間也。〔註 168〕

江永爲同鄉程恂延請至北京，程恂爲《三禮義疏》的纂修。〔註 169〕而同爲纂修的吳紱向江永質問《周禮》中的疑義，江永因而有《周禮疑義舉要》。

（三）學術的過渡

《欽定三禮義疏》有回歸經典的傾向，而此經學回歸經典的傾向，於明末清初蔚爲風潮，〔註 170〕《欽定三禮義疏》應也受其影響。張壽安於引方苞〈擬定纂修三禮條例箚子〉後說：

> 方苞所說「擬分爲六類，各注本節、本注之下」，表示他已經留意到禮經的經文和注文必須二分；六類當中的「正義」、「辨正」，也注意到「直詁經義」，保存經注的本義，排除支蔓推衍。至於「餘論」、「存疑」，兼收雖非正解比附經義卻於事理有所發明者，則仍屬宋學習性。此後十餘年間禮館諸儒對禮制、名物之考證皆循此例，尤其是有關服制之論辨，不難看出漢學考證風氣正逐漸興起。至於修成之三禮，教諸宋明之禮學，有何變化？試析於下。
>
> 〔……〕三禮之編修，皆依七例，與方苞前箚所言略同。只將第六例「存疑」，改爲「名物、象數，久遠無傳，難得其眞。或創立一說，雖未即愜人心，而不得不姑存之，以資考辨者也。」並加入第七例「總

〔註 167〕可參考林存陽〈杭世駿與三禮館〉，陳祖武主編：《明清浙東學術文化研究》（北京：中國社會科學出版社，2004 年 10 月），頁 708～728。

〔註 168〕〔清〕戴震《東原文集》，張岱年主編：《戴震全書》（合肥：黃山書社，1995 年 10 月），第 6 冊，卷十二，頁 413。

〔註 169〕可參考附表一。

〔註 170〕關於此，可詳參林師慶彰〈明末清初經學研究的回歸原典運動〉，《孔子研究》1989 年第 2 期，頁 100～110，1989 年 6 月。後收入林師慶彰撰：《明代經學研究論集》（臺北：文史哲出版社，1994 年 5 月），頁 333～360。

> 論」，收錄那些「合數節而論之，合一職而論之者。」這二點看似小異，其實代表著漢學考證的更形深入。「存疑」所存者，方苞意指義理之務爲新奇者；但欽定義疏之所存，卻是名物、象數、制度面之可資考證者。新增入的第七例，更是肯定對特定職官、制度、儀節做專門通貫之考訂著作。〔……〕從三禮館開到三禮修成，我們可以清楚看到這十餘年間專門漢學家博採漢唐遺文、治經重訓詁、名物、度數的考證特色一一滲入修禮工作。宋明儒的禮書著作頻頻遭受「不識禮制，空言義理」、「割裂經傳」、「不尊鄭注」等批評。
>
> 這種從批評宋元明經説轉至尊崇漢儒經注、並致力名物考覈的治禮原則，正説明專門漢學的逐漸壯大。雖然《三禮義疏》的內容仍是兼採眾說，但畢竟這還是乾隆十三年，又是欽定之書。〔註 171〕

張壽安認爲方苞〈擬定纂修三禮條例劄子〉所說：「擬分爲六類，各注本節、本注之下」，表示方苞已經留意到禮經的經文與注文必須二分。六類條例當中的「正義」，「乃直詁經義，確然無疑者。」「辨正」，「乃後儒駁正舊說，至當不易者。」張氏認爲方苞注意到「直詁經義」，就是保存經注的本義，排除支蔓推衍。經文、注文分開，於形式上不混合；於解說上保存經注本義，排除支蔓推衍之說，皆可說是回歸經典的象徵。而「餘論」、「存疑」，兼收雖非正解，而比附經義卻於事理有所發明者，張氏認爲其仍屬於宋學習性。雖然如此，張氏指出三禮館諸儒已有轉而注重名物、象數與制度層面的傾向，而漢學考證的風氣逐漸興起。《三禮義疏》的纂修，皆依七類條例，其與方苞〈擬定纂修三禮條例劄子〉所擬定略同。只是將第六類「存異」〔註 172〕改爲「名物、象數，久遠無傳，難得其眞。或創立一說，雖未即愜人心，而不得不姑存之，以資考辨。」而加入第七類「總論」，收錄「合數節而論之，合一職而論之」的解說。張氏認爲此「代表著漢學考證的更形深入。」而「存異」一類，方苞爲「如《易》之取象，《詩》之比興，後儒務爲新奇而可欺惑愚眾者，存而駁之，使學者不迷於所從。」張氏認爲方苞是指義理務爲新奇者，《三禮義疏》則爲「名物、象數、制度面之可資考證者。」而「新增入的第七例，

〔註 171〕張壽安撰：《十八世紀禮學考證的思想活力——禮教論爭與禮秩重省》，第一章〈明清禮學轉型與清代禮學之特色〉，第二節〈從私家儀注的「家禮學」到以經典爲法式的「儀禮學」〉，一、〈「三禮館」與學風初變〉，頁 57～61。

〔註 172〕張壽安文中說是「存疑」，實爲「存異」。

更是肯定對特定職官、制度、儀節做專門通貫之考訂著作。」且不論張氏所論，是否完全符合實際的情況。而張氏所論，其經、注二分，而不混合解說與保存經注的本義等，應是符合情況的。雖然《三禮義疏》仍尊崇程、朱，然而其已漸有回歸經典的傾向。張氏已指出大概情況，以下則略加討論。

1、回歸經典

《欽定周官義疏・凡例》第四條說：

> 朱子《儀禮經傳通解》萃《三禮》而類別之，又附益以他書，故經、傳之文，間見錯出。茲則《三禮》分編，各爲一書。五官之文，悉從其舊，概無移動。〔註173〕

《周官義疏》以朱熹《儀禮經傳通解》合《三禮》內容而分門別類，又附益以相關的書籍內容，故經、傳的文字，內容相雜，而此則《周禮》、《儀禮》、《禮記》分別編輯，不相混合，各爲一部書，而不附益《周禮》、《儀禮》、《禮記》以外的內容。《周禮》的文字內容，「悉從其舊」，一概不加以移動。於形式與內容上，皆回歸經典的原貌。

而《欽定儀禮義疏・凡例》第二條說：

> 朱子《儀禮通傳通解》，以《儀禮》爲主，而取《周官》、《禮記》及他經傳記之言禮者，以類相從。其門人黃氏榦、楊氏復亦遵其例，續成喪、祭二禮，茲屬三禮分治，故於《儀禮》經、記之外，概無附益。〔註174〕

《儀禮義疏》也於《儀禮》經、記之外，一概無所附益。《欽定儀禮義疏・凡例》第四條說：

> 朱子割記附經，故亦便於學者，然敖氏繼公謂諸篇之記，有特爲一條而發者，有兼爲兩條而發者，有兼爲數條而發者，亦有於經意之外，別見他禮者。分屬諸經，未能清析，不若仍其舊貫。茲以經還經，以記還記，悉無移置。而於記文，亦略分節次，以爲識別焉。〔註175〕

認爲朱熹《儀禮經傳通解》割記附經，雖然也便於學者，然而割裂經、記，

〔註173〕《欽定周官義疏》（臺北：臺灣商務印書館1983年景印清乾隆間寫《文淵閣四庫全書》第98冊），頁6。

〔註174〕《欽定儀禮義疏》（臺北：臺灣商務印書館1983年景印清乾隆間寫《文淵閣四庫全書》第106冊），頁1。

〔註175〕同前註，頁2。

其「分屬諸經，未能清析，不若仍其舊貫。」故「茲以經還經，以記還記」，皆不移置，而於記文，也略爲分其章節次序，以作爲識別。

對於朱熹《儀禮經傳通解》，《三禮義疏》不依其割裂經傳，以傳附經，不依原經、記、傳文次序編排，附益以其他書籍的形式。而一依經文的原本、原次序，也不附益經文以外的內容。

而又如〈中庸〉、〈大學〉，朱熹將其與《論語》、《孟子》編入《四書》。而後如陳澔、吳澄等人，多以〈中庸〉、〈大學〉已入《四書》，而將之從《禮記》中抽出。而《禮記義疏》則將〈中庸〉、〈大學〉回歸《禮記》。

《欽定三禮義疏》於《周禮》、《儀禮》、《禮記》，其內容回歸原貌的要求，此即爲回歸經典的表現。

《欽定三禮義疏》於經文、《注》、《疏》大體一依其原本次序，不隨意改動。《欽定禮記義疏・凡例》第四條說：

> 經文如〈玉藻〉、〈王制〉諸篇，有先後錯簡，宜更正者，只於注內表明之。諸家或未詳究，則以案語發之。而文仍舊本，無專輒改易，用昭遵古之義，惟〈月令〉、〈樂記〉章句稍有併合分析，爲便於訓釋也。〔註 176〕

《禮記義疏》於《禮記》，如〈玉藻〉、〈王制〉諸篇，「有先後錯簡」，應加以更正者，只於注中表著之。而「諸家或未詳究」，則以案語闡發之。而其中文字仍然依舊本，不隨意改易。而「惟〈月令〉、〈樂記〉章句稍有併合分析」，則是爲了「便於訓釋」的緣故。《欽定禮記義疏・凡例》第十二條則說：

> 所引注、疏，或仍其全文，或節其要義，有刪無增亦無改。〔註 177〕

《禮記義疏》所引《注》、《疏》，或有仍然依其全文，或有節取其要義，於《注》、《疏》內容爲有刪取，但沒有增加，也沒有改動。其於經、《注》、《疏》文字內容不隨易改動。《欽定禮記義疏・凡例》第八條說：

> 每經文下講說諸家，各以時代爲次，代同者則以其人之先後爲次。所引注、疏，間或先孔後鄭者，則因經文之先後次之。〔註 178〕

於每條經文下講說諸家，各以其時代爲次序，時代相同者則以其人的先後爲次

〔註 176〕《欽定禮記義疏》（臺北：臺灣商務印書館 1983 年景印清乾隆間寫《文淵閣四庫全書》第 124 冊），頁 3。

〔註 177〕同前註，頁 4。

〔註 178〕同前註。

序。而所引《注》、《疏》，間有先孔而後鄭者，則是以經文的先後而爲之次序。此也表示經文一依原次序，不擅加改動。而所引諸家之說，則各依經文次序，附於其下。而或有先疏後注的情形，則是依經文的先後，以爲次序。〔註 179〕可知《欽定三禮義疏》一切回歸於經典的態度。

2、尊崇程、朱義理，並且肯定《注》、《疏》

《欽定三禮義疏》尊崇程、朱義理，而《欽定禮記義疏・凡例》第二條說：

> 說禮諸家，或專尚鄭、孔，或喜自立說，而好排《注》、《疏》，紛紛聚訟，茲各虛心體究，無所專適，惟說之是者從之。至於義理之指歸，一奉程、朱爲圭臬云。〔註 180〕

對於說禮諸家，或有專門崇尚鄭玄、孔穎達，或有喜歡自創其說，而好於排除《注》、《疏》，各家紛紛聚訟，故各虛心體會探究，沒有特別的偏向，或排除哪些說法，只要其說是者即從之。至於義理之指歸，一切奉程、朱以爲圭臬。則其說之是者，應指合於程、朱義理之說。雖然如此，但是其已有注重注、疏的傾向。而纂修《三禮義疏》任副總裁的李紱也說：

> 《三禮》以《注》、《疏》爲主，一切章段故實，非有大礙於理者，悉宜遵鄭《注》、孔《疏》。〔註 181〕

李紱認爲《三禮》應以《注》、《疏》爲主，「一切章段故實」，如果不是太妨礙於義理，皆應該遵從注、疏。而任纂修的杭世駿也說：

> 通籍後與修《三禮》，館吏以《禮記》中《學記》、《樂記》、《喪大記》、《玉藻》諸篇相屬，條例既定，所取資者，則衛氏之書也。京師經學之書絕少，從《永樂大典》中有關於《三禮》者悉皆錄出。《二禮》吾不得寓目，《禮記》則肄業及之。《禮記外傳》一書，唐人成伯璵所撰，海宇藏書家未之有也，然止於標列名目，如郊社封禪之類，

〔註 179〕《欽定周官義疏・凡例》（臺北：臺灣商務印書館 1983 年景印清乾隆間寫《文淵閣四庫全書》第 98 冊），第七條，頁 6 與《欽定儀禮義疏・凡例》（臺北：臺灣商務印書館 1983 年景印清乾隆間寫《文淵閣四庫全書》第 106 冊），第七條，頁 2 皆說：「所取各家之說，以經文先後爲序，不以其人之時代。」

〔註 180〕《欽定禮記義疏》（臺北：臺灣商務印書館 1983 年景印清乾隆間寫《文淵閣四庫全書》第 124 冊），頁 3。

〔註 181〕李紱〈與同館論纂修三禮事宜書〉，《穆堂別稿》（上海：上海古籍出版社，2002 年，《續修四庫全書》第 1422 冊，集部・別集類，據上海圖書館藏清道光十一年奉國堂刻本影印），卷三十四，頁 518。

開葉文康《禮經會元》之先，較量長樂陳氏《禮書》，則長樂心精而辭綺矣。他無不經見之書，至元人之經疑迂緩庸腐，無一語可以入經解，而《大典》中至有數千篇，益信經窟中可以樹一幟者之難也。明年，奉兩師相命，詣文淵閣搜撿遺書，惟宋刻陳氏《禮書》差爲完善，餘皆殘闕無可取攜。珠林玉府之藏，至是亦稍得其崖略已。在衛氏後者，宋儒莫如黃東發，《日鈔》中諸經皆本先儒，東發無特解也。元儒莫如吳草廬，《纂言》變亂篇次，罔分名目，乃經學之駢枝，非鄭、孔之正嫡也。廣陵宋氏，有意駁經；京山郝氏，居心難鄭，姑存其說。爲迂儒化拘墟之見，而不能除文吏深刻之習。宋、元以後，千喙雷同，得一岸然自露頭角者，如空谷之足音，跫然喜矣。〔註 182〕

杭世駿認爲元代吳澄《禮記纂言》變亂《禮記》的篇章次序，亂分名目，以其爲「經學之駢枝，非鄭、孔之正嫡也。」以吳澄變亂經典原貌爲經學的駢枝，不是鄭、孔的正宗嫡傳。而且也不滿如廣陵宋氏的有意駁經、京山郝氏的居心難鄭，於其也「姑存其說」而已。

《欽定三禮義疏》雖尊崇程、朱義理，但其不排除《注》、《疏》。《注》、《疏》之說，只要合於義理者則採用。如果其說法因襲，或冗長支蔓，無所發揮，與違背義理者，就算是宋、元諸家之說，也不採用。《欽定周官義疏‧凡例》十二條說：

宋、元、明諸家有取注、疏改換敷衍，及顯與理悖，不足惑人者，概從薙芟，亦不置辨。〔註 183〕

《欽定三禮義疏》於諸家說法判斷標準，在於是否合於義理。而只要《注》、《疏》的說法，不違背義理，則也遵從《注》、《疏》。

《欽定三禮義疏》尊崇程、朱義理，與肯定《注》、《疏》，同時存在，而並行不悖。其顯著代表者，如《禮記義疏》將〈中庸〉、〈大學〉回歸《禮記》，而其不依正義等七類條例解說，而以鄭玄《注》、孔穎達《疏》、朱熹《章句》排列解說。其仍尊朱熹《章句》，然而其也肯定「鄭、孔羽翼聖籍之功」，〔註 184〕

〔註 182〕〔清〕杭世駿《續禮記集說》卷首，〈自序〉，頁 1～2。

〔註 183〕《欽定周官義疏》（臺北：臺灣商務印書館 1983 年景印清乾隆間寫《文淵閣四庫全書》第 98 冊），頁 7。

〔註 184〕《欽定禮記義疏》（臺北：臺灣商務印書館 1983 年景印清乾隆間寫《文淵閣四庫全書》第 126 冊），卷六十六，〈中庸〉第三十一之一，案語，頁 165。

其意義爲：

> 《小戴記》之有〈中庸〉、〈大學〉也。自朱子《章句》出，而陳澔《集說》四十九篇中遂只列其目而不載其文。夫漢儒長於數，其學得聖人之博；宋儒　邃於理，其學得聖人之精。二者得兼，乃見聖人之全經。自宋儒之說盛行，遂庋《注》、《疏》於高閣，君子未嘗不深惜之。攷朱子《章句》去小戴刪定之年，千有餘歲矣。中間異學爭鳴，羣言淆亂，藉使莫爲之前，字櫛句梳，以餉遺乎將來，俾學士羣相考信。烏知其不爲《齊論》之無傳，與〈冬官〉之莫購也。然則二書之得表章於朱子者，《注》、《疏》羽翼之功，又安可沒也哉！〔……〕茲用編次《注》、《疏》，與朱注同其詳備，不厭其文之繁，辭之複，與其義之各出而不相謀，非雜也。夫亦主於脩古不忘其初而已，存古於後人所不存，尤欲存古於後人所共存，此《注》、《疏》暨朱注兩相存而不悖也。說者謂《三禮》之脩，凡例有六，茲何以置勿用也。曰：以有朱子《章句》在故也。《章句》所定，豈容有所擇於其間哉！若夫鄭《注》、孔《疏》，則自朱子所取數條外，餘皆不相脗合也，又擇之不勝擇矣。抑將置之存疑、存異，則歷千餘年，名儒輩出，何以至今不刊也，此六條之所以不必拘也。第各存其原文，俟夫好學深思者參伍之以備考焉，可乎？然則三家之外，別無可採與！自宋、元、明以來，講說林立，其可採者，已囊括於《大全》一書。又其爲說，要皆與朱注相爲表裏。第讀朱注，其說之相表裏者可知也。惟茲鄭《注》爲解經之權輿，孔《疏》釋注之墨守，皆爲《大全》所未載，即爲諸講家所未採及。謹全錄而存之，俾與朱子《章句》並垂不朽云。〔註185〕

《禮記》中的〈中庸〉、〈大學〉二篇，自從朱熹以其編入《四書章句集注》之後，後來元代陳澔《禮記集說》只列〈中庸〉、〈大學〉篇名，而不載其文字。而《禮記義疏》以漢儒擅長於制數，其學得聖人的廣博；宋儒深邃於義理，其學得聖人的精密。漢、宋二者得而兼之，就可以闡發聖人全經的意義。然而自宋儒之說盛行之後，注、疏則被棄而不顧，「庋於高閣」，而有識學者於此深覺可惜。而考朱熹《章句》距《禮記》成書之時，已有一千餘年。而

〔註185〕同前註，卷六十七，〈中庸〉第三十一之二，〈中庸〉文末，案語，頁230～231。

其中間「異學爭鳴，羣言淆亂」，而如果〈中庸〉、〈大學〉之前沒有藉著《注》、《疏》，「字櫛句梳」，整理解說，而流傳下來，使得學者可以「羣相考信」。如果不是這樣的話，又怎麼知道其不會像《齊論》與〈冬官〉一樣亡佚不傳。故《注》、《疏》有保存與整理、解說文獻之功，然則〈中庸〉、〈大學〉之得以被朱熹表章，而「《注》、《疏》羽翼之功」，其價值實在不能被埋沒。編次注、疏，與朱熹《章句》，皆收錄全文，「不厭其文之繁，辭之複，與其義之各出而不相謀」，此不是繁雜。而是「主於脩古不忘其初而已」，基於「存古」，即保存古代的文獻，此就是注、疏與朱熹《章句》可以兩相並存而不悖的原因。至於爲什麼不用七類條例的原因，則是因爲有朱熹《章句》在的關係，「《章句》所定，豈容有所擇於其間哉！」至於鄭玄《注》、孔穎達《疏》，則自被朱熹所取用的數條說法之外，剩餘的皆不與朱熹脗合，而其又不勝選擇。如果將其置於存疑、存異，則經歷數千年間，名儒輩出，說法眾多，而《注》、《疏》卻得以流傳下來，自有其價值，故不必拘泥於條例來編輯。只各自保存其原文，使學者參伍其說，以備考察。而〈中庸〉、〈大學〉所收錄僅鄭玄《注》、孔穎達《疏》、朱熹《章句》三家，而除三家之外，宋、元以來，諸家說法甚多，難道是皆不可取。原因是宋、元以來的眾多解說，其可採取者，已全囊括於明成祖永樂年間胡廣奉敕所編的《四書大全》之中。又其說法，大要皆與朱熹《章句》相爲表裏，而只要讀朱熹《章句》，則可知其相爲表裏的說法。而惟有鄭玄《注》爲「解經之權輿」，孔穎達《疏》爲「釋注之墨守」，皆爲《四書大全》所未記載，也即爲諸家所未採及。而鄭玄《注》、孔穎達《疏》於經典有「羽翼之功」，故全錄鄭玄《注》、孔穎達《疏》，與朱熹《章句》。

而如《儀禮義疏》也於爲前人所認爲專與鄭玄立異的敖繼公《儀禮集說》所採特別多。〔註 186〕然而其回歸經典，肯定《注》、《疏》的價值，也是值得注意的。而《欽定三禮義疏》也注重探究禮學，所特別應致力的名物、制度層面的考證問題，而爲考訂，則求精當，如證據不足，則闕疑之。如《欽定周官義疏・凡例》第十一條說：

〔註 186〕〔清〕紀昀、陸錫熊、孫士毅等纂修，《四庫全書》研究所整理：《欽定四庫全書總目》〔整理本〕，，卷二十，經部二十，禮類二，〈《欽定儀禮義疏》四十八卷〉，頁 255 說：「惟元敖繼公《儀禮集說》疏通鄭注而糾正其失，號爲善本。故是編大旨以繼公所說爲宗，而參核諸家以補正其舛漏。」可參考程克雅〈敖繼公《儀禮集說》駁議鄭注《儀禮》之研究〉，《東華人文學報》第 2 期，頁 291～308，2000 年 7 月。

古今器物，殊制異名，鄭康成在東漢之季，猶爲近古。然〈考工記〉注語簡而意澀，難以盡通。謹詳繹〈記〉文及注、疏可解者解之，非確有所見，不敢臆決，以俟知者。〔註 187〕

古今的器物，形制、名稱殊異。鄭玄在東漢末年，「猶爲近古」。《周官義疏》於〈考工記〉鄭玄「注語簡而意澀，難以盡通」，故詳繹〈考工記〉文字與《注》、《疏》可解者解之，不敢臆測決定，「以俟知者」，則爲闕疑。〔註 188〕又如《欽定禮記義疏・凡例》第七條說：

禮經名物度數，尤當精審極究，辨是非而正異同，故注中於郊社、樂舞、裘冕、車旗、尊彝、圭鬯、燕飲、饗食，及〈月令〉紀候之物，〈內則〉有事之文，皆再三考訂，研核必求至當。而九天、六天，明堂、大廟，鄭、王之殊互，今古之參差，或駁或甄，要取歸於不惑。其有去古既遠，類不可以強通者，則從闕疑。〔註 189〕

禮經的名物度數，尤其應當精審極究，辨別是非而正其異同，故注解中於郊社、樂舞、裘冕、車旗、尊彝、圭鬯、燕飲、饗食，與〈月令〉「紀候之物」，〈內則〉「有事之文」，皆再三的考訂，研討考核必求其至當。而如九天、六天，明堂、大廟等，鄭玄、王肅的殊異歧互，今古制度的參差，或駁議，或甄別，大要取歸於不惑。「其有去古既遠，類不可以強通者」，則從而闕疑。《欽定禮記義疏・凡例》第十五條說：

《禮記》雖雜成於漢儒，然微言大義，往往斯在，即以〈檀弓〉，事或傳疑。〈明堂位〉辭或夸越。〈王制〉與《周官》、《孟子》各有牴牾，亦必詳求義訓，不附會，亦不武斷。〔註 190〕

《四庫全書總目》說：

然《周官》、《儀禮》皆言禮制，《禮記》則兼言禮意。禮制非考證不明，禮意則可推求以義理，故宋儒之所闡發，亦往往得別嫌明微之

〔註 187〕《欽定周官義疏》（臺北：臺灣商務印書館 1983 年景印清乾隆間寫《文淵閣四庫全書》第 98 冊），頁 7。

〔註 188〕〔清〕紀昀、陸錫熊、孫士毅等纂修，《四庫全書》研究所整理：《欽定四庫全書總目》〔整理本〕，卷十九，經部十九，禮類一，〈《欽定周官義疏》四十八卷〉，頁 245 說：「是書博徵約取，持論至平。於《考工記・注》奧澀不可解者，不強爲之詞，尤合聖人『闕疑』之義也。」

〔註 189〕《欽定禮記義疏》（臺北：臺灣商務印書館 1983 年景印清乾隆間寫《文淵閣四庫全書》第 126 冊），頁 3～4。

〔註 190〕同前註，頁 4。

旨。此編廣摭群言，於郊社、樂舞、裘冕、車旗、尊彝、圭卺、燕飲、饗食，以及《月令》、《內則》諸名物，皆一一辯訂，即諸子軼聞，百家雜說，可以參考古制者，亦詳徵博引，曲證旁通。而辯說則頗採宋儒，以補鄭《注》所未備。〔註 191〕

《四庫全書總目》綜合的說，以《周官》、《儀禮》皆是言禮制，而《禮記》則是兼言禮意。「禮制非考證不明，禮意則可推求以義理」，故宋儒所闡發的，「亦往往得別嫌明微之旨。」而此書於《禮記》制度、名物，皆一一辨訂，而其「即諸子軼聞，百家雜說，可以參考古制者，亦詳徵博引，曲證旁通。」而其辨說則頗採宋儒之說，以補鄭《注》所未備之處。〔註 192〕

而之後清代也有學者將《欽定三禮義疏》當作漢學逐漸開始興起的象徵。如昭槤說：

上初即位，一時儒雅之臣，帖括之士，罕有通經術者。上特下詔，命大臣保薦經術之士，輦至都下，課其學之醇疵。特拜顧棟高爲祭酒，陳祖范、吳鼎等皆授司業。又特刊《十三經注疏》頒布學宮，命方侍郎苞、任宗臣啓運等裒集《三禮》，故一時耆儒宿學，布列朝班，而漢學始於大著，齷齪之儒，自蹶足而退矣。〔註 193〕

昭槤認爲乾隆初年注重經學，而包括纂修《欽定三禮義疏》在內，「而漢學始於大著。」而周中孚（1768～1831）說《周官義疏》爲：

從來說《周禮》者，自漢至唐，攷證典制；自宋迄明，推闡義理，各執一說，所見皆偏。今則悉稟睿裁，精麤並貫，本末兼賅，實會

〔註 191〕〔清〕紀昀、陸錫熊、孫士毅等纂修，《四庫全書》研究所整理：《欽定四庫全書總目》〔整理本〕，卷二十一，經部二十一，禮類三，〈《欽定禮記義疏》八十二卷〉，頁 270。

〔註 192〕關於名物、制度的考證，同前註，卷二十，經部二十，禮類二，〈《欽定儀禮義疏》四十八卷〉，頁 255 說：「《儀禮》至爲難讀。鄭《注》文句古奧，亦不易解。又全爲名物、度數之學，不可以空言騁辯。故宋儒諱其所短，多避之不講。即偶有論述，亦爲數無多。惟元敖繼公《儀禮集說》疏通鄭注而糾正其失，號爲善本。故是編大旨以繼公所說爲宗，而參核諸家以補正其舛漏，〔……〕舉數百年度閣之塵編，搜剔疏爬，使疑義奧詞渙然冰釋，先王舊典，可沿溯以得其津涯。考證之功實較他經爲倍蓰，豈非遭遇聖朝表章古學，萬世一時之嘉會歟？」

〔註 193〕〔清〕昭槤撰，何英芳點校：《嘯亭雜錄》（北京：中華書局，1980 年 12 月，1997 年 12 月湖北第 2 次印刷，《清代史料筆記叢刊》本），卷一，〈重經學〉，頁 15～16。

通漢學、宋學而一之矣。〔註 194〕

周中孚則認爲解說《周禮》者，自漢代至唐代，爲考證典制；自宋代至明代，爲推闡義理，其各執一說，皆有所偏。而《周官義疏》「實會通漢學、宋學而一之矣。」將其當作會通漢學、宋學而合一。

〔註 194〕〔清〕周中孚撰：《鄭堂讀書記》（臺北：世界書局，1960 年 11 月），卷三，〈《欽定周官義疏》四十八卷〉，葉六下。

第四章　方苞的《周禮》觀

第一節　《周禮》名義

一、復「《周官》」舊名

方苞主張《周禮》要復「《周官》」舊名，其說為：

> 《漢・藝文志》列《周官》五篇於禮家，後人因謂之《周禮》，其實乃成周分職命事之書也。《春秋傳》曰：先君周公作《周禮》。而所稱則是書所無，蓋周公監于二代，以定五禮，必有成書，謂之《周禮》，用別于夏、殷，散亡既久，其存者如《儀禮》十七篇，猶其支流。若是書則六官程式，非記禮之文，故復其舊，仍曰「《周官》」。〔註1〕

方苞以《漢書・藝文志》列今本《周禮》(《周官》)於六藝略下的禮類，〔註2〕後人因稱其為「《周禮》」，〔註3〕但今本《周禮》的內容，其實是「成周分職命事之書」。又引《春秋傳》，其文出自《左傳・文公十八年》：

〔註1〕〔清〕方苞撰：《周官集注》(臺北：臺灣商務印書館，1983年景印清乾隆間寫《文淵閣四庫全書》第101冊)，〈條例〉第一條，頁5。

〔註2〕《漢書・藝文志》著錄為「《周官經》六篇。」顏師古《注》說：「即今之《周官禮》也。亡其《冬官》，以《考工記》充之。」〔漢〕班固撰，陳國慶編：《漢書藝文志注釋彙編》(臺北：木鐸出版社，1983年9月)，六藝略，禮類，頁48。方苞應是以《考工記》非《周官》原書所有，故稱「《周官》五篇」。

〔註3〕可參考《欽定周官義疏・凡例》第一條，頁5，其說：「《漢志》本稱《周官經》、《周官傳》，至唐以後，乃更名《周禮》。朱子及鄭樵輩曾辨之。今仍曰《周官》，從其始稱。」

先君周公制《周禮》曰：「則以觀德，德以處事，事以度功，功以食民。」〔註4〕

方苞以《左傳》所載「周公作《周禮》」的「則以觀德，德以處事，事以度功，功以食民」等語，不載於今本《周禮》（《周官》）中。因而認為周公另外作有「《周禮》」一書，而其書散亡已久，其現存者如《儀禮》十七篇，「猶其支流」。〔註5〕今本《周禮》（《周官》）為「六官程式，非記禮之文」，為名副其實，〔註6〕故復其舊名「《周官》」。〔註7〕

二、分別《周禮》原書與〈考工記〉

《周禮》〈冬官〉亡，補以〈考工記〉，而〈考工記〉並非《周禮》原書所有，為了不讓〈考工記〉與《周禮》五官相混淆，故不冠〈冬官〉之名，〔註8〕只稱〈考工記〉。方苞的《周官集注》〈考工記〉部分不標〈冬官〉之名。《周官析疑》三十六卷、《考工記析疑》四卷，〔註9〕各自為卷。《四庫全書總目》說：

是書以《周官》為一編，《考工記》為一編，各分篇第，世亦兩本別行。然顧琮〈序〉內稱：合《考工》為四十卷，則本非兩書，特不

〔註4〕〔周〕左丘明傳、〔晉〕杜預注、〔唐〕孔穎達疏、〔清〕阮元等校勘：《春秋左傳注疏》（臺北：藝文印書館，1997年8月初版第13刷，影印清嘉慶二十一年江西南昌府學刊《十三經注疏》本），卷二十，頁352。

〔註5〕方苞參與纂修的《欽定儀禮義疏・凡例》（臺北：臺灣商務印書館，1983年景印清乾隆間寫《文淵閣四庫全書》第106冊），第一條，頁1說：「《儀禮》相傳周公所作。《春秋傳》云：先君周公作《周禮》。今五官之書，本名《周官》，非《傳》所指也。意者即此經與？但書缺不完，僅存十七篇而已。」

〔註6〕《欽定周官義疏・凡例》第一條，頁5即說：「且按以五官之職事，於義為當也。」

〔註7〕可參考同前註。

〔註8〕冬官亡，補以〈考工記〉。後人稱「冬官考工記」，《周禮注疏》即稱〈冬官考工記第六〉。可參〔漢〕班固撰，陳國慶編：《漢書藝文志注釋彙編》，六藝略，禮類，頁48。

〔註9〕〈《周官析疑》目錄〉，〔清〕方苞撰：《周官析疑》（上海：上海古籍出版社，1995年，《續修四庫全書》第79冊，經部・禮類，據華東師範大學圖書館藏清康熙六十年陳鵬（原誤為彭，今逕為改正）年，雍正九年朱軾，乾隆八年周力堂等遞刻本影印），頁5，標為「冬官考工記」，不過其另外分卷。《考工記析疑》其開頭標為《考工記析疑》卷之一，再來標題有「冬官」，其後有解釋冬官名義與關於〈考工記〉等等之文，〈考工記〉正文前有「記」標題，〔清〕方苞撰：《考工記析疑》（上海：上海古籍出版社，1995年，《續修四庫全書》第79冊，經部・禮類，據華東師範大學圖書館藏清康熙六十年陳鵬（原誤為彭，今逕為改正）年，雍正九年朱軾，乾隆八年周力堂等遞刻本影印），卷一，頁380。

欲以河間獻王所補與經相淆，故各爲卷目耳。〔註10〕

清乾隆時官修的《欽定周官義疏》，方苞於編纂工作，用力獨多，其〈凡例〉第五條說：

漢武帝求遺書，得《周官》五篇。司空職亡，漢人以〈考工記〉附之，名曰「冬官」，非其實也。茲稱〈考工記〉以從其朔。〔註11〕

將〈考工記〉與《周禮》五官分別，不與原書相混淆，復「〈考工記〉」的名稱。李光地（1642～1718）長子李鍾倫（1663～1706）也主此說，甚至其《周禮纂訓》一書，只釋〈天官〉到〈秋官〉，而缺〈考工記〉不釋。〔註12〕方苞雖將〈考工記〉分開，然而卻不否定其價值，詳下文所述。

三、《周禮》、六官、〈考工記〉

（一）《周禮》

方苞說：

朱子既稱：「《周官》徧布周密，乃周公運用天理熟爛之書。」又謂：「頗有不見其端緒者。」學者疑焉，是殆非一時之言也。蓋公之「兼三王以施四事」者，具在是書。其於人事之始終，百物之聚散，思之至精，而不疑於所行，然後以禮、樂、兵、刑、食貨之政，散布六官，而聯爲一體。」〔註13〕

方苞引朱熹的話說：「《周官》徧布周密，乃周公運用天理熟爛之書。」認爲《周禮》內容徧布周密，以禮、樂、兵、刑、食貨之政，散布於六官，聯合爲一體。而無一人一物一事不包括在其中，方苞《周官析疑》解說〈天官·大宰〉：「以九職任萬民」說：

天之生人，無少壯男女，有是身，則有所居之分位；有是分位，則

〔註10〕〔清〕紀昀、陸錫熊、孫士毅等纂修，《四庫全書》研究所整理：《欽定四庫全書總目》〔整理本〕（北京：中華書局，1997年1月），卷二十三，經部二十三，禮類存目一，頁293。

〔註11〕《欽定周官義疏·凡例》第五條，頁6。

〔註12〕〔清〕紀昀、陸錫熊、孫士毅等纂修，《四庫全書》研究所整理：《欽定四庫全書總目》〔整理本〕，卷十九，經部十九，禮類一，〈《周禮訓纂》二十一卷〉，頁245說：「此書自〈天官〉至〈秋官〉，詳纂注疏，加以訓義。惟闕〈考工記〉不釋，蓋以河間獻王所補，非周公之古經也。」《周禮纂訓》，《四庫全書總目》書名作《周禮訓纂》。《文淵閣四庫全書》本作《周禮纂訓》。

〔註13〕〔清〕方苞撰，劉季高點校：《方苞集》卷四，〈《周官集注》序〉，頁83。

> 有所治之事業，故名曰職。盈天地之間，有一無職之人，有一不守其職之人，則有家有國者，必陰受其病，故王公身任天職，必使萬民舍九職無以託其身，而君臣相與盡志於治、教、禮、政、刑、事以董正之，而使無廢職焉。〔註 14〕

「盈天地之間，有一無職之人，有一不守其職之人，則有家有國者，必陰受其病，故王公身任天職，必使萬民舍九職無以託其身」，而君與臣相與盡其志於治、教、禮、政、刑、事以監督導正，而使無廢職。〔註 15〕人民與國家爲一體，上下組織周密，而治、教、禮、政、刑、事行於其中。〔註 16〕《周官析疑》〈天官・冢宰〉：「乃立天官冢宰，使帥其屬而掌邦治，以佐王均邦國」也說：「蓋聖人立賢無方，始則無一人之不教，終則無一行、一藝、一才之或遺也。」〔註 17〕

（二）天　官

關於〈天官・冢宰〉，方苞說：

> 冢，大也。宰，主也。天統萬物，冢宰統眾官，故曰：天官。不言司者，不主一官之事也。宗伯亦不言司，鬼神非人所主故也。〔註 18〕

〔註 14〕〔清〕方苞撰：《周官析疑》卷二，〈天官・大宰〉，頁 15。

〔註 15〕也可參考〔清〕方苞撰：《周官析疑》卷三十二，〈秋官・小司寇〉，「及大比，登民數，自生齒以上，登於天府。內史、司會、冢宰貳之，以制國用」，頁 331 說：「古者四民之中，農居八九，其餘男女貴賤，無一人不在九職所任之中，故計民數，即可以制財用。」《考工記析疑》卷一，「國有六職，百工居一焉」，頁 381 也說：「先王之世，貴賤男女無一人而無職，禮、樂、政、刑所以警其職者，故自上以下，莫敢淫心舍力，此正德、利用、厚生之根本也。」「或坐而論道，〔……〕」，頁 381 又說：「國有四民，乃天之所爲，非人之所設也。無農工商則無以生養，無士則無以治教而生養不得遂。先王之世，四民之外無民，六職之外無事，所以無一事之不脩，一民之不得其所也。四民之外有民，六職之外有事，而欲生養之不匱，治教之大行，難矣。」

〔註 16〕〔漢〕鄭玄注、〔唐〕賈公彥疏、〔清〕阮元等校勘：《周禮注疏》（臺北：藝文印書館，1997 年 8 月初版第 13 刷，影印清嘉慶二十一年江西南昌府學刊《十三經注疏》本），卷一，〈天官・大宰〉，頁 26 說：「大宰之職，掌建邦之六典，以佐王治邦國：一曰：治典，以經邦國，以治官府，以紀萬民。二曰：教典，以安邦國，以教官府，以擾萬民。三曰：禮典，以和邦國，以統百官，以諧萬民。四曰：政典，以平邦國，以正百官，以均萬民。五曰：刑典，以詰邦國，以刑百官，以糾萬民。六曰：事典，以富邦國，以任百官，以生萬民。」方苞《周官集注》卷一，頁 13 說：「六典，治、教、禮、政、刑、事之書也。大宰總六官，故並建之，經理之，使畫一也。」

〔註 17〕〔清〕方苞撰：《周官析疑》卷一，頁 6。

〔註 18〕〔清〕方苞撰：《周官集注》卷一，〈天官・冢宰第一〉，頁 6。

方苞對此的解說大體爲依據鄭玄《三禮目錄》之說：

> 象天所立之官。冢，大也。宰者，官也。天者，統理萬物。天子立冢宰，使掌邦治，亦所以摠御眾官，使不失職。不言司者，大宰摠御眾官，不主一官之事也。〔註19〕

天官的名義由來爲天統理萬物，冢宰統治眾官，故名天官。冢宰，冢爲大，宰爲主或爲官。而官名不言司者，是因爲冢宰總統眾官，不主一官之事的緣故。而宗伯也不言司，則是因爲「鬼神非人所主故也。」方苞說：

> 天官之屬，教、禮、政、刑、事五典之綱維，無不統焉。王畿侯國，六服、四裔之政令，無不行焉。其切於王身者，獨起居、游燕、飲食、衣服，左右暬御之事耳。〔註20〕

又說：

> 周公建官，自王宮嬪婦以及閽寺暱近之人，膳服瑣細之事皆屬於冢宰，正以暱近，則儇媚易生，瑣細則宴私易逞，故董之以師、保，務使禮度修明，君心順正，小無所忽，大不可踰，乃正心、誠意之根源，興道致治之樞紐也。〔註21〕

天官總御六官，維持教、禮、政、刑、事五典之綱維與王宮之治理，王之切身諸事皆其職掌所包括，爲「三代人主正心、誠意之學」、「乃正心、誠意之根源，興道致治之樞紐也。」天官爲誠意、正心之學，之根源，方苞說：

> 大學之道，治國、平天下，必本于修身、齊家，而其原又在格物、致知、誠意、正心，蓋必如此，而後表裏無隔，細大畢貫。冢宰之屬，驟視之，若紛雜瑣細，而究其所以設官之意，則天子誠意、正心、修身、齊家、治國、平天下之事皆統焉，所以爲父師之任，而非五官之比也。至于格物、致知之學，則師氏、保氏導養有素，而隨事而究察焉者皆是也。〔註22〕

而其也引朱熹之說：

〔註19〕〔漢〕鄭玄注、〔唐〕賈公彥疏、〔清〕阮元等校勘：《周禮注疏》卷一，〈天官・冢宰第一〉，頁10，賈公彥《疏》引。

〔註20〕〔清〕方苞撰：《周官析疑》卷三，〈天官・小宰〉，頁25：「一曰天官，其屬六十，掌邦治。」

〔註21〕同前註，卷一，〈天官・世婦〉序官，頁10。

〔註22〕〔清〕方苞撰：《周官集注》卷一，〈天官・冢宰〉序官後，頁12。〔清〕方苞撰：《周官析疑》卷一，〈天官・冢宰〉序官後，頁11，「于」作「於」。「父師」作「師保」。

朱子曰：冢宰一官，兼領王之膳服，嬪御，此最設官之深意。蓋天下之事，莫重于此。又曰：冢宰一篇，周公輔道成王垂法後世，用意最深切處，欲知三代人主正心、誠意之學，于此可見其實。〔註23〕

方苞將天官推衍成天子統治身心以至萬民的誠意、正心等之學，其重要性可知。〔註24〕

（三）地　官

關於〈地官・司徒〉，方苞《周官集注》說：

徒，眾也。地載萬物，司徒任地，教擾萬民，故曰：地官。〔註25〕

方苞對此的解說大體爲依據鄭玄《三禮目錄》之說：

象地所立之官。司徒主眾徒，地者，載養萬物。天子立司徒掌邦教，亦

所以安擾萬民。〔註26〕

地官的名義由來爲地載養萬物。司徒，徒爲眾，而「司徒任地，教擾萬民」，故名地官。方苞說：

以地官掌教者，禮官所教秀民而已。土地、人民皆隸于地官，而親民之吏屬焉，必地官掌教，乃能盡天下而無一人之不教。古之聖人所以務明明德于天下，而非漢、唐之治所及也。〔註27〕

以地官掌教，是因爲「禮官所教秀民而已。」土地、人民皆隸屬於地官，「而親民之吏屬焉」，故必要地官掌教，「乃能盡天下而無一人之不教。」而方苞

〔註23〕 同前註，卷二，〈天官・冢宰〉後，頁70～71。

〔註24〕 爲用〈大學〉格物、致知、誠意、正心、修身、齊家、治國、平天下之義。可詳參〔漢〕鄭玄注、〔唐〕孔穎達疏、〔清〕阮元等校勘：《禮記注疏》（臺北：藝文印書館，1997年8月初版第13刷，影印清嘉慶二十一年江西南昌府學刊《十三經注疏》本），卷六十，〈大學〉，頁983。《周官集注》卷二，頁71、《周官析疑》卷七，頁76，皆於〈天官・冢宰〉後引李光坡之說，詳述冢宰官職意義，而也歸結於「蓋正心、誠意之實功，而治天下、國家之本統也。」

〔註25〕 〔清〕方苞撰：《周官集注》卷三，〈地官・司徒第二〉，頁72。

〔註26〕 〔漢〕鄭玄注、〔唐〕賈公彥疏、〔清〕阮元等校勘：《周禮注疏》卷一，〈地官・司徒第二〉，頁138，賈公彥《疏》引。

〔註27〕 〔清〕方苞撰：《周官集注》卷三，〈地官・司徒第二〉，頁72。〔清〕方苞撰：《周官析疑》卷八，「惟王建國，〔……〕」，頁77說：「成均所教，秀民而已。土地、人民皆隸於地官，而親民之吏屬焉，必地官掌教，乃能盡天下而無一人之不教。此古之聖人所以明明德於天下，而非漢、唐之治所可及也。」其說大抵相同。

又說：

司徒之法，無一人之不教，無一事之不教，無一時之不教，所以周徧淪浹，入人之深，至於刑措也。〔註28〕

地官職事，方苞說：

司徒會五地以辨物生，相土宜以安民宅，分三壤以均賦貢，別年歲以制力征。凡所以除民之害，而厚其生者，皆所以安之也。十有二教，三物、八刑，凡所以因事成禮，隨時讀法，皆所以擾之也。安之中亦有擾，擾之道即所以爲安。地官職事無外於此者。〔註29〕

地官職事同時掌土地生產與教化，治理教養人民。〔註30〕

（四）春　官

關於〈春官・宗伯〉，方苞說：

天地中和之氣備于春，宗伯掌禮以教民中，掌樂以教民和，故曰：春官。宗，尊也。伯，長也。〔註31〕

春官爲天地中和之氣備於春，「宗伯掌禮以教民中，掌樂以教民和」，〔註32〕故名春官。宗伯，宗爲尊，伯爲長。其涵義，方苞說：

舜命伯夷典三禮，名曰秩宗。周人因之，立春官宗伯。蓋以宇宙之中，莫尊於天神、地示、人鬼，而禮有五經，莫重於祭、凶、軍、賓、嘉，始之終之，皆以祭祀。蓋無事不以天神、地示、人鬼臨之，所以作其忠敬之心也。秩宗者，敘次天神、地示、人鬼之禮事也。宗伯者，治尊禮之長官也。〔註33〕

〔註28〕〔清〕方苞撰：《周官析疑》卷十，〈地官・小司徒〉，頁96。

〔註29〕同前註，卷八，〈地官・司徒〉，「惟王建國，〔……〕」，頁77。

〔註30〕《周官集注》卷四，頁139～140、《周官析疑》卷七，頁166～168，皆於〈地官・司徒〉後引李光坡之說，詳論地官與其中官職的意義，文長不具引。

〔註31〕〔清〕方苞撰：《周官集注》卷五，〈春官・宗伯第三〉，頁141。〔漢〕鄭玄注、〔唐〕賈公彥疏、〔清〕阮元等校勘：《周禮注疏》卷一，〈春官・宗伯第三〉，頁259，賈公彥《疏》引鄭玄《三禮目錄》說：「象春所立之官也。宗，尊也。伯，長也。春者出生萬物，天子立宗伯，使掌邦禮。典禮以事神爲上，亦所以使天下報本反始。不言司者，鬼神示人之所尊，不敢主之故也。」

〔註32〕〔漢〕鄭玄注、〔唐〕賈公彥疏、〔清〕阮元等校勘：《周禮注疏》卷十，〈地官・大司徒〉，頁161：「以五禮防萬民之僞而教之中。以六樂防萬民之情而教之和。」

〔註33〕〔清〕方苞撰：《周官析疑》卷十六，〈春官・宗伯〉：「惟王建國，〔……〕」，頁168。

「舜命伯夷典三禮，名曰秩宗。」〔註 34〕周人因循，設春官宗伯。「蓋以宇宙之中，莫尊於天神、地示、人鬼」三者，「而禮有五經，莫重於祭、凶、軍、賓、嘉，始之終之，皆以祭祀。」因爲無事不以天神、地示、人鬼臨之，用以興起忠敬之心。而秩宗者爲敘次天神、地示、人鬼之禮事。〔註 35〕而宗伯職掌禮事，義爲治尊禮之長官。〔註 36〕

（五）夏 官

關於〈夏官・司馬〉，方苞《周官集注》說：

> 夏于時爲火，于卦爲離。離爲甲胄、爲戈兵。離上之象曰：「王用出征。」詩曰：「如火烈烈，則莫我敢曷。」蓋非威明之極，不能用兵以正天下，故司馬爲夏官。主兵而以馬名官，軍政莫重于馬也。〔註 37〕

方苞通過「夏于時爲火，于卦爲離」，五行與《周易》卦象〔註 38〕與《詩經》〔註 39〕的解說，故以司馬爲夏官。其說「主兵而以馬名官，軍政莫重于馬也」，方苞於《周官析疑》說：

> 夏於時爲火，於卦爲離。離爲甲胄爲戈兵。離上之象曰：「王用出征。」詩曰：如火烈烈，則莫我敢遏。蓋非威明之極，不能用兵以正天下，

〔註 34〕題〔漢〕孔安國傳、〔唐〕孔穎達疏、〔清〕阮元等校勘：《尚書注疏》（臺北：藝文印書館，1997 年 8 月初版第 13 刷，影印清嘉慶二十一年江西南昌府學刊《十三經注疏》本），卷三，〈舜典〉，頁 46 說：「帝曰：『咨，四岳！有能典朕三禮？』僉曰：『伯夷。』帝曰：「『俞咨！伯，汝作秩宗。夙夜惟寅，直哉惟清。』伯拜稽首，讓于夔、龍。帝曰：『俞，往欽哉！』

〔註 35〕三禮，題〔漢〕孔安國傳說：「三禮，天、地、人之禮。」秩宗，題〔漢〕孔安國傳說：「秩，序也。宗，尊也。主郊廟之官。」孔穎達《疏》：「宗之爲尊，常訓也。主郊廟之官掌序鬼神尊卑，故以秩宗爲名。郊謂祭天南郊，祭地北郊；廟謂祭先祖，即《周禮》所謂天神、人鬼、地祇之禮是也。」

〔註 36〕《周官集注》卷六，頁 219～220、《周官析疑》卷二十四，頁 255～256，皆於〈春官・宗伯〉後引李光坡之說，詳論春官與其中官職的意義，文長不具引。

〔註 37〕〔清〕方苞撰：《周官集注》卷七，〈夏官・司馬第四〉，頁 221。

〔註 38〕「爲甲胄、爲戈兵」出自《周易・說卦》，〔魏〕王弼注，〔晉〕韓康伯注、〔唐〕孔穎達疏、〔清〕阮元等校勘：《周易注疏》（臺北：藝文印書館，1997 年 8 月初版第 13 刷，影印清嘉慶二十一年江西南昌府學刊《十三經注疏》本），卷九，頁 186。《周易・離卦》上九象曰：「『王用出征』，以正邦也。」卷三，頁 74。

〔註 39〕〔漢〕毛亨撰，鄭玄箋、唐孔穎達疏、〔清〕阮元等校勘：《毛詩注疏》（臺北：藝文印書館，1997 年 8 月初版第 13 刷，影印清嘉慶二十一年江西南昌府學刊《十三經注疏》本），卷二十，〈商頌・長發〉，頁 803。

故司馬爲夏官。凡國事無非政，而獨於司馬言政者，張皇六師，然後禮樂征伐自天子出，而政行於天下也。〔註40〕

無「主兵而以馬名官，軍政莫重于馬也」句，而下引張自超說，否定前說，其說爲：

或謂軍政莫重於馬，故夏官主兵而曰：司馬，非也。春秋以前未有謂士卒爲兵者，蓋兵民本未分也。六經而外，三傳、國語、國策稱師、稱眾、稱士、稱卒，未有稱兵者，稱兵自漢初始。其稱兵以皆以器言，夏官之屬，別有司兵，正與師，安得以此爲號哉！所以稱司馬者，凡車多以馬駕，而兵車亦在其中，猶地官別設司民，而正與師稱司徒，則包四民而兼農民之合伍者，必如是然後義周而名當也。惟不曰司軍，制軍則以兵爲凶器，而不願民之見兵，意亦寓焉耳。〔註41〕

其說稱司馬爲者「凡車多以馬駕，而兵車亦在其中。」夏官司馬主軍事。〔註42〕

（六）秋　官

關於〈秋官・司寇〉，方苞說：

寇，害也。刑之設以除民害。天地之氣，春生秋殺，故司寇爲秋官。〔註43〕

方苞對此的解說大體爲依據鄭玄《三禮目錄》之說：

象秋所立之官。寇，害也。秋者，遒也。如秋義殺害、收聚、斂藏於萬物也。天子立司寇，使掌邦刑。刑者，所以驅恥惡，納人於善

〔註40〕〔清〕方苞撰：《周官析疑》卷二十五，〈夏官・司馬〉：「惟王建國，〔……〕」，頁256。而《周官集注》卷七，〈夏官・司馬〉，「惟王建國，〔……〕」，頁221：「政，正也。夏后氏命胤侯掌六師，舉政典以示眾，則邦政之掌于司馬，舊矣。凡國事無非政，而獨于司馬言政者，張皇六師，然後禮樂征伐自天子出，而政行于天下也」，爲另外一條。

〔註41〕〔清〕方苞撰：《周官析疑》卷二十五，〈夏官・司馬〉：「惟王建國，〔……〕」，頁256～257。

〔註42〕〔清〕方苞撰：《周官析疑》卷二十五，〈夏官・司馬〉：「惟王建國，〔……〕」，頁257說：「《書傳》：殷稱圻父，亦稱司馬。〈牧誓〉：司徒、司馬、司空是也。至成王訓官，始定其名曰司馬。而〈酒誥〉云：圻父薄違。〈小雅〉猶稱圻父。蓋非命官之比，故通用先代之稱。」《周官集注》卷八，頁273～274、《周官析疑》卷三十，頁315～316，皆於〈夏官・司馬〉後引李光坡之說，詳論夏官與其中官職的意義，文長不具引。

〔註43〕〔清〕方苞撰．《周官集注》卷九，〈秋官・司寇第五〉，頁275。

道也。〔註 44〕

寇爲害。刑罰的設置爲除民害。而「天地之氣，春生秋殺，故司寇爲秋官。」〔註 45〕秋官主刑以除民害，不只包括人，還包括物。方苞引薛衡（？～？）之說：

自修閭達布憲，官十有一，皆先王所以盡乎人也。自冥氏至庭氏，官十有二，皆先王所以盡乎物也。人事之害既除，而物之爲人害者亦消，則先王之用刑，通乎天地矣。〔註 46〕

又引王氏（？～？）之說：

觀《周禮》所載一草木、一鳥獸、一昆蟲，小小利害必爲民興之除之。而凡興利，則地官主之。凡除害，則秋官主之。〔註 47〕

秋官除人與物之害，「則先王之用刑，通乎天地矣。」《周禮》「所載一草木、一鳥獸、一昆蟲，小小利害必爲民興之除之」，而凡是興利，則是地官主之。凡是除害，則是秋官主之。〔註 48〕

（七）冬　官

關於〈冬官・司空〉，方苞說：

《周官・司空》之篇亡，漢興，購之千金不得。河間獻王以〈考工記〉續之，不知作者何代何人，然大抵秦以前書也。司空名冬官者，四時之有冬，積於空虛不用之地，而度地居民，立城邑，治溝洫川

〔註 44〕〔漢〕鄭玄注、〔唐〕賈公彥疏、〔清〕阮元等校勘：《周禮注疏》卷三十九，〈冬官・考工記第六〉，頁 593，賈公彥《疏》引。

〔註 45〕〔清〕方苞撰：《周官集注》卷九，「惟王建國，〔……〕」，頁 275 說：「《孝經說》曰：刑者，侀也，過出罪施。〈王制〉曰：侀者，成也。一成而不可變，故君子盡心焉。」〔漢〕鄭玄注、〔唐〕賈公彥疏、〔清〕阮元等校勘：《周禮注疏》卷三，頁 510 鄭玄《注》說：「禁所以防姦者也。刑，正人之法。《孝經說》曰：刑者，侀也，過出罪施。」

〔註 46〕〔清〕方苞撰：《周官集注》卷九，〈冥氏〉序官，頁 278～279。

〔註 47〕同前註，頁 279。又如《周官析疑》卷三十一，〈秋官・野廬氏〉序官，頁 320 說：「國野之道，廬宿候館委積，皆隸於地官，而刑官掌其幾禁，蓋守途地者，雖得宵人，必歸於士而後可正其罪，以刑官掌之，則隨時隨地，可以搏執撻戮，而禁令無壅矣。凡事物之禁，皆屬刑官，職此之由。」卷三十四，〈秋官・雍氏〉「禁山之爲苑，澤之沉者」，頁 354～355 說：「溝澮山澤，並掌於地官，而復設此職，以掌其禁令，何也？地官教民以興其利，利之所在，或專且爭，故使刑官之屬董之，又所以靖民而去其害也。」

〔註 48〕《周官集注》卷十，頁 329～330、《周官析疑》卷三十六，頁 378～379，皆於〈秋官・司寇〉後引李光坡之說，詳論秋官與其中官職的意義，文長不具引。

> 梁，於農事既畢爲宜。司空者，蓋主於空虛不用之時，而使民有興事任力之實用也。冬日之閉凍也不固，則春、夏之長草木也不茂，此天道之以虛爲實也；事典不行，則三時之利不能盡，四民之業無所基，此聖人之以虛爲實也，故官以司空名，而其職則曰：「以富邦國，以養萬民，以生百物。」〔註 49〕

其「名冬官者，四時之有冬，積於空虛不用之地」，而度地居民，建立城邑，治理溝洫川梁這些事，要於農事既完畢爲適宜。而司空者，「蓋主於空虛不用之時」，而使人民有興事任力之實用。像冬日如果閉凍不固，到了春、夏草木就不茂，此是天道以虛爲實。如果事典不行，「則三時之利不能盡，四民之業無所基」，此是聖人以虛爲實，故官以司空來命名，其職則是：「以富邦國，以養萬民，以生百物。」〔註 50〕此應大體依據鄭玄《三禮目錄》之說：

> 象冬所立官也。是官名司空者，冬閉藏萬物，天子立司空，使掌邦事，亦所以富立家，使民無空者也。〔註 51〕

而推衍其義更詳。而關於〈冬官‧司空〉的官職，方苞引李光坡之說：

> 然則〈司空〉之職何與？《周禮》爲書委曲周詳，無不備者，獨至壇兆廟社之瀯，井田長廣之方，附庸閒田所餘之多寡，山林川澤，城郭宮室，涂巷三分之乘除。天實有生，耕穫何以無失其序。地理有餘，高下何以無拂其性。山川沮澤，民居有度焉；興事任力，遠近有量焉。宮室之制，器皿之宜，舟車之用，凡數事者，雖略見于諸官，而未詳其規度，宜皆列職于〈司空〉。〔註 52〕

〈冬官‧司空〉官職應是包括宮室之制、器皿之宜、舟車之用等的詳細規度。而〈冬官〉今已不存，而〈冬官〉亡的原因，方苞認爲是：

> 是故諸侯放恣，封域并兼，經界改易，惡民之疾其暴亂也。宮室崇侈，車服僭踰，恐民之議其悖傲也，而〈司空〉之職亡。〔……〕禮職之無闕，何也？禮之大經，迹難盡泯，所惡於害己者，乃條理

〔註 49〕〔清〕方苞撰：《周官集注》卷十一，頁 331。〔清〕方苞撰：《考工記析疑》卷一，頁 380，以「冬官名司空者」開頭，以下完全相同。

〔註 50〕此爲用〔漢〕鄭玄注、〔唐〕賈公彥疏、〔清〕阮元等校勘：《周禮注疏》卷三，〈小宰〉六職的「六曰：事職，以富邦國，以養萬民，以生百物」之文。

〔註 51〕同前註卷三十九，〈冬官‧考工記第六〉，頁 593，賈公彥《疏》引。

〔註 52〕〔清〕方苞撰：《周官集注》卷四，〈地官‧司徒〉後，頁 140。〔清〕方苞撰：《周官析疑》卷十五，〈地官‧司徒〉後，頁 167，「于」作「於」。

> 之精詳者，則具在〈司空〉之職矣。〔……〕而孟子猶聞其畧，比類以觀，則知惡其害己而去其籍，乃百世不易之定論矣。〔註 53〕

因爲春秋戰國之世諸侯僭亂，兼併征伐不斷。諸侯厭惡〈冬官〉，認爲其內容對自己不利，因而紛紛禁去其書。〔註 54〕〈冬官〉的詳細內容，今已不可得知。〔註 55〕

（八）〈考工記〉

〈冬官〉亡，補以〈考工記〉。而〈冬官〉亡，〈考工記〉卻存留下來的原因，方苞說：

> 司空之職，居四民，時地利，工事其末耳。今其大經大灋無一存者，而所記惟工事，何也。蓋諸侯惡其害己也，而皆去其籍。惟工事則民生所習用，百工世守之，故猶可傳述耳。匠人營國爲溝洫，僅具高閎廣袤之度，而所以建立城邑，分處四民，因山川形勢，以辨井牧，別疆潦，規偃豬，町原防者，無一及焉。蓋記者僅得之工師之傳述，而未見故府之典籍故也。〔註 56〕

〔註 53〕〔清〕方苞撰：《周官析疑》卷三十一，〈秋官・都士〉序官，頁 323。

〔註 54〕爲依據《孟子・萬章下》說：「北宮錡問曰：『周室班爵祿也，如之何？』孟子曰：『其詳不可得聞也，諸侯惡其害己也，而皆去其籍。〔……〕。』」〔漢〕趙岐注、題〔宋〕孫奭疏、〔清〕阮元等校勘：《孟子注疏》（臺北：藝文印書館，1997 年 8 月初版第 13 刷，影印清嘉慶二十一年江西南昌府學刊《十三經注疏》本），卷十上，頁 177。賈公彥《疏》說：「今按《漢書・藝文志》云：經禮三百，威儀三千。及周之衰，諸侯將踰法度，惡其害己，皆滅去其籍，孔子時而多不具，〔……〕以此觀之，〈冬官〉一篇，其亡已久。」〔漢〕鄭玄注、〔唐〕賈公彥疏、〔清〕阮元等校勘：《周禮注疏》卷三十九，〈冬官・考工記〉第六，頁 593。李光坡也主此說，其說：「而春秋、戰國之世，開阡陌，盡地力，相兼以力，相侈以僭。〈司空〉一篇，尤其所深病，而急欲去其籍者也，其失蓋亦久矣。」〔清〕方苞撰：《周官集注》卷四，〈地官・司徒〉後，頁 140。〔清〕方苞撰：《周官析疑》卷十五，〈地官・司徒〉後，頁 167～168。

〔註 55〕而方苞於解說五官名物制度時，如遇經文不詳之處，往往有歸於〈冬官〉闕，而認爲其詳應具於〈冬官〉。如可詳參《周官析疑》卷九，〈地官・大司徒〉，頁 89。卷十七，〈春官・大宗伯〉，頁 182。卷二十，〈春官・司服〉，頁 204、頁 207。卷二十四，〈春官・巾車〉，頁 252。卷三十二，〈秋官・小司寇〉，頁 333～334。《周官析疑》卷十七，〈春官・大宗伯〉「以蒼璧禮天，〔……〕」，頁 182 說：「蓋其詳宜見於〈冬官〉，觀〈玉人〉記，則五官名物之無徵，皆由於〈冬官〉之闕可知矣。」

〔註 56〕〔清〕方苞撰：《周官集注》卷十一，頁 331～332。〔清〕方苞撰：《考工記析

〈司空〉的官職爲「居四民，時地利」，〔註 57〕工事爲其末。而爲何〈司空〉「今其大經大灋無一存者，而所記惟工事。」因爲春秋戰國之世諸侯僭亂，兼併征伐不斷。諸侯厭惡〈冬官〉，認爲其內容對自己不利，因而紛紛禁去其書。而「惟工事則民生所習用，百工世守之，故猶可傳述耳。」〈考工記〉內容如「匠人營國爲溝洫，僅具高閎廣袤之度」等，「而所以建立城邑，分處四民，因山川形勢，以辨井牧，別疆潦，規偃豬，町原防者」等詳細的大經大法，卻「無一及焉。」其原因爲何？方苞認爲是「記者僅得之工師之傳述，而未見故府之典籍故也。」

雖然方苞將〈考工記〉與《周禮》原書分開，然而並不否認〈考工記〉的價值。方苞說〈考工記〉:「不知作者何代何人，然大抵秦以前書也。」〔註 58〕此說應爲承《周禮》賈公彥《疏》之意:「〈冬官〉一篇，其亡已久。有人尊集舊典，錄此三十工以爲〈考工記〉，雖不知其人，又不知作在何日，要知在於秦前，是以得遭秦滅焚典籍，韋氏、裘氏等闕也。」〔註 59〕雖然〈考工記〉不能確定作者爲何時代爲何人，然而大抵爲秦代以前之書。方苞引李光墺（？～？）之說:「〈考工〉一書，雖出於戰國間，多唐、虞、夏、殷之緒。〔……〕。」〔註 60〕李光墺（？～？）以〈考工記〉出於戰國間。然而其皆只是敘述，而無論證。而方苞引張自超（？～1718）之說，則有論證：

> 〈記〉言秦、鄭是東周語，淮北、濟、汶皆齊、魯間地，終古、戚速、椑茭，《注》以爲齊語，其周末齊、魯間曉工事而工文辭者爲之

疑》卷一，頁 380 說:「司空之職，居四民，時地利，工事其末耳。今其大經大灋無一存者，而所記惟工事。蓋諸侯惡其害己，而皆去其籍。惟百工造作之法，自古相沿，意者故府亦有其籍，以其爲民生所習用，工師所世守，故猶可傳述。然觀匠人營國爲溝洫，僅具高閎廣袤之度，而所以建立城邑，分處四民，因山川形勢，以辨井牧，別疆潦，規偃瀦，町原防者，無一及焉。則工事中有關於大經大法者，亦不存矣。蓋記者僅得之工師之傳述，而未見故府之典籍故也。」其說大抵相同。

〔註 57〕「居四民，時地利」出自《尚書·周官》，題〔漢〕孔安國傳、〔唐〕孔穎達疏、〔清〕阮元等校勘:《尚書注疏》卷十八，頁 270 說:「司空掌邦土，居四民，時地利。」

〔註 58〕〔清〕方苞撰:《周官集注》卷十一，頁 331。

〔註 59〕〔漢〕鄭玄注、〔唐〕賈公彥疏、〔清〕阮元等校勘:《周禮注疏》卷三十九，〈冬官考工記第六〉，頁 593。

〔註 60〕〔清〕方苞撰:《考工記析疑》卷三，〈玉人〉後附〈王氏《詳說》考定玉人〉後，頁 403。

與？」〔註61〕

張自超根據〈考工記〉所用詞語，推斷其大概是周代末年齊國、魯國間通曉工事而又工於文辭者所作。〔註62〕此推論現在爲一般所接受，認爲〈考工記〉大概爲戰國時期齊、魯人所作。〔註63〕而方苞對〈考工記〉的內容還是肯定的，其引李光墺之說：「〈考工記〉雖言治器粗迹，而每有盡性至命之文。」（《周官集注》卷十一，頁332。《考工記析疑》卷一，頁380）〔註64〕

第二節　反駁〈冬官〉未亡說

一、〈冬官〉未亡說概述

《周禮》〈冬官〉亡，補以〈考工記〉之說，從漢、唐以來，基本上皆無異議。直至南宋，有了〈冬官〉未亡說的出現。此說創始於胡宏（1105～1155）、程大昌（1123～1195）等。胡宏從官職職掌來說：

> 大宰之屬六十有二，考之未有一官完善者，則五卿之屬可知矣。而可謂之經與《易》、《詩》、《書》、《春秋》配乎！又按〈周官〉司徒掌邦教，敷五典者也。司空掌邦土，居四民者也。世傳《周禮》闕〈冬官〉，愚考其書而質其事，則〈冬官〉未嘗闕也，乃劉歆顚迷，妄以〈冬官〉事屬之〈地官〉，其大綱已失亂如是，又可信以爲經與《易》、《詩》、《書》、《春秋》配乎！〔註65〕

〔註61〕同前註，卷一，頁380。

〔註62〕其後有漢學學者江永（1681～1762）的說法，其論證與所得結論，與張自超大抵相同，其說：「〈考工記〉，東周後齊人所作也。其言『秦無盧』『鄭之刀』。厲王封其子友始有鄭；東遷後，以西周故地與秦，始有秦，故知其爲東周。其言『橘踰淮而北爲枳』，『鸜鵒不踰濟』，『貉踰汶則死』，皆齊、魯間水；而終古、戚速、椑茭之類，鄭《注》皆以爲齊人語，故知齊人所作也。」孫詒讓案語：「江說近是。」〔清〕孫詒讓撰、王文錦、陳玉霞點校：《周禮正義》（北京：中華書局，1987年12月，20003月北京第2次印刷），卷七十四，〈冬官・考工記第六〉，頁3103引。

〔註63〕可參考楊世文撰：〈宋儒「〈冬官〉不亡」說平議〉，四川大學古籍整理研究所：儒藏網，http://www.ruzang.net/&07%20zhengming/ysw003.htm，頁1～2，2004年9月13日。

〔註64〕〔清〕方苞撰：《考工記析疑》卷一，頁380，無「記」字。

〔註65〕〔宋〕胡宏撰，胡大時編：《五峰集》（臺北：商務印書館，1983年景印清乾隆間寫《文淵閣四庫全書》第1137冊），卷四，〈皇王大紀論・極論周禮〉，

胡宏認爲〈地官〉專掌教化之事，〈冬官〉專掌屬土地之事。〈地官〉中有屬〈冬官〉之事，是〈冬官〉未亡，而混入〈地官〉之中。胡宏雖算是最早提出〈冬官〉未亡說者，但是因爲胡宏不相信《周禮》，認爲《周禮》是劉歆僞作的，〔註 66〕其指出〈冬官〉未亡，混入〈地官〉的原因是「劉歆顚迷，妄以〈冬官〉事屬之〈地官〉」，《周禮》「其大綱已失亂如是」，不可以其爲經，而與《易》、《詩》、《書》、《春秋》等經書相配。〔註 67〕後來〈冬官〉未亡說諸家雖多沿襲其說，〔註 68〕但〈冬官〉未亡說諸家對《周禮》是尊信的。

其後，程大昌則是以官職數量來說，王應麟（1223～1296）《困學紀聞》引其說：

> 程泰之云：五官各有羨數，〈天官〉六十三，〈地官〉七十八，〈春官〉七十，〈夏官〉六十九，〈秋官〉六十六，蓋斷簡失次，取羨數凡百工之事歸之〈冬官〉，其數乃周。〔註 69〕

程大昌認爲《周禮》三百六十官，每官六十，而〈天〉、〈地〉、〈春〉、〈夏〉、〈秋〉五官都超過六十，這些多出來的官，就是〈冬官〉混入五官之中，應歸回〈冬官〉，其數量才完整。〔註 70〕

頁 209。

〔註 66〕同前註，頁 210，胡宏認爲：「《周禮》之書，本出孝武之時，爲其雜亂，藏之秘府，不以列於學官。及成、哀之世，歆得校理秘書，始列序爲經，眾儒共排其非，惟歆以爲是。夫歆不知天下有三綱，以親則背父，以尊則背君，與周公所爲正相反者也。其所序列之書，假托周官之名勦入私說，希合賊莽之所爲耳。」

〔註 67〕可參考楊世文撰：〈宋儒「〈冬官〉不亡」說平議〉，四川大學古籍整理研究所：儒藏網，http：//www.ruzang.net/&07%20zhengming/ysw003.htm，頁 2，2004 年 9 月 13 日。

〔註 68〕可參考葉國良撰：《宋人疑經改經考》（臺北：國立臺灣大學出版委員會，1980 年 6 月），第四章〈三禮〉，第一節〈周禮〉，（二）古周禮之復原，頁 105。

〔註 69〕〔宋〕王應麟撰，〔清〕翁元圻注：《翁注困學紀聞》（臺北：世界書局，1963 年 4 月），卷四，頁 215。

〔註 70〕與程大昌約略同時而稍前的莊綽（？～卒 1143～1149 間，莊綽大約的卒年依蕭魯陽撰：〈莊綽生平資料考辨〉，莊綽撰，蕭魯陽點校：《雞肋編》（北京：中華書局，1983 年 3 月，1997 年 12 月湖北第 2 次印刷，《唐宋史料筆記叢刊》本），附錄二，頁 151 的推斷）。莊綽《雞肋編》卷中，頁 53，引洪炎（？～？，元祐（1086～1093）末進士）〈李擢除工部侍郎詞〉：「國有六職，百工與居一焉。凡今冬官之屬，以予觀之，才二十有八，而五官各有羨數。考冢宰官府之六屬，各爲六十。而天官則六十四，地官則七十，夏官則六十七，秋官則六十六。蓋斷簡失次而然，非實散亡也。取其羨數，凡百工之事，歸之冬官，

胡宏與程大昌的這兩種說法，成爲〈冬官〉未亡說重要的理論基礎。從官職職掌來說，〈地官〉專掌教化，〈冬官〉專掌土地，是根據《尚書・周官》說：

冢宰掌邦治，統百官，均四海。司徒掌邦教，敷五典，擾兆民。宗伯掌邦禮，治神人，和上下。司馬掌邦政，統六師，平邦國。司寇掌邦禁，詰姦慝，刑暴亂。司空掌邦土，居四民，時地利。六卿分職，各率其屬，以倡九牧，阜成兆民。〔註71〕

六卿分職，司徒掌邦教，而司空掌邦土。《禮記・王制》也說：

「冢宰制國用，必於歲之杪，五穀皆入，然後制國用。」

「司空執度度地，居民山川沮澤，時四時，量地遠近，興事任力，凡使民，任老者之事，食壯者之食。」

「司徒脩六禮，以節民性，明七教以興民，德齊八政以防淫，一道德以同俗，養耆老以致孝，恤孤獨以逮不足，上賢以崇德，簡不肖以絀惡。」

「司馬辨論官材，論進士之賢者以告於王，而定其論。論定然後官之，任官然後爵之。位定然後祿之。」

「司寇正刑明辟以聽獄訟，必三刺，有旨無簡不聽，附從輕，赦從重。凡制五刑，必即天論。」〔註72〕

以《尚書・周官》、《禮記・王制》等記載爲證據，認爲〈地官〉中有關土地的官，是從〈冬官〉混入的。

從官職數量來說，則是根據《周禮・天官・小宰》所說：

以官府之六屬舉邦治，一曰：天官，其屬六十，掌邦治，大事則從其長，小事則專達。二曰：地官，其屬六十，掌邦教，大事則從其長，小事則專達。三曰：春官，其屬六十，掌邦禮，大事則從其長，小事則專達。四曰：夏官，其屬六十，掌邦政，大事則從其長，小事則專達。五曰：秋官，其屬六十，掌邦刑，大事則從其長，小事則專達。六曰：冬官，其屬六十，掌邦事，大事則從其長，小事則

其數乃周。」其文與程大昌說幾乎相同，其間關係如何不詳，茲存疑以待考。

〔註71〕題〔漢〕孔安國傳、〔唐〕孔穎達疏、〔清〕阮元等校勘：《尚書注疏》卷十八，頁270。

〔註72〕〔漢〕鄭玄注、〔唐〕孔穎達疏、〔清〕阮元等校勘：《禮記注疏》卷十二，頁238、247、卷十三，頁256、頁259。

專達。〔註 73〕

《周禮》六官，每官六十，共三百六十官。〈冬官〉亡，五官總數應為三百。今本《周禮》五官，天官有六十三，地官有七十八，春官有七十，夏官有六十九，秋官有六十六，總數三百四十六。五官的總數卻超過三百，多出來的就是〈冬官〉，而混入五官之中。

俞廷椿繼承胡宏、程大昌等的說法，將冬官未亡說的理論，深入具體化，且加以實踐。俞廷椿作《周禮復古編》，其〈序〉說：

> 六經惟《詩》失其六，《書》逸其半，《周禮・司空》之篇，有可得言者，反覆之經，質之於《書》，驗之於〈王制〉，皆有可以是正焉者，而〈司空〉之篇實雜出於五官之屬，且因〈司空〉之復，而六官之譌誤，亦遂可以類考，將一一摘其要者議之，誠有犁然當於人心者，蓋不啻寶玉、大弓之得，而鄆、讙、龜陰之歸也。雖然，由漢迄今，世代遠藐，大儒碩學項背相望，而區區末學起義，是不得罪於名教者幾希。嗚呼！學者寧信漢儒而不復考之經耶？無寧觀其說，而公其是非，以旁證於聖人之言，而幸復於聖經之故耶？知我罪我，所弗敢知。此《復古編》之所為作也。〔註 74〕

俞廷椿認為六經之中，只有《詩經》亡失六篇，《尚書》亡佚一半，《周禮》〈冬官〉一篇，還有可討論的地方，應回到經書本身來考察，徵驗於《尚書・周官》、《禮記・王制》的記載。而〈司空〉之篇實未亡，雜於五官之中，而且因為〈冬官〉復原，六官之間的譌誤，也可以按其類別考知，以恢復經典的原貌，就像「寶玉、大弓之得，而鄆、讙、龜陰之歸也」般重要寶物的回歸一樣。從漢代到南宋，時代久遠。俞廷椿也知道其說與傳統的說法迥異，「不得罪於名教者幾希」，但是俞廷椿仍然堅持回歸到經書本身，以聖人之言為證據，致力於恢復經典的原貌的原則。俞廷椿認為：

> 夫書得於煨燼之餘，獨五官具而〈司空〉篇無一官存者，固已無是理。又況五官之屬各有羨者，是何故也？由其亡與羨參稽之，又詳考其義，證之於經，庶乎聖經之舊可得而復見矣。〔註 75〕

〔註 73〕〔漢〕鄭玄注、〔唐〕賈公彥疏、〔清〕阮元等校勘：《周禮注疏》卷三，頁 42。

〔註 74〕〔宋〕俞廷椿《周禮復古編》（臺北：臺灣商務印書館，1983 年景印清乾隆間寫《文淵閣四庫全書》第 91 冊），頁 604～605。

〔註 75〕同前註，頁 622～623。

《周禮》經過秦火，只有五官留下來，〈冬官〉卻全亡沒留下一官，還有六官共三百六十，每官六十，五官都有多出來的數量，這些都不合理。由文獻的流傳與官職數量來說，可知〈冬官〉未亡。之後，〈冬官〉未亡說的流傳，從南宋至元、明兩代，有很多人相信〈冬官〉未亡說，影響廣大而深遠。〔註 76〕

二、方苞的反駁

方苞認爲《周禮》原有〈冬官〉，但其已亡缺，其原因爲：

> 是故諸侯放恣，封域并兼，經界改易，惡民之疾其暴亂也。宮室崇侈，車服僭踰，恐民之議其悖傲也，而司空之職亡。〔……〕禮職之無闕，何也？禮之大經，迹難盡泯，所惡於害己者，乃條理之精詳者，則具在〈司空〉之職矣。〔……〕而孟子猶聞其畧，比類以觀，則知惡其害己而去其籍，乃百世不易之定論矣。〔註 77〕

方苞認爲〈冬官〉亡缺，是因爲春秋戰國之世諸侯僭亂，兼併征伐不斷。諸侯厭惡〈冬官〉，認爲其內容對自己不利，因而紛紛禁去其書。〔註 78〕而〈冬官〉亡，〈考工記〉保存流傳下來的原因。方苞說：

> 司空之職，居四民，時地利，工事其末耳。今其大經大灋無一存者，而所記惟工事，何也。蓋諸侯惡其害己也，而皆去其籍。惟工事則

〔註 76〕關於「冬官未亡說」的討論，可詳參〔日本〕小島毅撰，連清吉譯：〈〈冬官〉未亡說之流行及其意義〉，收入楊晉龍主編：《元代經學國際研討會論文集》（臺北：中央研究院中國文哲研究所籌備處，2000 年 10 月），頁 539～558。楊世文撰：〈宋儒「〈冬官〉不亡」說平議〉，四川大學古籍整理研究所，儒藏網，http：//www.ruzang.net/&07%20zhengming/ysw003.htm，2004 年 9 月 13 日，又載《儒藏通訊》2004 年第 6 期（總第 6 期），頁 1～6，2004 年 9 月。葉國良撰：《宋人疑經改經考》（臺北：國立臺灣大學出版委員會，1980 年 6 月），第四章〈三禮〉，第一節〈周禮〉，（二）古周禮之復原，頁 105～107。惠吉興撰：〈宋代學者對《周禮》的爭論〉，《管子學刊》2001 年第 4 期，頁 64～65，2001 年 12 月。

〔註 77〕〔清〕方苞撰：《周官析疑》卷三十一，〈秋官・都士〉序官，頁 323。

〔註 78〕爲依據《孟子・萬章下》說：「北宮錡問曰：『周室班爵祿也，如之何？』孟子曰：『其詳不可得聞也，諸侯惡其害己也，而皆去其籍。〔……〕。』」〔漢〕趙岐注、題〔宋〕孫奭疏、〔清〕阮元等校勘：《孟子注疏》（臺北：藝文印書館，1997 年 8 月初版第 13 刷，影印清嘉慶二十一年江西南昌府學刊《十三經注疏》本），卷十上，頁 177。賈公彥《疏》說：「今按《漢書・藝文志》云：經禮三百，威儀三千。及周之衰，諸侯將踰法度，惡其害己，皆滅去其籍，孔子時而多不具，〔……〕以此觀之，〈冬官〉一篇，其亡已久。」〔漢〕鄭玄注、〔唐〕賈公彥疏、〔清〕阮元等校勘：《周禮注疏》卷三十九，〈冬官・考工記〉第六，頁 593。

> 民生所習用，百工世守之，故猶可傳述耳。匠人營國爲溝洫，僅具高閎廣袤之度，而所以建立城邑，分處四民，因山川形勢，以辨井牧，別疆潦，規偃豬，町原防者，無一及焉。蓋記者僅得之工師之傳述，而未見故府之典籍故也。〔註79〕

〈司空〉之職爲「居四民，時地利，工事其末耳」，而「今其大經大灋無一存者，而所記惟工事」，爲何被當作其末的工事卻保存流傳，是因爲工事爲民生所習用，百工世代守之，故猶然可互相傳述。又如「匠人營國爲溝洫，僅具高閎廣袤之度，而所以建立城邑，分處四民，因山川形勢，以辨井牧，別疆潦，規偃豬，町原防者，無一及焉」，則是因爲「蓋記者僅得之工師之傳述，而未見故府之典籍」的原因。

至於補以〈考工記〉。方苞說：

> 漢河間獻王好古書，購得《周官》五篇，武帝求遺書，得之，藏於秘府，諸儒皆未之見。哀帝時，劉歆校理秘書，始著于《錄》、《略》，以〈考工記〉補〈冬官〉之闕。〔註80〕

以〈考工記〉爲劉歆所補，此說承自賈公彥〈序周禮廢興〉引馬融〈周官傳序〉：

> 劉向子歆校理秘書，始得列序著于《錄》、《略》，然亡其〈冬官〉一篇，以〈考工記〉足之。〔註81〕

方苞又說：

> 《周官・司空》之篇亡，漢興，購之千金不得。河間獻王以〈考工記〉續之，不知作者何代何人，然大抵秦以前書也。〔註82〕

則又以其爲河間獻王所補，此說承自陸德明《經典釋文・序錄》：

> 或曰：河間獻王開獻書之路，時有李氏上《周官》五篇，失〈事官〉一篇，乃購千金不得，取〈考工記〉以補之。〔註83〕

《隋書・經籍志》說同。〔註84〕〈考工記〉爲何人所補，方苞前後說法不一，

〔註79〕〔清〕方苞撰：《周官集注》卷十一，頁331～332。

〔註80〕同前註，卷一，頁6。

〔註81〕〔漢〕鄭玄注、〔唐〕賈公彥疏、〔清〕阮元等校勘：《周禮注疏》，頁7。

〔註82〕〔清〕方苞撰：《周官集注》卷十一，頁331。

〔註83〕〔唐〕陸德明撰：《經典釋文》（濟南：山東友誼書社，1991年10月，苗楓林主編，《孔子文化大全》編輯部編輯：《孔子文化大全・雜纂類》），頁49～50。

〔註84〕〔唐〕魏徵、令狐德棻等撰：《隋書》（北京：中華書局，1973年8月，1987年12月第3次印刷），卷三十二，志第二十七，經籍一，頁925說：「而漢時

不知何故。然而認爲〈冬官〉亡缺，補以〈考工記〉之說法是一致的。

方苞既同意〈冬官〉亡缺，補以〈考工記〉之說，則對諸儒掇取五官以補〈冬官〉的作法，認爲是「甚無義理」。

> 諸儒掇取五官近似者，以補〈冬官〉，甚無義理。李耜卿云：「若本無〈冬官〉則〈地官〉鄉師職之匠師，《儀禮》大射禮之工人士、梓人，《覲禮》之嗇夫，何代之官？當係何所？」足破羣疑。今一仍其舊，即一官之屬，偶有意爲錯簡者，亦不敢割附他職。〔註85〕

方苞並引李光坡（1651～1723）之說，反問如果本來就無〈冬官〉，需要以其他五官來補，那《儀禮》大射禮的工人士、梓人，《覲禮》的嗇夫這些官職，是何時代的官？要安置在何處？方苞以此說爲「足破羣疑」。

此外，方苞也作較全面的論述，批駁〈冬官〉未亡說，其〈周官辨惑八〉說：

> 〈司空〉之篇亡，自漢以後無異議，而晚宋、元、明諸儒乃分割五官以爲事典。自宋以後瞀儒好爲異說以乖經義者多矣，而此則號爲通經者實倡焉。嗚呼！是之謂不知而作也。夫五官之事，皆基於事典，故〈洪範〉之列官政，首司空而後及其餘。而是經所謂辨方正位，體國經野，正司空之職也。《尚書．周官》所謂「居四民，時地利」，則體國經野之實用也。即是以求之，則事典之本體，昭昭然可見，而羣儒之迷謬不足辨矣。

以下則詳細論述〈司徒〉、〈司馬〉等官職與〈司空〉聯事的情形，然後說：

> 惟〈天官〉之染人、追師、屨人，〈夏官〉之稾人，疑可爲事官之屬，然王后世子之飲食衣服，皆隸〈天官〉而聽于冢宰，聖人有深慮焉，染人以類從，則所掌特宮中之染事耳。兵器之用惟弓矢爲多，而易毀折，故〈司馬〉之屬特設稾人以試之，然曰：「受財於職金，以齎其工」，則造之者乃弓人、矢人可知矣。用此觀之，五官之屬皆確乎其不可易，〈冬官〉雖亡，而以五官按之，其職其事，可班而列也。又況鄉師所涖之匠師，《儀禮》大射禮之工人士、梓人，《覲禮》之嗇夫，不屬於司空而焉屬哉此義清溪李耜卿所發昔朱子於謂〈詩序〉

有李氏得《周官》，《周官》蓋周公所制官政之法，上於河間獻王，獨闕〈冬官〉一篇。獻王購以千金不得，遂取〈考工記〉以補其處，合成六篇奏之。」

〔註85〕〔清〕方苞撰：《周官集注》，〈條例〉第二條，頁5。

> 宜遵者終不與言，蓋賤其道聽塗説，不足辭而闢也。故余推本〈司空〉之職事及與諸職聯事，而不相及者，使後世有以考，而羣儒所分所繫之無章，則存而不論焉。〔註86〕

認爲〈冬官〉本來就有，而且是五官的基礎，其本體昭然易求，群儒之迷謬不足辨。〈冬官〉和其他官聯事，在職事上有關聯，相互輔助。「五官之屬皆確乎其不可易」，〈冬官〉雖然亡，「而以五官按之，其職其事，可班而列也。」方苞此處也引李光坡之說，而論述則更爲全面且具體。李光地說：「此篇與吾弟耜卿所見略同，南豐先生所謂理當故無二也。」〔註87〕

而針對〈冬官〉未亡說，以〈地官〉爲專掌教化之事，土地之事本屬〈冬官〉，而誤入〈地官〉中。方苞又引李光坡之說：

> 司徒敷教而教職惟鄉官、師保等十數人，其間所措理者，養民之事居多。先儒疑爲〈司空〉之錯簡，是不然。夫先王之世，辨物居方。秀者爲士，而樸者爲農，下及工商各有常居，皆有壥守，使之父以教其子，兄以教其弟，習其耳目而定其心思，閑其道藝而世其家業，無非以道率民，豈必東膠西序，始名教哉！孟子曰：無恒產而有恒心者，惟士爲能，故制民之產，然後驅而之善。若生者不得其情，死者不盡其常，矍矍然喪其降衷秉彝之心。其鈍頑無恥者，固相率而歸于悖戾，不可復制。即常性未移者，亦頹墮萎靡，消沮而不復振，則道之不行，從可知矣。此〈司徒〉一篇，所以聯教、養爲一事也。然則〈司空〉之職何與？《周禮》爲書委曲周詳，無不備者，獨至壇兆廟社之壥，井田長廣之方，附庸閒田所餘之多寡，山林川澤，城郭宮室，涂巷三分之乘除。天實有生，耕穫何以無失其序。地理有餘，高下何以無拂其性。山川沮澤，民居有度焉；興事任力，遠近有量焉。宮室之制，器皿之宜，舟車之用，凡數事者，雖略見于諸官，而未詳其規度，宜皆列職于〈司空〉。而春秋、戰國之世，開阡陌，盡地力，相兼以力，相侈以僭。〈司空〉一篇，尤其所深病，而急欲去其籍者也，其失蓋亦久矣。後儒竄綴紛紜，離散全經。區

〔註86〕〔清〕方苞撰：《周官辨》（上海：上海古籍出版社，1995年，《續修四庫全書》第79冊，經部・禮類，據華東師範大學圖書館藏清乾隆刻本影印），〈周官辨惑八〉，頁435～436。

〔註87〕同前註，篇後記，李厚菴先生。

區之心，竊病其援周公以從己也。〔註 88〕

〈地官・司徒〉爲掌敷教之事，而教職之官少，養民之事的官卻居多。因而先儒懷疑此是〈冬官・司空〉的錯簡，李光坡則認爲不是如此，其以人民的教化與土地養民之間有密切關係。人民有安定的產業，生死無虞，然後施行教化，才能達到普遍的成效。因此地官司徒「聯教、養爲一事」，教與養本一體並重，相輔相成。而「《周禮》爲書委曲周詳，無不備者，獨至壇兆廟社之瀍，井田長廣之方，附庸閒田所餘之多寡，山林川澤，城郭宮室，涂巷三分之乘除。天實有生，耕穫何以無失其序。地理有餘，高下何以無拂其性。山川沮澤，民居有度焉；興事任力，遠近有量焉。」《周禮》一書「委曲周詳」，關於山川宮室等規制法度，應該皆具備於其中。而「宮室之制，器皿之宜，舟車之用，凡數事者，雖略見于諸官」，而不詳規制法度具體情形，這些應該列職於〈冬官・司空〉。而綜合以上方苞引李光坡之說與其自己的說法，認爲《周禮》本有〈冬官・司空〉，而不同意〈冬官〉未亡說的冬官混入〈地官〉之說。「而春秋戰國之世，開阡陌，盡地力，相兼以力，相侈以僭」，〈冬官・司空〉一篇，尤爲諸侯所深厭惡，而急欲禁去其書。且〈冬官・司空〉其實亡已久。後儒紛紛竄亂補綴的作法，使本來完整的經典，變得支離破碎，實在是不可取。而李光坡之兄李光地說與其大同而有小異，李光地說爲：

> 《周禮》一書，爲近代諸儒改易竄置，眞贋相亂，自吳幼清、方遜志之賢皆不能免，要其疑端，皆生於冬官之闕，而地官所掌乃邦土之事，故或則曰：「地官闕，而冬官未嘗闕也。」或曰：「冬官錯於地官之中也。」然以愚玫之大司徒之職，及其所屬之官，雖所掌邦土，而要歸於教，其非冬官之誤明甚。且大、小司徒之章，文意相從，所屬自鄉遂以下，官職相序，亦絕不類他官攙入。然則諸儒之所改易竄置者，其可信乎？
>
> 〔……〕周監歷代，損益厥禮，董正治官，六典斯備。其列〈司空〉於五官之末者，蓋別有深意焉。然《周禮》者，周公未成之書也。故其敘〈司徒〉之篇，猶首以〈司空〉之事，合養教而備厥職。惜

〔註 88〕〔清〕方苞撰：《周官集注》卷四，〈地官・司徒〉後，頁 140。其所引與李光坡《周禮述註》（臺北：臺灣商務印書館，1983 年景印清乾隆間寫《文淵閣四庫全書》第 100 冊），卷十，〈地官・司徒〉後，頁 193～194，文字大抵相同。〔清〕方苞撰：《周官析疑》卷十五，〈地官・司徒〉後，頁 167～168 也引，末句作「所謂愚而好自用也」，措辭更爲尖銳，應是方苞自己之意。

乎〈司空〉未作而成書，不可見矣。學者無由盡知周官之意，又未嘗深攷沿革之由，私疑臆決，穿鑿傅會，遇不可通，則悉以爲漢儒變亂之罪，豈不過哉！然則〈司徒〉之篇，雜以〈司空〉之事，此周公之舊，而非所謂誤與錯也。蓋周公初革官制，其猶未能變古若此。〔註89〕

李光地與光坡兄弟同以〈地官〉爲教養合一，〔註90〕反對〈冬官〉未亡，誤入〈地官〉，與補〈冬官〉的作法。惟李光地以《周禮》爲周公未成之書，〈冬官〉未作，與李光坡、方苞等認爲本有〈冬官〉，而已亡之說不同。

方苞引李光坡之說，批駁冬官未亡說之誤。以維護經典的完整原貌，不惑於〈冬官〉未亡，以臆測割裂經典，混亂經典之說。方苞對待《周禮》則是「今一仍其舊，即一官之屬，偶有意爲錯簡者，亦不敢割附他職」，不擅自割裂、改動經文的謹愼態度。〔註91〕

第三節　《周禮》與聖人之治

方苞認爲「古之治道術者皆以有爲於世者也。」〔註92〕又說：「夫離道德與事物而二之者，末學之失也。」〔註93〕又說：「聖人作經，亦望學者實體諸身，循而達之，以與民同患耳。」〔註94〕方苞治經在於經世，〔註95〕因此方

〔註89〕〔清〕李光地撰：《榕村集》（臺北：臺灣商務印書館，1983年景印清乾隆間寫《文淵閣四庫全書》第1324冊），卷十八，〈周禮〉，頁783～784。

〔註90〕李鍾倫承父、叔之意，也說：「或曰：『司徒以教名官，而兼言養者，何也？曰：『此其所以爲教也。』〔……〕若乃其間之或養或教，參伍錯綜，則因立言之次第，設施之先後以求之，莫不有序存焉。故曰：『司徒一篇，教養並行，而教即寓於養者也』」，《周禮纂訓》（臺北：臺灣商務印書館，1983年景印清乾隆間寫《文淵閣四庫全書》第100冊），卷五，〈地官．大司徒〉，「正歲令于教官曰：各共爾職，修乃事，以聽王命，其有不正，則國有常刑」句下，頁656～657。

〔註91〕李光坡《周禮述註》，卷一，頁2～3也是「以冬官之缺，五篇頗爲諸儒所亂，深疑其附離非實，故仍舊本」，維護經典完整原貌的態度。《欽定周官義疏》的作法也是：「五官之文，悉從其舊，概無移動」，《欽定周官義疏．凡例》第四條，頁6。

〔註92〕〔清〕方苞撰，徐天祥、陳蕾點校：《方望溪遺集》（合肥：黃山書社，1990年12月），〈序跋類〉，〈循陔堂文集序〉，頁5。

〔註93〕〔清〕方苞撰，劉季高點校：《方苞集》（上海：上海古籍出版社，1983年9月），卷五，〈書韓退之學生代齋郎議後〉，頁109。

〔註94〕〔清〕方苞撰，劉季高點校：《方苞集》卷六，〈與某公書〉，頁170。此文也

苞治《周禮》也強調聖人之治的實用，說其「隨在可濟於實用。」〔註96〕「其深切治體者，略舉數端，以著聖人經理民物之實用，俾學者勿徒以資文學也。」〔註97〕方苞認爲《周禮》是周公所作，其說：

> 《中庸》所謂盡人物之性，以贊天地之化育者，於是書具之矣。蓋惟公達於人事之始終，故所以教之、養之、任之、治之之道，無不盡也。惟公明於萬物之分數，故所以生之、取之、聚之、散之之道，無不盡也。運天下猶一身，視四海如奧阼，非聖人而能爲此乎？〔註98〕

又說：

> 《周官》一書，豈獨運量萬物，本末兼貫，非聖人不能作哉？〔註99〕

方苞以《周禮》盡天地萬物之性，而頻頻強調其非聖人不能作。方苞說：

> 朱子既稱：「《周官》徧布周密，乃周公運用天理熟爛之書。」又謂：「頗有不見其端緒者。」〔……〕蓋是經之作，非若後世雜記制度之書也，其經緯萬端，以盡人物之性，乃周公夜以繼日，窮思而後得之者。學者必探其根源，知制可更而道不可易。〔註100〕

而且其也說：「三王致治之迹，其規模可見者，獨有是書；世變雖殊，其經綸天下之大體，卒不可易也。」〔註101〕《周禮》保存周公治國的大經大法，是聖人治世之法，同時也可說是總結三代聖王之治的典籍，可與本文第六章，

題爲〈與閩撫趙仁圃書〉，收入〔清〕方苞撰，徐天祥、陳蕾點校：《方望溪遺集》，〈書牘類〉，頁38～39。其頁39註釋1說：「此文已收入『滬古』版《方苞集》，題爲〈與某公書〉，緣末段語有不同，故仍收入。」可參考〔清〕方苞撰，劉季高點校：《方苞集》卷六，〈與某公書〉，頁170～171。

〔註95〕可參考吳孟復撰：《桐城文派述論》（合肥：安徽教育出版社，2001年7月第2版），頁59～60。

〔註96〕〔清〕方苞撰，劉季高點校：《方苞集》卷四，〈《周官集注》序〉，頁84。

〔註97〕〔清〕方苞撰：《周官集注》（臺北：臺灣商務印書館，1983年景印清乾隆間寫《文淵閣四庫全書》第101冊），卷首，〈條例〉第六條，頁5。

〔註98〕〔清〕方苞撰，劉季高點校：《方苞集》，卷一，〈讀《周官》〉，頁16。

〔註99〕同前注，卷四，〈《周官析疑》序〉，頁82。

〔註100〕同前注，卷四，〈《周官集注》序〉，頁83。

〔註101〕〔清〕方苞撰，劉季高點校：《方苞集》卷一，〈讀《周官》〉，頁17。方苞〈讀孟子〉即云：「嗚呼！周公之治教備矣，然非因唐、虞、夏、殷之禮俗層累而精之，不能用也；而孟子之言，則更亂世，承污俗，旋舉而立有效焉。」〔清〕方苞撰，劉季高點校：《方苞集》卷一，頁25。此文爲方苞二十四歲時所作，可參考〔清〕蘇惇元編：《方苞年譜》，〔清〕方苞撰，劉季高點校：《方苞集》，附錄一，康熙三十年辛未，年二十四歲，頁869。

第一節所敘述相參考。因此學者要探求致治根源，因爲後代的變化，政法制度可因時更改，而致治之大道，經綸天下之大體，卻是不可改變。方苞作《周官餘論》十篇，以《周禮》內容與後世政法制度作比較，惜其書已亡佚不存，詳第二章第二節。而方苞於《周官集注》、《周官析疑》等書中，也多有涉及周代聖人之治與以後代政法制度比較的內容。而這些內容顯示了方苞所認爲《周禮》中的聖人之治與後代政法制度的變化與遺留。方苞說：

> 吾少讀《孟子》，至「周公思兼三王，以施四事，其有不合者，仰而思之，夜以繼日，幸而得之，坐以待旦。」求其解而不得也。及治《周官》，然後知周公之心，惟孟子知之。蓋萬物之理難盡也。人事之變無窮也，一見未達，則末流之弊且四出而不可弭；惟周公之聖，乃有以知其不合，而思之如此其深，得之如此其難耳。故後王代興，其政法之大者，必暗與《周官》之意合十有二三，然後上下安，歷年永；既其後侵尋變易，舉其合者而盡亡焉，而國非其國矣。此無他，是乃天理之盡，王道之極，而舍是則無以紀綱乎民物也。〔註 102〕

方苞〈陳榕門《周官析疑》序改稿〉說：

> 余爲庶常時，先生薦入武英殿書館纂修。公事之暇，時以《周官》疑義與吾儕講議。大抵前儒訓詁多就事釋文，而先生則別求所以設是官、分是職之意，是乃朱子所稱周公運用天理之實也。又嘗謂：「井田封建，地皆世守，民皆常業，故〈地官〉中政令愈詳愈密，教澤之漸民益深；以付州縣之有司而受成於隸，則奸蠹叢生，非法不良，時勢異也。至其根源，所以盡人物之性，而制萬事之宜者，則百世不易。有或悖之，用必窒而害延於民。用此知是經之廣淵，實兼二帝三王之道法，而以試於一鄉一邑，隨事可布實德於民。自有先生之說，然後，周公平易近人之心，朱子運用天理之指，昭揭而無疑焉。余自翰林改官吏部，不得與先生數晨夕，乃備錄五官之說，篋而藏之，時復展視紬繹，以爲他日賦政臨民之規軸云。〔註 103〕

〔註 102〕同前註，卷五，〈書李習之平賦書後〉，頁 113～114。

〔註 103〕〔清〕方苞撰，徐天祥、陳蕾點校：《方望溪遺集》（合肥：黃山書社，1990 年 12 月），〈序跋類〉，頁 2～3。頁 3 註釋 1 說：「《直》本題下原注：『改稿』作小字，蓋陳爲望溪書作序，望溪有所修改者。」陳榕門爲陳宏謀（1696～1771），字汝咨，號榕門，廣西臨桂人，爲方苞友人。方苞〈周官辨惑四〉辨析前儒所疑《周禮》刑獄事，篇後，陳滄洲記說：「余經歷郡縣久，諳民事，

制度隨時勢變易，而其所論有可供後人借鑑、效法之處。然而其中也牽涉到方苞的歷史觀與對周代歷史的個人理解。〔註 104〕姑且不論方苞的理解是非如何，而是透過方苞對聖人之治的討論，冀能略爲了解方苞對《周禮》的觀點與其強調實用的反映。〔註 105〕

一、《周禮》中的聖人之治

關於此的例子甚多，今略爲舉數例如下，如：

（一）〈天官・甸師〉：「喪事，代王受眚烖。」

《周官》惟此條義難明，蓋周公以嗣王生長富貴，必知稼穡之艱難，乃能知小民之依，而所其無逸，故特爲此禮，以示不躬耕帝籍，以事上帝神示，則王宜受眚烖。今以喪廢籍，非得已也，故〈甸師〉可代受焉。則無故而不親耕，以共粢盛，其爲神示所不享（《周官析疑》作「饗」），明矣。（《周官集注》卷一，頁 35。《周官析疑》卷

乃知此文灼見聖人立法之意。」詳參〔清〕方苞撰：《周官辨》，頁 427～429。陳滄洲爲陳鵬年（1663～1723），字北溟，一字滄洲，湖廣湘潭人，也爲方苞友人。

〔註 104〕關於方苞此解經特色，可詳參丁亞傑〈方苞詩經學解經方法〉，《元培科學技術學院第一屆通識教育學術研討會論文集——通識教育的延續與發展》（新竹：元培科學技術學院通識教育中心，2001 年 7 月），頁 161～176。

〔註 105〕至於文章方面，方苞爲文根抵六經，經世濟民。顧琮說：「方子之文，乃探索於經書，與宅心之實，與人之忠，隨所觸而流焉者也，故平生無不關於道教之文。」程崟也說：「不惟解經之文，凡筆墨所涉，莫不有六籍之精華寓焉。」〔清〕方苞撰，劉季高點校：《方苞集》，附錄三，〈各家序跋・原集三序〉，顧琮〈序〉與程崟〈序〉，頁 908。而與方苞同時諸家對於方苞文章的評論，大都也涉及此處，可參考〔清〕方苞撰，劉季高點校：《方苞集》，附錄二，〈諸家評論〉，頁 901～904。關於此，可參考許福吉撰：《義法與經世—方苞及其文學研究》（上海：學林出版社，2001 年 6 月）一書。而關於《周禮》，方苞的文章，除〈讀經〉等與解經相關之文外，也常引用《周禮》內容，雖屬隨事引用，也可更充分反映方苞的此一傾向。其文於〔清〕方苞撰，劉季高點校：《方苞集》與〔清〕方苞撰，徐天祥、陳蕾點校：《方望溪遺集》中例子甚多，姑舉一例，如〈逆旅小子〉一文中，敘述逆旅小子遭其叔父虐待致死，而叔父也暴死，財產爲他人有之後，即引用《周禮・大司徒》「以鄉八刑糾萬民」事，說：「昔先王以道明民，猶恐頑者不喻，故以『鄉八刑糾萬民』，其不孝、不弟、不睦、不婣、不任、不恤者，則刑隨之，而五家相保，有罪奇邪則相及；所以閑其塗，使民無由動於邪惡也。」可詳參〔清〕方苞撰，劉季高點校：《方苞集》卷九，頁 244～245。

五，頁41～42。）〔註106〕

方苞認爲周公設身處地爲嗣王成王設想，以其生長於富貴，須體察民情，則必要知道稼穡之艱難，才能知道小民之所依靠，而努力修養君道德行，不要過於逸樂安豫。此爲用《尚書・無逸》：「周公曰：『嗚呼！君子所其無逸，先知稼穡之艱難，乃逸；則知小人之依。〔……〕。』」〔註107〕之意。周公基於此，故特爲甸師「喪事，代王受眚烖」之禮，以表示王不親耕籍田，以事奉上帝神示，則王應該「受眚烖」。以喪事的緣故而廢籍田，爲不得已，故甸師可代王受過。則王無故而不親耕，以供祭祀粢盛，其實爲神示所不享。

（二）〈天官・內小臣〉序官：

奄人通內外之令，領女奚之屬，其事有斷不可缺者。然考《周官》內小臣四人，寺人五人，其餘司服用者，通天、地二官，四十五人，數既甚少，而爵以士者，又不過四人。其上有內宰、宮正、小宰、大宰層累而督察之，則亦安能爲國患哉！（《周官集注》卷一，頁10。《周官析疑》卷一，〈內豎〉序官，頁9。）

奄人「通內外之令，領女奚之屬，其事有斷不可缺者」，然而考之《周禮》內小臣有四人，寺人有五人，〔註108〕而「其餘司服用者」，通計天、地二官有四十五人，其人數既然甚少，而爵位以士者，又不過四人而已。而其上有內宰、宮正、小宰、大宰等官層累而督察奄人，則其何能爲國禍患！

（三）〈地官・大司徒〉：「以五禮防萬民之僞而教之中。以六樂防萬民之情而教之和。」

六藝中有禮、樂，不過秀民習之耳。此則通乎萬民，故復列之。禮者，稱情以立文，所以防萬民之僞。而老、莊、荀氏乃以爲化性而起僞，蓋溺于俗而不達于先王之禮意也。（《周官集注》卷三，頁86。）〔註109〕

〔註106〕以下引《周官集注》或《周官析疑》的次數多，茲以括號著上書名、卷數、頁數，不再一一出註。

〔註107〕題〔漢〕孔安國傳、〔唐〕孔穎達疏、〔清〕阮元等校勘：《尚書注疏》卷十六，〈周書・無逸〉，頁240。

〔註108〕〔漢〕鄭玄注、〔唐〕賈公彥疏、〔清〕阮元等校勘：《周禮注疏》卷一，〈天官・內小臣〉序官，頁17：「內小臣，奄上士四人，史二人，徒八人。」〈寺人〉序官：「王之正內五人。」

〔註109〕《周官析疑》卷九，頁93：「六藝中有禮、樂，惟秀民乃能習，而凡民使由

方苞認爲「六藝中有禮、樂，不過秀民習之耳」，〔註110〕而此處則「通乎萬民，故復列之。」方苞強調禮、樂的作用，而「禮者，稱情而立文，〔註111〕所以防萬民之僞。」禮爲根據情的輕重來制定對應的禮文，用來防萬民之僞。而方苞說：「老、莊、荀氏乃以爲化性而起僞，蓋溺于俗而不達于先王之禮意也。」籠統的認爲《老子》、《莊子》、《荀子》「以爲化性而起僞」。〔註112〕其實「化性而起僞」爲《荀子》學說，《老子》與《莊子》並無是說，而《老子》、《莊子》、《荀子》思想也各不盡相同。其思想也並不能以「溺于俗」就可以概括，故方苞對三家思想的理解，未必準確。然而《老子》、《莊子》、《荀子》的思想並非本文重點所在，故於此不贅論。

（四）〈地官・鄉師〉：「以歲時巡國及野，而賙萬民之囏阸，以王命施惠。」

以王命施惠者，其職代王巡行，見民囏阸，即以王命發倉廩，出泉布，而無所壅遏，不待奏請報可。此聖人慮事之詳，憂民之切也。（《周官集注》卷三，頁93。《周官析疑》卷十，頁104。）

五禮，皆可以防其僞，使聽六樂，皆可以防其情，故復列之。禮者，稱情以立文，乃所以防萬民之僞。而老、莊、荀氏乃以爲化性而起僞，蓋溺於俗而不達先王之禮意也。」其說大抵相同。

〔註110〕應是依《周禮・地官・保氏》，〔漢〕鄭玄注、〔唐〕賈公彥疏、〔清〕阮元等校勘：《周禮注疏》（臺北：藝文印書館，1997年8月初版第13刷，影印清嘉慶二十一年江西南昌府學刊《十三經注疏》本），卷十四，頁212說：「保氏掌諫王惡，而養國子以道，乃教之六藝，一曰：五禮，二曰：六樂，三曰：五射，四曰：五馭，五曰：六書，六曰：九數。」

〔註111〕《荀子・禮論篇》說：「三年之喪，何也？曰：稱情而立文，因以飾群，別親疏貴賤之節，而不可益損也。故曰：無適不易之術也。創巨者其日久，痛甚者其愈遲，三年之喪，稱情而立文，所以爲至痛極也。齊衰、苴杖、居廬、食粥、席薪、枕塊，所以爲至痛飾也。」〔周〕荀況撰，李滌生集釋：《荀子集釋》（臺北：臺灣學生書局，1979年2月，1994年10月第7次印刷），〈禮論篇〉第十九，頁445。《禮記・三年問》沿襲《荀子・禮論篇》文，說：「三年之喪何也？曰：稱情而立文，因以飾群，別親疏貴踐之節，而不可損益也。故曰：無易之道也。創鉅者其日久，痛甚者其愈遲，三年者，稱情而立文，所以爲至痛極也。斬衰苴杖，居倚廬，食粥，寢苫枕塊，所以爲至痛飾也。」〔漢〕鄭玄注、〔唐〕孔穎達疏、〔清〕阮元等校勘：《禮記注疏》卷五十八，〈三年問〉，頁961。

〔註112〕「化性而起僞」出自《荀子・性惡篇》。其說：「故聖人化性而起僞，僞起而生禮義，禮義生而制法度，然則禮義法度者，是聖人之所生也。」可參考〔周〕荀況撰，李滌生集釋：《荀子集釋》，〈性惡篇〉第二十三，頁545。

鄉師以王命施惠，「其職代王巡行」，如果人民有天災饑荒的情形，就以王的命令「發倉廩，出泉布」，賑濟民眾，而「無所壅遏」，不需要等待奏請王報可，而直接「以王命施惠」。方苞因而說：「此聖人慮事之詳，憂民之切也。」

（五）〈地官・鄉大夫〉：「此謂使民興賢，出使長之；使民興能，入使治之。」

出謂進而爲王朝之官也。入謂退而爲鄉遂之吏也。蓋興其才德之大者，而進于王朝，則將爲公卿大夫以臨長之。興其行能之小者，而爲鄉遂之吏，則遂治其比、閭、族、黨之民。此三王之世，所以不患選舉之不公，而百官得其宜，萬事得其序也。（《周官集注》卷三，頁 95。）〔註 113〕

鄉大夫「使民興賢」，出而進爲王朝之官，入而退爲鄉遂之吏。興其才德大者，進於王朝，則將爲公卿大夫以臨長之。而興其行能小者，爲鄉遂之吏，則遂治其比、閭、族、黨之民。方苞認爲：「此三王之世，所以不患選舉之不公，而百官得其宜，萬事得其序也。」

（六）〈地官・鄉大夫〉：「大詢于眾庶，則各帥其鄉之眾寡而致于朝。」

賓興、大詢，皆曰：「鄉之眾寡。」蓋非黎獻不得與，故數不可定也。興賢能而謀於不善人，則必以私計引親黨。詢國故而雜以不善人，則必以寇言亂大謀。聖人制法，慮無不周如此。（《周官析疑》卷十，頁 107。）

方苞認爲鄉大夫賓興、大詢，皆說：「鄉之眾寡。」因爲非「黎獻」不得參與，故人數不固定。興起賢能而謀於不善之人，則其必以私心計引進其親近黨與。詢國故而參雜不善之人，「則必以寇言亂大謀。」故聖人制定法度，「慮無不周如此。」

（七）〈地官・司市〉：「凡治市之貨賄、六畜、珍異，亡者使有，利者使阜，害者使亡，靡者使微。」

使有、使阜，起其價以徵之也。使亡、使微，抑其價以卻之也。害

〔註 113〕〔清〕方苞撰：《周官析疑》卷十，頁 106 說：「所謂出者，出於鄉學，而入於成均，升於司馬也。入者，還歸其州、黨也。蓋興其才德之大者，而進于王朝，則將爲公卿大夫以臨長之。興其行能之小者，則還治其比、閭、族、黨之民。先王之世所以不患選舉之不公，而百官得其宜，萬事得其序也。」其說大抵相同。

謂奇器異物，無當于民用者，作無益，害有益，故使之無。靡者尚可用，但費財而導侈，故使之微。《周官》詳于市政，即此一節，足以消游惰，阜百物，備天災，厚民俗，非細故也。(《周官集注》卷四，頁 117。)〔註 114〕

司市治理市集貨物，亡者、利者提高其物價以徵之，使有、使阜。害者、靡者壓抑其物價以卻之，使亡、使微。害者爲所謂奇器異物，「無當于民用者，作無益，害有益」，〔註 115〕故要使其無。靡者爲還可用，但是「費財而導侈」，故要使其微。方苞認爲「《周官》詳于市政，即此一節，足以消游惰，阜百物，備天災，厚民俗，非細故也。」

(八)〈地官・司稼〉:「掌均萬民之食，而賙其急，而平其興。」

先王之于農事，始則移用其民以相救，終復均調其食以相賙，則天患之小者，舉不足以病民矣。

先王於農事，始則移用其人民以互相救助，終復均調糧食以互相賙濟，則小的天患，就不足以危害人民。

(九)〈春官・小祝〉:「小祝掌小祭祀，將事侯禳禱祠之祝號，以祈福祥，順豐年，逆時雨，寧風旱，彌烖兵，遠辠疾。」

《周官》于(《周官析疑》作「於」)候禳禱祠之事甚詳，蓋人心冥頑，惟遇疾病烖危，窮而反本，易警發其善心，故聖人以神道設教，使恐懼修省，以思救政，則所益多矣。(《周官集注》卷六，頁 203。《周官析疑》卷二十三，頁 239。)

《周禮》於候禳禱祠之事甚詳，是因爲人心冥頑，只有在遇到疾病災難危險的時候，窮而反本，容易警發人的善心，故聖人以神道設教，使人恐懼自修反省，「以思救政」，則所得益處良多。

(十)〈秋官・閩隸〉:「閩隸掌役畜，養鳥，而阜蕃教擾之。」

閩隸所養非畜鳥也，貉隸所養非常獸也。珍禽奇獸，不育于國，乃

〔註 114〕〔清〕方苞撰:《周官析疑》卷十三，頁 135 說:「此申禁物靡、均市之事。害謂奇器異物，無當民用者，作無益，害有益，故使之無。靡者尚可用，但費財而導侈，故使之微。《周官》詳於市政，即此一節，足以消游惰，阜百物，備天災，厚民俗，非細故也。」其說大抵相同。

〔註 115〕題〔漢〕孔安國傳、〔唐〕孔穎達疏、〔清〕阮元等校勘:《尚書注疏》卷十三，〈旅獒〉，頁 184 說:「不作無益害有益，功乃成;不貴異物賤用物，民乃足。」

> 列職以養之，何也？一切禁之，則側媚之臣轉得居爲奇貨，以啗其上，故列于六職，以示其物無奇；掌于裔隸，以示其役爲甚賤，正所以止邪于未形也。（《周官集注》卷九，頁302。）〔註116〕

閩隸所養不是畜養的鳥類，貉隸所養不是平常的獸類。「珍禽奇獸，不育於國」，〔註117〕卻列職以養之，這是爲何？因爲如果一切禁止，則側近諂媚的臣子轉而將其居爲奇貨，以諂媚其上，故列於六職之中，以表示其物其實沒有什麼奇特；掌於四裔之隸，以表示其役爲甚卑賤，此正所以止邪惡於未形成之時。

而方苞的某些解說，也與其認爲的周初特殊的時代背景結合，如：

（一）〈春官・韎師〉序官：

> 蓋周起岐雍，其化先行于南，次及于（《周官析疑》作「於」）北，而東方獨阻風教，商奄既誅，淮夷、徐戎尚爲魯患，故特設一官肄東夷之樂，以志王化之難成。〈職方〉首揚州，亦此義也。（《周官集注》卷五，頁144。《周官析疑》卷十六，頁172。）

周興起於岐雍，其教化先行於南，次及於北，而東方獨阻風俗教化而爲患，故特別設一官習東夷的音樂，以標志王國教化的難成。

（二）〈夏官・職方氏〉：「東南曰：揚州。」

> 周起西北，去東南絕遠，故首列之，以志風教之所暨也。吳、楚有道後服，無禮先強，終周之世，爲禍災于（《周官析疑》作「於」）中夏，故〈職方〉所記，以險遠爲先。（《周官集注》卷八，頁265。《周官析疑》卷三十，頁309。）

周興起於西北，距離東南絕遠，故首列揚州，以標志風俗教化的所至。吳國、楚國，終周之世，爲禍災於中夏，故〈職方氏〉所記，以險遠之地爲先。

（三）〈秋官・禁殺戮〉：「掌司斬殺戮者，〔……〕。」

> 鄉野、公邑、都家守土之吏，層累而相督察。殺人者死，傷人者刑，

〔註116〕〔清〕方苞撰：《周官析疑》卷三十四，〈秋官・貉隸〉：「掌役服不氏，而養獸，而教擾之。掌與獸言」，頁353。《周官析疑》「于」作「於」。

〔註117〕題〔漢〕孔安國傳、〔唐〕孔穎達疏、〔清〕阮元等校勘：《尚書注疏》卷十三，〈旅獒〉，頁184說：「犬馬非其土性不畜；珍禽奇獸，不育于國。」其開頭說：「惟克商遂通道于九夷八蠻。西旅厎貢厥獒。太保乃作〈旅獒〉，用訓于王。」武王克商，西方戎國貢獒犬，召公作此以進諫武王。可詳參〈旅獒〉，頁183～185。

> 政有常經，似無庸別設此職。蓋周公建典，承商辛之弊俗，脅權相滅，無辜籲天，不得不爲之防，使有所懼，而不敢逞。且六官之典，通行於海內。楚、粤、蜀、閩阻深僻隩之區，互相讐殺，而不告於官，雖近代猶然，則此職之設，慮事詳，憂民遠矣。(《周官析疑》卷三十四，頁353。)

周公建典法，爲承商紂的弊端風俗，故設此禁殺戮職。方苞認爲「且六官之典，通行於海內」，而「楚、粤、蜀、閩阻深僻隩之區，互相讐殺，而不告於官，雖近代猶然」，因而方苞說：「則此職之設，慮事詳，憂民遠矣。」

二、後代的變化與遺留

而以後代政法制度變化比較的，略爲舉數例如下，如：

(一)〈天官・內小臣〉序官：

> 古者天子日視朝，公、卿、大夫、士，皆得進見言事。內小臣，羣奄之長，所掌不過陰事陰令耳。東漢末造，天子不時見公卿大夫，宦者口銜天憲，勢傾朝野，沿至於唐，則天子廢立由之，死生聽之，然後知周公之典，百世不可易也。(《周官析疑》卷一，頁8。)

內小臣爲「羣奄之長」，所掌管「不過陰事陰令」。〔註118〕而東漢末年，宦官亂政，「口銜天憲，勢傾朝野」，延至於唐代，則廢立天子由宦官，其死生也聽由宦官，於此「然後知周公之典，百世不可易也。」

(二)〈天官・寺人〉序官引王志長曰：

> 冢宰一官，凡閽寺、嬪御之職，服繕筦庫之司皆屬焉。自冢宰失職，而有女寵之禍，有閹寺之變，有內藏之私，有宮市之患，有奢僭百出之弊，凡先王治天下之本，莫不廢壞焉。(《周官集注》

〔註118〕〔漢〕鄭玄注、〔唐〕賈公彥疏、〔清〕阮元等校勘：《周禮注疏》卷七，〈天官・內小臣〉，頁114說：「掌王之陰事陰令。」鄭玄《注》說：「陰事，羣妃御見之事，若今掖庭令晝漏不盡八刻，白錄所記，推當御見者。陰令，王所求爲於北宮。」賈公彥《疏》說：「云：「陰事，羣妃御見之事」者，謂若〈九嬪〉職，後鄭所云者是也。又云：「陰令，王所求爲於北宮」者，王於北宮求爲，謂若縫人、女御爲王裁縫衣裳及絲枲織紝之等，皆是王之所求索，王之所造爲者也。言北宮者，對王六寢在南，以后六宮在北，故云北宮也。」錢玄、錢興奇編著：《三禮辭典》(南京：江蘇古籍出版社，1998年3月第1版第2次印刷)，〔陰事〕，頁781說：「陰事、陰令，與婦人相涉，故謂之陰。」

卷一，頁 11。）

冢宰此官，「凡閹寺、嬪御之職，服繕箢庫之司皆屬焉。」自從冢宰失職，「而有女寵之禍，有閹寺之變，有內藏之私，有宮市之患，有奢僭百出之弊」等種種弊病，凡是先王治理天下之本，沒有不廢壞的。

（三）〈天官・大宰〉：「以八柄詔王馭羣臣。」

爵、祿、廢、置、生、殺、予、奪，皆天理之自然也。然以天下之大柄，而操於一人，非上聖至仁，豈能一一各應其則。及其變也，則有不宜貴而貴，不宜富而富，不宜廢而廢，不宜置而置，不宜予而予，不宜奪而奪者矣。又其甚也，且有不宜生而生，不宜殺而殺者矣。所以然者，情僞百出，耳目易欺，人主一心，豈能徧察。自非公正無私，能好能惡之相臣，隨事隨時，竭誠盡慮，以告其君，鮮不牽於私意，蔽於僉壬，而冥行倒置者。漢、唐以下，非無勵精求治，欲謹其操柄之賢君，而不能比隆於三代，以詔之者，無伊、傅、周、召之相臣耳，此振古治道升降之分界也。（《周官析疑》卷二，頁 13～14。）

方苞認為「爵、祿、廢、置、生、殺、予、奪」，〔註 119〕皆是天理之自然。然而以「天下之大柄」，而操控於君王一人，「非上聖至仁」，又豈能夠一一各對應其法則。而有變化發生時，「則有不宜貴而貴，不宜富而富，不宜廢而廢，不宜置而置，不宜予而予，不宜奪而奪」等情形。又其甚至有「不宜生而生，不宜殺而殺者」的情形。所以會有這些情形，為「情僞百出」，君王容易被蒙蔽，而「人主一心」，豈能徧察眞僞。而如果沒有「公正無私，能好能惡之相臣」輔佐，「隨事隨時，竭誠盡慮」，以告知其君王，而君王鮮少有不牽連於私意，被小人蒙蔽，「而冥行倒置者。」而漢、唐以下，不是沒有「勵精求治，欲謹其操柄之賢君」，而其政治不能「比隆於三代」，因為「以詔之者，無伊、傅、周、召之相臣耳」，而「此振古治道升降之分界也。」

〔註 119〕〔漢〕鄭玄注、〔唐〕賈公彥疏、〔清〕阮元等校勘：《周禮注疏》卷二，頁 28 說：「以八柄詔王馭群臣，一曰：爵，以馭其貴。二曰：祿，以馭其富。三曰：予，以馭其幸。四曰：置，以馭其行。五曰：生，以馭其福。六曰：奪，以馭其貧。七曰：廢，以馭其罪。八曰：誅，以馭其過。」卷二十六，〈春官・內史〉，頁 407 說：「內史掌王之八枋之灋，以詔王治，一曰：爵，二曰：祿，三曰：廢，四曰：置，五曰：殺，六曰：生，七曰：予，八曰：奪。」

（四）〈天官・司會〉：「以周知四國之治，以詔王及冢宰廢置。」

秦、漢以後，徵斂鈎攷，亦彷彿《周官》之法，然不求其生之本，而惟欲其取之盈，不務節其所不必用，而轉節其所當用，是以法密而弊愈滋，民窮而國亦病，皆不明於周公、孔子理財之義故也。（《周官析疑》卷七，頁 61～62。）

秦漢以後，徵斂財稅，鈎攷會計，也彷彿是《周禮》之法，然而卻不求其生財之根本，而只想要其取得之盈多，不致力於節省其不必用的，反而節省其應當用的。因而法令細密而弊害愈爲滋生，人民窮困而國家也受弊病，此皆不知周公、孔子理財之義的緣故。

（五）〈地官・小司徒〉：「及大比，六鄉、四郊之吏平教治，正政事，攷夫屋，及其衆寡、六畜、兵器以待政令。」

古者卒伍兵器皆自具，而漢世有禁民挾弓矢者，可謂昧于治體矣。（《周官集注》卷三，頁 91。）〔註 120〕

古代卒伍皆自己準備兵器，而漢代卻有禁止民眾挾弓矢的事，「可謂昧于治體矣。」

（六）〈地官・賈師〉：「凡天患，禁貴儥者，使有恒賈。」

三代聖王，所以恤民惠商，其灋曲備，而穀物之積，所在皆有之，故遇天患，可禁貴賣者。後世救荒則以增價招商爲善政，時勢各有宜也。（《周官集注》卷四，頁 119。）〔註 121〕

三代聖王，所以恤民惠商，其法委曲詳備，「而穀物之積，所在皆有之」，故遭遇天災，可禁止以貴價賣者。後代救荒者，則以增加價格招商爲善政，爲時勢各有適宜。

（七）〈春官・內史〉：「內史掌書王命，遂貳之。」

王之命，內史親受而書之，且貳之，則矯假以爲不信者，孰敢萌其慮哉！漢、唐以後中侍口銜天憲，以亂國常，則內史之職廢也。（《周官集注》卷六，頁 211。《周官析疑》卷二十四，頁 249。）

〔註 120〕〔清〕方苞撰：《周官析疑》卷十，頁 102 說：「古者卒伍兵器皆自具，而公孫弘議禁民挾弓弩，可謂昧於治體矣。」其說大抵相同。

〔註 121〕同前註，卷十三，頁 138 說：「三代聖王，所以恤民惠商，其法曲備，而穀物之蓄，所在皆有之，故遇天患，可禁貴儥者。後世救荒則以增價招商爲善政，時勢各有所宜也。」其說相同。

王的命令，內史親自接受而紀錄，而且還錄副本，「則矯假以爲不信者，孰敢萌其慮哉！」而漢、唐以後有宦官中侍「口銜天憲，以亂國常」的亂政行爲，則是因爲內史之職廢而不行的緣故。

（八）〈夏官・撢人〉：「撢人掌誦王志，道國之政事，以巡天下之邦國而語之，使萬民和說而正王面。」

正王面，所謂四面而內鄉也。匡人達灋（《周官析疑》作「法」）則而邦國之臣，皆凜承乎王吏。撢人誦王志而天下之民皆內鄉于京師，此先王養諸侯而兵不試之道也。齊、魯之衰，民不知君而陪臣各固其私，以成篡奪之漸，則知止邪于（《周官析疑》作「於」）未形，《周官》之所慮遠矣。（《周官集注》卷八，頁273。《周官析疑》卷三十，頁315。）

撢人「誦王志而天下之民皆內鄉于京師，此先王養諸侯而兵不試之道也。」而齊國、魯國之衰，人民不知國君而陪臣各堅固其私心，以成篡位奪權之漸，則知此正所以止邪惡於未形成之時。

（九）〈秋官・脩閭氏〉：「邦有故，則令守其閭互，唯執節者不幾。」

令閭胥、里宰之屬。閭亦有互，王政之周于守禦如此。（《周官集注》卷十，頁307。）〔註122〕

而爲後代政法制度所遺留的，略爲舉數例如下，如：

（一）〈地官・司諫〉：「司諫掌糾萬民之德而勸之朋友，正其行而強之道藝，巡問而觀察之，以時書其德行道藝，辨其能而可任于國事者。」

管仲治齊，鄉長、五屬大夫復事，公親問賢才，猶用《周官》遺意。然聰明質仁，爲義好學者，與拳勇股肱之力同問，則知其時學校之政已廢矣。故曰：王者之迹熄也。（《周官集注》卷四，頁113。）

管仲治齊，鄉長、五屬大夫復事，齊桓公親問賢才，猶是用《周禮》之遺意。然而聰明質仁，爲義好學者，與拳勇股肱之力一同問，〔註123〕則知當時學校之政已廢棄。

〔註122〕同前註，卷三十五，頁357，只有「閭亦有互，王政之周於守禦如此。」

〔註123〕可參考《管子・小匡》，題〔周〕管仲撰，陳慶照、李障天注釋：《管子房注釋解》（濟南：齊魯書社，2001年5月），頁149。

（二）〈地官・司稼〉序官：

〈廩人〉、〈舍人〉、〈倉人〉、〈司祿〉四職相聯，而終之以〈司稼〉。「以年之上下出斂法」，〈司稼〉之職也。宮府之饟，萬官之祿，皆於農夫取之。歲有豐凶而法用常祿，則不能不取足焉，所以示居民上者，當惕然於安受野人之養，而職思其艱也。在禮，年穀不登，君膳不祭肺，馬不食穀，大夫不食粱，士飲酒不樂，則〈司稼〉所謂賙其急，平其興，以均萬民之食，必自貴者始矣。春秋時，列國有凶，卿大夫爭出私積以賑貸，猶見三代君臣與民同憂之意。(《周官析疑》卷八，頁83～84)

〈廩人〉、〈舍人〉、〈倉人〉、〈司祿〉四官職相聯，而後以〈司稼〉爲終。因爲〈司稼〉之職「以年之上下出斂法」，〔註124〕而「宮府之饟，萬官之祿」，皆取用於農夫。年歲有豐凶而「法用常祿」，則不能不取用足夠，用來表示居於人民之上的統治者，應當警惕於安定受野人的奉養，而思農夫的艱辛。而「在禮，年穀不登，君膳不祭肺，馬不食穀，大夫不食粱，士飲酒不樂」，〔註125〕以表示憂人民，「則〈司稼〉所謂賙其急，平其興，以均萬民之食，必自貴者始矣。」而春秋時，列國有凶災，卿大夫爭出其私積以賑貸，此猶然爲「三代君臣與民同憂之意。」

（三）〈春官・內史〉：「掌王之八枋之灋，以詔王治，一曰：爵。二曰：祿。三曰：廢。四曰：置。五曰：殺。六曰：生。七曰：予。八曰：奪。」

唐、宋以後，有制詔已降，而宰相封還辭頭者，此正冢宰之本職也。有天子、宰相成謀而給事中封駁者，此正內史之本職也。蓋古法盪盡，一二人偶創行之，故眾以爲奇。史書其事，然下能言，上能聽者，不過千百之十一耳。周公列此爲典法，使爲人君者，皆知爲政體之固然，而坦乎不疑爲人臣者，各知爲職守所當然，而無與分過

〔註124〕〔漢〕鄭玄注、〔唐〕賈公彥疏、〔清〕阮元等校勘：《周禮注疏》卷十六，〈地官・司稼〉，頁253～254說：「司稼掌巡邦野之稼，而辨穜稑之種，周知其名，與其所宜地，以爲灋而縣于邑閭。巡野觀稼，以年之上下出斂灋。掌均萬民之食，而賙其急，而平其興。」

〔註125〕〔漢〕鄭玄注、〔唐〕孔穎達疏、〔清〕阮元等校勘：《禮記注疏》卷四，〈曲禮下〉，頁77說：「歲凶，年穀不登，君膳不祭肺，馬不食穀，馳道不除，祭事不縣。大夫不食粱，士飲酒不樂。」

也。（《周官析疑》卷二十四，頁 248。）

唐、宋以後，有制詔以降下，「而宰相封還辭頭者」，此正是冢宰的本職。「有天子、宰相成謀而給事中封駁者」，此正是內史的本職。對皇帝的詔命或任命官員，如果認爲不適宜，可封還並署列理由或建議。〔註 126〕而「周公列此爲典法，使爲人君者，皆知爲政體之固然，而坦乎不疑爲人臣者，各知爲職守所當然，而無與分過也。」方苞認爲此爲周公典法的遺留。

（四）〈夏官・大司馬〉：「大司馬之職，掌建邦國之九灋，以佐王平邦國。〔……〕。」

五官之典皆備于九灋，而以屬司馬，何也？不能四征不庭，則五官之典皆不行于天下。《書》曰：「其克詰爾戎兵，以陟禹之迹。」〈江漢〉之詩言：召虎南征，疆土是徹。蓋率由周公之典灋。（《周官集注》卷七，頁 227。）〔註 127〕

「五官之典皆備于九灋，而以屬司馬」，這是爲何？大司馬掌九法，〔註 128〕

〔註 126〕如《宋史・職官志・門下省》：「給事中四人，分治六房，掌讀中外出納，及判後省之事。若政令有失當，除授非其人，則論奏而駁正之。凡章奏，日錄目以進，考其稽違而糾治之。故事，詔旨皆付銀臺司封駁。官制行，給事中始正其職，而封駁司歸門下。」《宋史・職官志・中書省》說：「舍人四人，舊六人。掌行命令爲制詞，分治六房，隨房當制，事有失當及除授非其人，則論奏封還詞頭。國初，爲所遷官，實不任職，復置知制誥及直舍人院，主行詞命，與學士對掌內外制。凡有除拜，中書吏赴院納詞頭。其大除拜，亦有宰相召舍人面授詞頭者。若大誥命，中書敕進入，從中而下，餘則發敕官受而出之。及修官制，遂以實正名，而判後省之事。分案五：曰上案，掌冊禮及朝會所行事；曰下案，掌受付文書；曰制誥案，掌書錄制詞及試吏，校其功過；曰諫官案，掌受諸司關報文書；曰記注案，掌錄記注。其雜務則隨所分案掌之。」〔元〕脫脫等撰：《宋史》（北京：中華書局，1997 年 11 月），卷一百六十一，頁 3779，3785。

〔註 127〕〔清〕方苞撰：《周官析疑》卷二十六，〈夏官・大司馬〉：「比小事大，以和邦國」，頁 264，則於解說九法與其他官職的關係後，說：「皆列職於司馬，何也？蓋不能四征不庭，則威命不能服眾，而恩禮亦不足以感人，五官之典皆廢置於無用矣。周之東遷以後是也。周公作〈立政〉，則曰：『其克詰爾戎兵，以陟禹之迹。』〈周頌・時邁〉亦曰：『薄言震之，莫不震疊』，與此經之義更相表裏，乃聖人仁育義正，運用天理之實心實事，與後世之耀威而黷武者異矣。」

〔註 128〕九法爲「制畿封國，以正邦國；設儀辨位，以等邦國；進賢興功，以作邦國；建牧立監，以維邦國；制軍詰禁，以糾邦國；施貢分職，以任邦國；簡稽鄉民，以用邦國；均守平則，以安邦國；比小事大，以和邦國。」〔漢〕鄭玄注、〔唐〕賈公彥疏、〔清〕阮元等校勘：《周禮注疏》卷二十九，頁 439。

如果「不能四征不庭，則五官之典皆不行于天下。」征伐不服王室的叛亂，以正國土封疆，此「蓋率由周公之典灋。」

（五）〈夏官・大司馬〉：「**簡稽鄉民，以用邦國。**」

蓋大師、大田、大役，國君必親，命卿必從。所用輿帥，必鄉吏之夙能附眾者，所起徒役，必鄉民之與吏相親，服其教練者，然後以遂及都邑之吏，帥其眾而附焉。是以用無不宜，教無不習。《管子》：作內政以寄軍令，公帥五鄉，國子帥五鄉，有教士三萬人。蓋猶用周公遺法耳。（《周官析疑》卷二十六，頁263。）

大師、大田、大役，率鄉吏、鄉民，「是以用無不宜，教無不習。」《管子》作內政以寄軍令，「蓋猶用周公遺法耳。」〔註129〕

（六）〈夏官・掌固〉：「**掌修城郭、溝池、樹渠之固。**」

《注》：樹謂枳棘之屬，有刺者。樹之有刺者，以樊垣墻爲便耳。土各有宜，城郭、溝渠，凡樹之成林者，皆可以爲阻固。蓋內有蔽，則敵恫疑，依以設守，攻者難入。故《春秋傳》：伐國而勝，乃得焚刊其竹木。秦、漢以後，塞上樹榆、柳，蓋古法之遺。（《周官析疑》卷二十八，頁283～284。）

古人修城牆、鑿溝渠、種植樹林以防禦敵人。而有樹林遮蔽，則敵人害怕懷疑，依靠樹林以設防守，則進攻者難攻入。秦、漢以後，在塞上種植榆樹、柳樹，「蓋古法之遺。」

（七）〈夏官・司險〉：「**設國之五溝五涂，而樹之林以為阻固，皆有守禁，而達其道路。**」

《易》曰：「王公設險以守其國。」山川丘陵之險，天作地成，非人力所能設也。周公設司險、掌固之官，所恃惟溝樹耳。每見山澤豪民居阻溝樹，盜賊即不敢犯。井田雖難驟復，苟城邑要塞多設溝樹，則居者有以自固，而戎馬失其利，此爲民長慮者，所宜先務也。（《周官集注》卷七，頁239。）〔註130〕

〔註129〕可參考《管子・小匡》，題〔周〕管仲撰，陳慶照、李障天注釋：《管子房注釋解》，頁149。

〔註130〕〔清〕方苞撰：《周官析疑》卷二十八，頁285說：「《易》曰：『王公設險以守其國。』山川邱陵之險，天作地成，非人力所能設也。周公設司險、掌固之官，所恃惟溝樹耳。每見山澤豪民居阻溝樹，盜賊即不敢犯。苟城邑要塞

山川丘陵的險要，爲自然的天作地成，不是人力所能設。而周公設司險、掌固之官，所依恃惟深溝與樹林。山澤豪民居地有溝樹之阻，盜賊即不敢侵犯。如果於城邑要塞多設溝樹，則居者防守堅固，而敵軍戎馬則不能侵犯，此爲人民長遠思慮者，所應該先致力者。

（八）〈**秋官・士師**〉：「**令移民、通財，糾守、緩刑。**」

> 移民通財，地官所掌，而又使刑官令之者。移民則慮有顚越不恭，暫遇姦宄者。通財而使刑官董之，則富者知必償而無匿財矣。後世救荒，有使富民出貸而官爲之責者，法古之善也。（《周官集注》卷九，頁 289。）

移民通財爲地官所掌事，而又使刑官命令者。移民則顧慮有「顚越不恭，暫遇姦宄者。」通財而使刑官督導，則富者知政府必償還而不藏匿財產。後代救荒，有使富民出貸款而官府舉債者，爲效法古代的善政。

多設溝樹，則居者有以自固，而戎馬失其利，此爲民長慮者，所宜先務也。」其說相同。